Kohlhammer

Rudolf Kemmerich

ADHS von A bis Z

Kompaktes Praxiswissen für Betroffene und Therapeuten

Verlag W. Kohlhammer

Pharmakologische Daten, d. h. u. a. Angaben von Medikamenten, ihren Dosierungen und Applikationen, verändern sich fortlaufend durch klinische Erfahrung, pharmakologische Forschung und Änderung von Produktionsverfahren. Verlag und Autoren haben große Sorgfalt darauf gelegt, dass alle in diesem Buch gemachten Angaben dem derzeitigen Wissensstand entsprechen. Da jedoch die Medizin als Wissenschaft ständig im Fluss ist, da menschliche Irrtümer und Druckfehler nie völlig auszuschließen sind, können Verlag und Autoren hierfür jedoch keine Gewähr und Haftung übernehmen. Jeder Benutzer ist daher dringend angehalten, die gemachten Angaben, insbesondere in Hinsicht auf Arzneimittelnamen, enthaltene Wirkstoffe, spezifische Anwendungsbereiche und Dosierungen anhand des Medikamentenbeipackzettels und der entsprechenden Fachinformationen zu überprüfen und in eigener Verantwortung im Bereich der Patientenversorgung zu handeln. Aufgrund der Auswahl häufig angewendeter Arzneimittel besteht kein Anspruch auf Vollständigkeit.

Die Wiedergabe von Warenbezeichnungen, Handelsnamen und sonstigen Kennzeichen in diesem Buch berechtigt nicht zu der Annahme, dass diese von jedermann frei benutzt werden dürfen. Vielmehr kann es sich auch dann um eingetragene Warenzeichen oder sonstige geschützte Kennzeichen handeln, wenn sie nicht eigens als solche gekennzeichnet sind.

Es konnten nicht alle Rechtsinhaber von Abbildungen ermittelt werden. Sollte dem Verlag gegenüber der Nachweis der Rechtsinhaberschaft geführt werden, wird das branchenübliche Honorar nachträglich gezahlt.

Dieses Werk enthält Hinweise/Links zu externen Websites Dritter, auf deren Inhalt der Verlag keinen Einfluss hat und die der Haftung der jeweiligen Seitenanbieter oder -betreiber unterliegen. Zum Zeitpunkt der Verlinkung wurden die externen Websites auf mögliche Rechtsverstöße überprüft und dabei keine Rechtsverletzung festgestellt. Ohne konkrete Hinweise auf eine solche Rechtsverletzung ist eine permanente inhaltliche Kontrolle der verlinkten Seiten nicht zumutbar. Sollten jedoch Rechtsverletzungen bekannt werden, werden die betroffenen externen Links soweit möglich unverzüglich entfernt.

1. Auflage 2017

Gesamtherstellung: W. Kohlhammer GmbH, Heßbrühlstr. 69, 70565 Stuttgart
produktsicherheit@kohlhammer.de

Print:
ISBN 978-3-17-033447-2

E-Book-Formate:
pdf: ISBN 978-3-17-033448-9
epub: ISBN 978-3-17-033449-6
mobi: ISBN 978-3-17-033450-2

Vorwort

Zahlreiche Abhandlungen zum Thema Aufmerksamkeitsdefizitsyndrom ohne oder mit Hyperaktivität (ADHS) sind in den letzten Jahren auf dem Buchmarkt erschienen. Das beweist einerseits, dass das Syndrom als eigenständiges Krankheitsbild in Medizin, Psychologie, Pädagogik, Soziologie und bei der Elternschaft angekommen ist. Andererseits zeigt die große Zahl von Titeln den Bedarf an Information. Das Aufmerksamkeitsdefizitsyndrom ohne oder mit Hyperaktivität (ADHS) hat seinen Platz unter den anerkannten medizinischen Diagnosen gefunden. Was bisher fehlt, das ist eine Darstellung in Lexikonform. Der interessierte Leser hat meist weder Zeit noch Lust, ein ganzes Buch, Kapitel für Kapitel, durchzuarbeiten. Eine Zusammenstellung des Stoffes nach Stichworten, alphabetisch geordnet, kommt ihm daher entgegen. In einem solchen Werk kann er rasch die Antworten finden, die er gerade braucht.

Die Arbeitsblätter sind die Früchte aus 40 Jahren ärztlicher Betreuung von Kindern, Jugendlichen und den oft ebenfalls betroffenen Eltern mit Aufmerksamkeitsstörung. Hinzu kamen die Erfahrungen, die der Verfasser in acht Jahren Gruppentraining mit Eltern, Jugendlichen, Erwachsenen, Lehrern und Erziehern gewonnen hat. Aus den Gruppen kamen sehr viele Rückmeldungen, positive und negative. Sie bewirkten, dass die Texte immer wieder verbessert werden konnten. Der Inhalt jedes einzelnen Arbeitsblattes entspricht dem letzten Stand der Wissenschaft. Das Buch wendet sich an Eltern, Großeltern, Jugendliche, Ärzte, Psychologen, Lehrer und Jugendleiter.

Viele Anregungen gehen auf die genialen Kurse, Vorträge und Gespräche von und mit Frau Dipl.-Psych. Cordula Neuhaus, Esslingen, zurück. 40 Jahre haben wir zusammengearbeitet. Ihr gilt mein ganz besonderer Dank. Frau Neuhaus war eine der ersten Psychologinnen, die es gewagt hat, ADHS als eine besondere Verhaltensweise und Lebensform herauszustellen. Sie gehört heute zu den führenden Wissenschaftlern auf diesem Gebiet.

Wenn ich in diesem Buch das Aufmerksamkeitsdefizitsyndrom ohne oder mit Hyperaktivität (ADHS) vorstelle, so spreche ich

- nicht über irgendeine Normvariante menschlichen Verhaltens,
- nicht über einen Erziehungsfehler,
- nicht über eine posttraumatische Belastungsstörung
- und nicht über eine Modeerscheinung aus dem »gelobten Land«, den USA.

Ich spreche über ein psychiatrisches Störungsbild des Kindes-, Jugend- und Erwachsenenalters,

- das hirnorganisch verursacht ist,
- durch sorgfältige Untersuchung sicher nachweisbar ist
- und dessen Träger ebenso viele Schwächen wie Stärken aufweist.

ADHS ist ein Störungsbild, das in der Fachwelt seit Jahren

- dem Diskussionsstadium entwachsen ist
- und einen gesicherten Platz in der medizinischen Klassifikation eingenommen hat.

Weinstadt, 30. März 2017 — Rudolf Kemmerich

Inhalt

A

Abendstunde und Zubettgehen

Irrtümer

1. *»Kinder brauchen viel Schlaf!«*
   Stimmt nur teilweise. Es gibt riesengroße Unterschiede: Der eine Säugling schläft 18 Stunden am Tag, der andere nur 12. Beides ist normal. Das gilt auch für spätere Altersstufen. Je älter und selbstständiger ein Kind ist, umso weniger Schlaf braucht es.
2. *»ADHS-Kinder brauchen genauso viel Schlaf wie andere Kinder!«*
   Diese Aussage ist falsch, ADHS-Kinder brauchen von klein auf weniger Schlaf als andere Kinder!
3. *»Das Kind erholt sich nicht genügend, wenn es nach dem Zubettgehen noch längere Zeit wach bleibt!«*
   Richtig ist: Das Kind, das ohne Schlaf im Bett liegt, erreicht 75 % des Erholungswertes, den es im Schlaf hätte.

4. *»Das Kind soll zu einer Zeit ins Bett gehen, die in der jeweiligen Altersstufe üblich ist!«*
   Dieser Ansatz ist falsch. Führen Sie besser ein Schlaftagebuch. Tragen Sie vier Wochen lang die Schlaf- und Wachzeiten Ihres Kindes ein. Nur so können Sie feststellen, ob Sie Ihrem Kind zu viel oder zu wenig Schlaf verordnen.
5. *»Nach einer Fernsehsendung findet das Kind besser in den Schlaf!«*
   Das mag für Erwachsene gelten, gilt aber nicht für Kinder, ausgenommen vielleicht die Sendung mit dem Sandmännchen. Alle Arten von Fernsehsendungen erregen die kindliche Fantasie und bremsen den Schlaf aus.
6. *»Das Kind ist lästig oder boshaft, wenn es am Abend Angst vor dem Einschlafen äußert!«*
   Das ist falsch, denn wenn der Verstand zunimmt, wachsen auch Gefahrenbewusstsein und Unsicherheit. Die Urangst vor der Dunkelheit und dem Alleinsein kommt hoch. Das Kind braucht jetzt Nähe, Halt und Sicherheit.
7. *»Das Kind muss ein bestimmtes Einschlafritual einhalten!«*
   Besser ist es, wenn Sie verschiedene Rituale anbieten und das Kind selbst entscheiden lassen, welches Ritual es haben möchte.
   Besonders hilfreich ist ein Ritual, welches das Kind selbst entwickelt.
8. *»Es ist gleichgültig, wenn die Einschlafzeiten wechseln!«*
   Diese Behauptung ist falsch, denn für Kinder sind gleichbleibende Schlafenszeiten wichtig. Sie geben Sicherheit!
9. *»Kinder sollen allein mit ihren Problemen fertig werden!«*
   Schon Kleinkinder, erst recht Schulkinder, brauchen im Abendritual die Möglichkeit, von ihren Tageserlebnissen zu erzählen, deshalb ist diese Aussage falsch. Kinder brauchen vor dem Einschlafen eine seelische Entrümpelung durch das Gespräch mit den Eltern.
10. *»Auch in der Pubertät brauchen die Kinder viel Schlaf!«*
    Die Neurobiologie der Pubertät spricht gegen diese Behauptung:
    Das Hormon Melatonin, das den Schlaf anstößt, wird in der Pubertät mit einer Verspätung von rund zwei Stunden freigesetzt! Daher ist das Kind in der Pubertät um 22 Uhr noch munter!

Hilfreich

1. Regelmäßiger Tageslauf
2. Vor dem Einschlafen kein Fernsehen, PC/Laptop, Tablet, Smartphone etc.

3. Schlaftagebuch
4. Einschlafritual (Vorlesen, erzählen, erzählen lassen, singen, beten, kuscheln)
5. Kuscheltier
6. Schlafsack
7. Individuelle Einschlaf- und Schlafzeiten
8. Ruhe im Haus
9. Kein Licht
10. Nicht dauernd nachschauen
11. Nasse Socken (▶ Kasten Praxistipp)
12. Punkteplan
13. Morgenmuffeluhr (JAKO-O, ca. 39,95 Euro)

Praxistipp: Nasse Socken als Einschlafhilfe
So wird es gemacht:

- Ein Paar dünne Socken in kaltes Leitungswasser tauchen,
- Socken gut auswringen,
- dem Kind über die Füße ziehen.
- Darüber kommen ein Paar dicke Baumwollsocken
- und ein Paar Wollsocken.
- Dann ab ins Bett!
- Alle Sockenschichten bleiben bis zum nächsten Morgen an den Füßen!
- Die dünnen Baumwollsocken innen sollten jetzt trocken sein.

Wirkung:
Dem erregten Körper wird durch die Feuchtigkeit Wärme und Erregung entzogen. Das dämpft den Kreislauf, entspannt das vegetative Nervensystem und fördert den Schlaf.

Achtung für Menschen mit ADHS

Immer wieder tauchen in den Medien Berichte auf, die den Eindruck vermitteln, dass das ADHS (= Aufmerksamkeitsdefizitsyndrom ohne oder mit Hyperaktivität) eine sehr schlimme Störung sei. Und noch schlimmer sei es offenbar, diese Störung, die seit Jahren in der Fachwelt ein anerkanntes Krankheitsbild ist, mit den Möglichkeiten der modernen Heilkunde multimodal zu behandeln. Beide Eindrücke sind falsch!

Wer mit ADHS-Persönlichkeiten näher in Berührung kommt, lernt sehr bald deren besondere und wertvolle Eigenschaften schätzen. Sie sind hellwach, fantasievoll und neugierig. Sie schauen mit Vorliebe hinter die Dinge. Sie sind Querdenker. Sie sind nicht immer einfach, aber sie sind immer für eine überraschende Lösung gut. Sie sind redegewandt, mutig und hilfsbereit bis zur Selbstaufgabe. Sie beobachten scharf und entscheiden schnell. Sie sind die geborenen Tüftler, Forscher und Entdecker. Die Menschheit verdankt ihnen wahrscheinlich die meisten Entdeckungen und Erfindungen dieser Welt. Sie machen den Weg frei!

Voraussetzung für ein erfülltes Leben der Menschen mit ADHS ohne Abgleiten in die Depression, Aggression oder Dissozialität ist allerdings, dass ihnen in Kindheit und Jugend genügend Bewegungsfreiheit gewährt wird, und dass sie eine gleichzeitig liebevolle und konsequente Führung erfahren. Sie dürfen nicht allein gelassen werden mit Forderungen, die ihrer seelischen Reife nicht angemessen sind (Stichworte: Hausaufgaben-Wochenplan – für den ADHS-Schüler eine Überforderung! Oder: »Das musst du doch alleine können!«). Sie müssen vor einem Medienmissbrauch geschützt werden. Eine Fehlverdrahtung ihres unfertigen Gehirns könnte andernfalls die Folge sein. Und natürlich haben sie, wenn dies nötig ist, im Rahmen einer multimodalen Therapie Anrecht auf Ersatz des nicht ausreichend vorhandenen Botenstoffes Dopamin durch Methylphenidat (z. B. Medikinet®). Dem Menschen mit Sehschwäche wird auch nicht die Brille vorenthalten!

Es gibt herausragende Beispiele dafür, dass unter diesen Voraussetzungen ein erfülltes Leben, reich an Liebe, Leistung, Kultur und Kunst, möglich ist. Albert Schweitzer, der Urwaldarzt, Theologe, Musiker und Nobelpreisträger, und Wolfgang Amadeus Mozart, das musikalische Genie, waren ADHS-Persönlichkeiten. Schweitzer wurde im Gymnasium erst durch einen einfühlsamen Lehrer auf einen sicheren Weg geführt, nachdem zuvor der Schuldirektor seinem Vater geraten hatte, den Sohn wegen Unaufmerksamkeit und Träumereien von der Schule zu nehmen (Steffahn 2000). Mozart erlebte unter der strengen Hand seines Vaters eine zwar schwere, aber störungsarme Jugend.

Es gilt, den wertvollen Charakter und die hohe Leistungsfähigkeit der ADHS-Persönlichkeit zu erkennen, zu achten und zu fördern!

ADHS, Kurzfassung

Die vier Formen

1. Hyperkinetisches Syndrom (HKS), »Zappelphilipp«
   - überstarker Bewegungsdrang
   - überschießende, ungesteuerte Impulsivität
   - verkürzte Aufmerksamkeit und Ausdauer
2. Aufmerksamkeitsdefizitsyndrom ohne Hyperaktivität, »Hans-guck-in-die-Luft«
   - lebhaft, aber keine überstarke Unruhe
   - überschießende, ungesteuerte Impulsivität
   - verkürzte Aufmerksamkeit und Ausdauer
   - gute soziale Eingliederung
3. Aufmerksamkeitsdefizitsyndrom, hypoaktive Form, »Traumsuse«
   - langsam, verträumt, ängstlich – keine überstarke Unruhe
   - statt Ausrasten eher beleidigt, starke Stimmungsschwankungen
   - verkürzte Aufmerksamkeit und Ausdauer
   - schlechte soziale Eingliederung
4. Hyperkinetisches Syndrom mit dissozialen Störungen, »Max und Moritz«
   - nahezu unerschöpflicher Bewegungsdrang
   - überschießende, ungesteuerte Impulsivität, oft aggressiv
   - verkürzte Aufmerksamkeit und Ausdauer
   - frühzeitig dissoziales Verhalten
   - schlechte soziale Eingliederung

Neurophysiologie

Gestörte Filterleistung für Aufmerksamkeit, Impulssteuerung und Planung. Zugrunde liegt eine Stoffwechselbesonderheit mit einem Mangel an dem Botenstoff Dopamin.

Ursache

ADHS ist zu 80 % erblich.

Multimodale Behandlung (Behandlung mit Therapiebausteinen)

1. Struktur
2. Bewegung, Sport
3. Verhaltenstherapie
4. Gruppentraining für Eltern oder betroffene Erwachsene
5. Medikamentöse Behandlung, Ersatz des Botenstoffs Dopamin (Neurotransmitterersatz)

ADHS – Eine Stoffwechselstörung des Gehirns

Immer wieder tauchen in den Medien Berichte auf, in denen ADHS als eine umweltbedingte Störung dargestellt wird. Daraus ziehen Journalisten den Schluss, dass die Störung durch Veränderung der Umweltbedingungen, wie mangelhafte Zuwendung, Medienmissbrauch oder schulische Überforderung, beseitigt werden könne. Gerne wird dann das Totschlagargument eingesetzt, dass Ärzte die Kinder und Jugendlichen mit synthetischen Drogen vollpumpen, statt ihre Lebensverhältnisse zu verbessern.

Die wissenschaftlichen Forschungen der letzten Jahre haben zu anderen Ergebnissen geführt. Der Dopamin-Mangel im Gehirn, der bei Personen mit ADHS nachweisbar ist, gilt heute als Ursache für die Aufmerksamkeits- und Impulssteuerungsschwäche bei ADHS. Botenstoffe oder Neurotransmitter sind zuständig für die Übermittlung von Nachrichten von einer Nervenzelle zur anderen. Der Botenstoff Dopamin ist wesentlicher Bestandteil der Regelungsvorgänge im Stirnhirn bei Aufmerksamkeit, Handlungsplanung und Impulssteuerung. Es liegt demnach eine Stoffwechselstörung des Gehirns vor, ähnlich dem Insulinmangel bei Diabetes oder dem Mangel an Schilddrüsenhormon bei einer Hypothyreose.

Die Behandlung ist multimodal. Das bedeutet, dass individuell unterschiedliche Behandlungsbausteine hinter- oder nebeneinander eingesetzt werden. Diese Bausteine sind: Eltern- und Lehrerberatung, Gespräche mit Kinder und Jugendlichen, Sport, Verhaltenstherapie, Elterntraining und Substitutionsbehandlung. Von großem Nutzen sind die fortlaufende Elternberatung und das Elterntraining. Diese Form der Behandlung ist sicher frei von Nebenwirkungen und steht in der Erfolgsrate gleich hinter dem Medikament.

Wichtig ist, dass die Verhaltenstherapie allen ADHS-Familien zugutekommt, unabhängig von ihrer Krankenkassenzugehörigkeit.

Ein Wort zum Medikament: Die Hirnforschung hat ADHS als eine Stoffwechselstörung des Gehirns mit einem Botenstoff-Mangel erkannt. Es leuchtet ein, dass ein Mangel ausgeglichen werden muss. Auch andere Stoffwechselstörungen werden zum Ausgleich des zugrundeliegenden Mangels medikamentös behandelt, z. B. durch die Gabe von Insulin bei Diabetes oder eines Antikonvulsivums bei Epilepsie.

In der Medizin dürfen nicht ideologische, sondern es müssen naturwissenschaftliche Vorstellungen die Richtung bestimmen.

ADS: Aufmerksamkeitsdefizitsyndrom ohne Hyperaktivität (»Hans-guck-in-die-Luft«)

Symptome

Bei durchschnittlicher oder überdurchschnittlicher Intelligenz hat das Kind oder der Jugendliche eine Aufmerksamkeitsspanne, die unter dem Altersdurchschnitt liegt. Besonders deutlich wird die schlechte Aufmerksamkeit bei Arbeiten, die längere Zeit andauern und als »Pflichtaufgaben« angesehen werden. Neigungsarbeiten hingegen werden schnell und konzentriert erledigt. Das Kind oder der Jugendliche ist ideenreich, fantasiebegabt und redegewandt. In der Schule gelingen mündliche Leistungen meistens besser als schriftliche. Weitere Zeichen sind erhöhte Ablenkbarkeit, unterentwickeltes Ordnungsgefühl und gelegentlich Ausrasten. Die sozialen Beziehungen sind zumeist gut bis sehr gut. Nicht selten werden diese jungen Menschen zu Klassensprechern gewählt. Hyperaktivität ist nur schwach ausgeprägt. Charakteristisch ist die seelische Reifungsverzögerung: Weitsicht, Umsicht, Einsicht, Rücksicht, Pflichtgefühl und Planung sind zwei bis fünf Jahre hinter dem chronologischen Alter zurück. In der Pubertät muss mit einer Verstärkung der Symptome gerechnet werden, etwa ab dem 20. Geburtstag mit einer Abschwächung. Bei mehr als 60 % der Betroffenen sind auch im Erwachsenenalter noch Symptome vorhanden.

Neurophysiologie

Im Stirnhirn liegt das Zentrum für Aufmerksamkeits- und Impulssteuerung. Das Zentrum arbeitet nach dem Grundsatz der Reizschwellenanpassung. Die Reizschwelle wird herabgesetzt bei Reizen, die für eine Leistung wichtig sind. Diese Reize werden verstärkt und beschleunigt weitergeleitet. Andere Reize, die für die augenblickliche Leistung keine Bedeutung haben, werden durch Anhebung der Reizschwelle herausgefiltert. Die Anpassung der Reizschwelle vollbringt das Gehirn mithilfe von Botenstoffen bzw. Neurotransmittern. Beim ADHS/ADS stehen nicht genügend Botenstoffe zur Verfügung.

Dadurch ist die Filterleistung gestört. Die Reizschwelle bleibt für alle Umwelteindrücke und Assoziationen niedrig. Die Folge: Alles schwappt über die Schwelle. Damit ist dem Gehirn die Unterscheidung zwischen wichtig und unwichtig nicht mehr möglich. Es muss auf alle Reize gleichwertig antworten, kann nicht mehr ordnen und nicht mehr ausdauernd bei einer Sache bleiben. Der Mensch ist extrem reizoffen und ablenkbar. Er lebt nur im Hier und Jetzt.

Ursachen

Das ADHS/ADS geht zu 75 % auf erbliche Grundlagen zurück. Es gibt jedoch nicht ein ADHS-Gen als Ursache, sondern mehrere. Das erklärt, warum so viele unterschiedliche ADHS-Formen vorkommen.

Der Erbträger ist zumeist ein männliches Mitglied der Familie. Zusätzliche Umstände, wie Rauchen in der Schwangerschaft, Früh- oder Spätgeburt, Erziehungs- und Ernährungsfehler, Bewegungsmangel, Medienmissbrauch sowie familiäre Konflikte können erschwerend hinzukommen.

Behandlung

1. strukturierte Erziehung
2. Sport
3. zucker- und phosphatarme Mischkost
4. Mediengebrauch in altersentsprechendem Maß
5. Heilpädagogische Entwicklungsförderung nach verhaltenstherapeutischen Gesichtspunkten
6. Gruppentraining für Eltern

7. Ersatz des fehlenden Botenstoffs Dopamin durch einen pharmazeutischen Nachbau (Neurotransmitterersatz)

Aggressives Verhalten

Neurophysiologische Grundlagen

Ist die Hirnreifung eines Menschen verzögert, aus welchem Grund auch immer, so ist in erster Linie das Stirnhirn betroffen. Im Stirnhirn werden Aufmerksamkeit, Planung und Gefühle (Emotionen) gesteuert. Ist dieser Hirnanteil nicht altersentsprechend entwickelt, sind Schwächen bei seinen Leistungen zu erwarten. Die Störung der Gefühlsregulation entsteht dadurch, dass die Bremse zwischen dem Ort der Gefühlsentstehung (Limbisches System) und dem Stirnhirn nicht ordentlich arbeitet. Menschen ohne diese Bremse fühlen und handeln stürmischer als andere Menschen. Sie nehmen bei Erregung die Realität entweder gar nicht wahr oder nur durch einen Nebel. Die wissenschaftliche Bezeichnung für dieses Phänomen lautet *Impulssteuerungsschwäche.*

Zur Impulssteuerungsschwäche gehören eine schlechte Kontrolle des inneren Antriebs, Distanzlosigkeit und die mangelhafte Fähigkeit, aus Fehlern zu lernen. Erlebniswelt und Verhalten spielen sich auf einer Entwicklungsstufe ab, die bei Kindern und Jugendlichen drei bis fünf Jahre unter dem chronologischen Alter liegt. Ferner kann der reifungsverzögerte Mensch sich selbst und seine Wirkung auf andere nicht richtig einschätzen. Es fehlt ihm der *Rückspiegel*, mit dem üblicherweise soziales Verhalten gesteuert wird. Die innere Zensur fällt damit fort, Ärger und Wut brechen aus den tiefen Schichten bis ins Großhirn durch, der Mensch rastet aus und wird aggressiv.

Maßnahmen der Stufe 1:

Wortreiche Beschwichtigungen bremsen die Erregung keineswegs, sondern verstärken sie! Erklärungen und Diskussionen sollen daher gar nicht erst versucht werden. Zu *Bremssignalen* werden hingegen eine erhobene und gespreizte Hand, eine tiefe Stimme, ein entschlossener Gesichtsausdruck und einige wenige Worte, die am besten mit »Halt!« beginnen. Sie können das Signalwort »Halt« auch auf eine große Tafel malen und diese Tafel bei Bedarf hochhalten.

Maßnahmen der Stufe 2:

Bei älteren Kindern und Jugendlichen hilft oft der *Notfallbeutel*: Er enthält zwei kleine Kieselsteine oder eine kleine, harte Bürste oder eine Chilischote. Bei überschießender Erregung drückt der Betroffene die Kieselsteine oder die Bürste mit der Hand fest zusammen oder beißt in die Chilischote. Die Schärfe der Chillischote löst im Gehirn über eine Schmerzreaktion die Ausschüttung von Endorphinen aus. Endorphine führen zur Entspannung. Ähnlich wirkt z. B. die *Beißkette* »ChewEase Kau/Beißset« (22,90 Euro, Bestell-Nr. 87604, www.k2-verlag.de).

Maßnahmen der Stufe 3:

Kräftiger Griff an den Schultern, Ihre Augenhöhe soll *über* der des Kindes liegen. Hierzu setzen Sie die zornige Person auf einen Stuhl oder Sie stellen sich selbst auf einen Stuhl. Nur der Blick von oben hat Bremswirkung! Schauen Sie der erregten Person nicht unmittelbar in die Augen. Das könnte die Aggressivität verstärken! Schauen Sie stattdessen auf ihr Ohr. Die Anweisungen, die Sie jetzt aussprechen, müssen langsam, ruhig, deutlich und bestimmt herüberkommen.

Maßnahmen der Stufe 4:

Sind die bisherigen Maßnahmen erfolglos, schicken Sie das Kind in sein Zimmer zur *Beruhigungszeit* oder verlassen Sie selbst das Zimmer. Erst Stunden später oder am nächsten Tag darf das Ausrasten angesprochen werden. In der »Konferenz mit dem Kind« werden ein Signalwort (»Du weißt ...«), die Beruhigungszeit und ein Belohnungssystem (Punkteplan) für Wohlverhalten vereinbart. Die Vereinbarung muss mindestens fünf Mal wiederholt oder, noch besser, schriftlich festgehalten werden!

Stand-Boxball

Schon in Stufe 1 des Antiaggressionstrainings kann der Stand-Boxball eingesetzt werden. Das Gerät besteht aus einem Ball mit dicker PVC-Hülle und einer weichen Füllung. Der Ball sitzt auf einem Federstab mit Saugfuß. Durch kräftige Schläge auf den Ball kann das Kind oder der Jugendliche seinem Ärger und seiner Wut Luft verschaffen.

Alphabetisieren hilft dem Gedächtnis auf die Sprünge!

A

Anleitung

Sicher haben Sie das schon einmal erlebt: Sie wollen ein bestimmtes Wort aus Ihrem Gedächtnis abrufen. Aber es fällt Ihnen einfach nicht ein.

In einer solchen Lage versuchen Sie das *Alphabetisieren.*

Sie gehen in Gedanken langsam das Alphabet durch, einen Buchstaben nach dem anderen. Sie prüfen, mit welchem Buchstaben das gesuchte Wort beginnen könnte.

Ist Ihnen jetzt das gesuchte Wort eingefallen?

Ältere Menschen mit ADHS

Es gibt bisher keine Studien zum Erscheinungsbild von ADHS bei Personen über 40 Jahren. Vermutlich werden die Pharmahersteller auch keine solchen Studien durchführen. Der Patentschutz für Methylphenidat (MPH) ist abgelaufen. Eine Vielzahl von Generikaprodukten zu erheblich niedrigeren Preisen als das Original ist auf dem Markt erschienen. Damit fehlt der finanzielle Spielraum und Anreiz für die pharmazeutischen Unternehmen.

ADHS bei älteren Menschen kann treffend übersetzt werden mit:
Anders denken, handeln, sprechen

Bei älteren Menschen wird am häufigsten der Mischtyp (innere Unruhe, starke Gefühle, kurze Aufmerksamkeit, Impulsivität) beobachtet.

Schwierigkeiten von älteren Menschen mit ADHS:

- Probleme am Arbeitsplatz
- Mobbing
- häufiger Stellenwechsel
- Arbeitslosigkeit
- Beziehungskrisen

- Scheidung
- Probleme mit den Kindern
- Kinder ebenfalls betroffen

Vor der Diagnose ADHS haben die meisten Patienten oft schon mehrmals eine Psychotherapie durchlaufen, viele Antidepressiva geschluckt und etliche Klinikaufenthalte erlebt.

Schwierigkeiten im Alter allgemein, verstärkt bei ADHS:

- Gedächtnisstörungen
- eingeschränkte Beweglichkeit
- finanzielle Einschränkungen
- Leere und Langeweile
- Verlust der Attraktivität
- Verlust der körperlichen Leistungsfähigkeit und Sportlichkeit
- Autonomieverlust
- Umgang mit den verschiedenen Krankheiten
- Partnerverlust
- Verlust der Tagesstruktur
- Einschränkungen des Bekanntenkreises
- Bewältigung der eigenen Endlichkeit
- Annahme der eigenen Begrenzung

Symptome von ADHS bei Erwachsenen:

- Hyperaktivität (Verunsicherung)
- Unaufmerksamkeit (Selbstzweifel)
- Träumen (ohne Struktur wird der innere Schweinehund größer)
- Achterbahn der Gefühle
- Nachlassen der Impulsivität (Fragen zum Sinn des Lebens, Lebensbilanz)
- Man wird einsam, wenn man gegen alles ist
- Aufschieberitis
- Gesundheit wird vernachlässigt
- Medizinische Behandlung wird unregelmäßig durchgeführt
- Risikoverhalten
- Finanzielle Probleme
- Essstörungen
- ADHS-Menschen sind anstrengend, für sich selbst und für andere

- Zahlreiche Komorbiditäten
- Autonomie geht im Altersheim verloren

MPH ist auch bei Hypertonie und Demenz wirksam! Die Dosis kann sehr niedrig gehalten werden, z. B. 2 × 5 mg.

Erfahrene Therapeuten berichten, daß bei älteren Menschen rasch freisetzendes Methylphenidat wirksamer ist als ein Retard-Präparat. Studien hierzu sind nicht bekannt.

Atomoxetin, ATX (Strattera®)

Allgemeine Angaben

ATX ist in den USA seit 2002, in Deutschland seit 2005 mit der Indikation »Aufmerksamkeitsdefizitsyndrom ohne und mit Hyperaktivität (ADHS)« zugelassen. ATX wirkt gleichmäßig über 24 Stunden. ATX wird daher nur einmal täglich eingenommen, unabhängig von der Nahrungsaufnahme. In der Regel wird ATX morgens mit reichlich Flüssigkeit verabreicht. Bei unbefriedigender Wirkung kann die Tagesdosis auch abends genommen oder auf zwei Portionen verteilt werden. Das Mittel wird in zwei Schritten aufdosiert. Die volle Wirkung ist erst nach vier bis sechs Wochen zu erwarten. Das Medikament ist ungewöhnlich teuer!

Wirkungen

ATX gehört nicht zur Gruppe der Stimulantien und wird daher nicht auf einem Betäubungsmittelrezept verschrieben. ATX ist ein selektiver Noradrenalin-Wiederaufnahmehemmer für das hintere Aufmerksamkeitszentrum, der indirekt auch die Dopaminkonzentration im Stirnhirn erhöht. ATX wirkt sich günstig auf die Kernsymptome des ADHS aus (Unruhe, überschießende Impulsivität, verminderte Aufmerksamkeit). Darüber hinaus hebt ATX die Stimmung an, löst Ängste und Zwänge, bremst oppositionell-aggressives Verhalten und fördert die soziale Eingliederung. ATX ist daher besonders geeignet, wenn außer den Kernsymptomen des ADHS noch weitere psychische Zeichen vorliegen. ATX wirkt etwas weniger gut auf die Aufmerksamkeit als Methylphenidat (MPH).

Was erleben die Eltern?

Ganz allmählich wird das Kind mutiger, fröhlicher, kontaktfreudiger. Stimmungslage und Aufmerksamkeit werden besser.

Nebenwirkungen

ATX ist gut verträglich. Vereinzelt werden zu Beginn der Behandlung Müdigkeit oder Übelkeit beobachtet. Diese Erscheinungen verschwinden im weiteren Verlauf der Behandlung meistens von selbst. Lässt die Müdigkeit nicht nach, wird ATX statt am Morgen am Abend gegeben. Auch bei langdauernder Anwendung entwickeln sich Größe und Gewicht normal. In seltenen Fällen kann es unter ATX zum Anstieg von Herzfrequenz und Blutdruck kommen. Daher soll vor Beginn der Behandlung eine Herzerkrankung ausgeschlossen werden. Eine Abhängigkeit von ATX gibt es nicht. Das Medikament kann ohne Folgen von heute auf morgen abgesetzt werden.

Kontrollen

Vor Beginn der Behandlung sollen Größe, Gewicht, Blutdruck, Leber- und Nierenwerte bestimmt werden. Ferner sollen ein EKG geschrieben und ein Aufmerksamkeitstest durchgeführt werden. Sechs Wochen nach Beginn der Behandlung wird diese Untersuchung nochmals vorgenommen, dieses Mal aber ohne EKG. Im weiteren Verlauf der Behandlung wird alle sechs Monate nachuntersucht.

Aufmerksamkeitsdauer ohne ADHS

Alter	Aufmerksamkeitsdauer
7 Jahre	15 Minuten
8–9 Jahre	20 Minuten
10–12 Jahre	25 Minuten
13–17 Jahre	30 Minuten
Erwachsene	Bis zu 90 Minuten

Anmerkungen:

1. Die Zahlen geben Durchschnittswerte an. Geringe Abweichungen nach oben oder unten sind möglich.
2. Häufig wird die Zeit, die sich ein Kind durchgehend auf eine Sache konzentrieren kann, *überschätzt*. Das gilt auch für das Kind, das keine Aufmerksamkeitsschwäche hat!
3. Für ADHS-Kinder gelten *kürzere* Zeitspannen.
4. Die Aufmerksamkeit kann nach der jeweiligen Zeitspanne durch eine Kurzpause (5 Minuten) *wiederhergestellt* werden.
5. Im Tagesverlauf gibt es Rhythmen. Etwa alle vier Stunden verlangt unser Körper nach einer Ruhepause.
6. Mit einer guten Aufmerksamkeit ist zwischen 8 und 12 Uhr sowie zwischen 15 und 18 Uhr zu rechnen.
7. Schläft der Mensch nachts zu wenig, entsteht leicht *Tagesschläfrigkeit*. Reflexe und Aufmerksamkeit sind dann so langsam wie bei einem Blutalkoholwert von 0,5 Promille!

Aufmerksamkeitsdefizitsyndrom, hypoaktive Form (»Träumerchen«)

Symptome

Bei normaler oder überdurchschnittlicher Intelligenz hat das Kind oder der Jugendliche eine Aufmerksamkeitsspanne, die unter dem Altersdurchschnitt liegt. Besonders deutlich wird die schlechte Aufmerksamkeit bei Arbeiten, die längere Zeit beanspruchen und als Pflichtaufgaben angesehen werden. Neigungsarbeiten hingegen werden schnell und konzentriert erledigt. Das Kind oder der Jugendliche sind ideenreich, fantasiebegabt und redegewandt. Auffällig sind die erhöhte Ablenkbarkeit, der unterentwickelte Ordnungssinn und das gelegentliche Ausrasten. Vergesslichkeit, Leichtsinnsfehler, Langsamkeit und Tagträume begleiten den Alltag. Das Kind ist zurückhaltend, empfindlich, rasch beleidigt und öfters den Tränen nahe. Es ist unselbstständig, ängstlich und gelegentlich bockig. Es gibt schnell auf und fühlt sich in der Gruppe nicht immer gut aufgehoben. Teilleistungsstörungen wie visuelle oder auditive Wahrnehmungsstörung, Lese-Rechtschreib-Schwäche oder Rechenschwäche können hinzukommen.

Neurophysiologie

Im Stirnhirn liegt das Zentrum für die Steuerung von Aufmerksamkeit und Impulsen. Es arbeitet wie alle Teile des Gehirns mit dem Hilfsmittel der Reizschwellenanpassung: Bei Reizen, die für eine Leistung wichtig sind, wird die Reizschwelle herabgesetzt. Solche Reize werden verstärkt und beschleunigt weitergeleitet. Andere Reize, die für die gegenwärtige Leistung keine Bedeutung haben, werden durch Anhebung der Reizschwelle herausgefiltert. Die Reizschwellenanpassung vollbringt das Gehirn mithilfe von Botenstoffen, auch Neurotransmitter genannt. Der Mensch mit ADHS/ADS hat nicht genügend Botenstoffe zur Verfügung. Die Filterleistung ist gestört. Die Reizschwelle bleibt für alle Umwelteindrücke und Assoziationen niedrig. Die Folge: Alles schwappt über die Schwelle. Damit kann das Gehirn nicht mehr zwischen wichtig und unwichtig unterscheiden. Es muss auf alle Reize gleichwertig antworten, kann nicht ordnen und nicht ausdauernd bei der Sache bleiben. Der Mensch ist extrem reizoffen und ablenkbar. Er lebt nur im Hier und Jetzt.

Ursachen

Alle Untersuchungen der letzten Jahre belegen, dass das ADHS/ADS auf erblicher Grundlage entsteht. Der Erbträger ist zumeist ein männliches Mitglied der Familie. Zusätzliche Umstände, wie Rauchen in der Schwangerschaft, Früh- oder Spätgeburt, Erziehungs- und Ernährungsfehler, Bewegungsmangel, Medienmissbrauch sowie familiäre Konflikte können erschwerend dazukommen.

Behandlung

1. strukturierte Erziehung
2. Sport
3. Ernährungsumstellung
4. Mediennutzung in altersentsprechendem Maß
5. Heilpädagogische Entwicklungsförderung nach verhaltenstherapeutischen Gesichtspunkten
6. Elterntraining
7. Neurotransmitterersatz, medikamentös

Aufmerksamkeitsstörung: Vorbeugung und Behandlung allgemein

1. keine einseitige Körperbelastung durch Schul- oder Sporttasche
   Besser: Ranzen oder Rucksack
2. körpergerechte Bedingungen bei Schulmöbeln und am Arbeitsplatz zu Hause: schräge Arbeitsplatte, Sitzkeil bei Gesäßmuskelverkürzung.
3. Sitzplatz parallel zur Tafel
4. Sitzplatz in der ersten Reihe, möglichst ohne Nebensitzer
5. Entschlackung des Arbeitsplatzes nach der Ein-Punkt-Regel:
   1 Buch, 1 Heft, 1 Bleistift, 1 Radiergummi – sonst nichts!
6. Ausgleich von Seh- und Hörfehlern, sofern vorhanden
7. viel körperliche Bewegung im Freien, am besten im Wald oder auf dem Sportplatz
8. Das Kinderzimmer bleibt frei von Fernsehgerät, Computer und Spielkonsole!
9. Kein Fernsehen oder PC *vor* den Hausaufgaben!
10. *Höchstzeiten* nach hirnphysiologischen Erkenntnissen für die Benutzung von Fernsehgerät, Computer, Handy und Tablet *zusammen*:

0–3 Jahre	keine elektronischen Medien
3–6 Jahre	0–10 Minuten täglich
7–10 Jahre	bis zu 30 Minuten täglich
11–14 Jahre	bis zu 75 Minuten täglich
15–18 Jahre	bis zu 90 Minuten täglich

11. viel trinken, jedoch keine Limonaden
12. Ernährung mit gemischter Kost, zucker- und phosphatarm
13. keine Schule ohne Frühstück
14. Kaugummi mit Xylitol (Birkenholzzucker) verbessert kurzzeitig die Aufmerksamkeit.
    Einsatz nur zu Hause, nicht in der Schule
15. Rauchverzicht der Eltern innerhalb und außerhalb des Hauses
16. dynamisches Sitzen:
    - großer Gymnastikball
    - spezieller Kinderstuhl, z. B. Swoppster 3D-Aktiv-Kinder-Drehstuhl (Aeris-Impulsmöbel-GmbH, Kirchheim bei München, Infos und Bezug: www.swoppster.de)

Aufräumen

Ordnung: Räum Dein Zimmer auf!

Peter schimpft: »Räum Dein Zimmer auf! Räum Dein Zimmer auf!« Das höre ich ständig!
Es ist *mein* Zimmer, oder?!?
Wenn *mich* die Unordnung nicht stört, was geht es dann die anderen an? Das ist Tyrannei!
Ich *hasse* es, mein Zimmer aufzuräumen. Dazu brauche ich den ganzen *Tag*! Das macht mich wahnsinnig! Ein ganzer Tag ruiniert! Im Eimer!«
Mutter: »Machst Du Witze? Wieso soll das Aufräumen den ganzen Tag dauern?«
Peter: »Es dauert doch Stunden, bis ich nur mit dem Motzen fertig bin!«

Das Chaos

Im Zimmer des ADHS-Kindes sieht es häufig aus, als hätte eine Bombe eingeschlagen. Alles liegt wie Kraut und Rüben durcheinander und übereinander. Das gilt für den Schrank, für den Schreibtisch, für das Bett und für den Fußboden.

Ihr Kind ist nicht nur ein kleiner Chaot, sondern auch voller origineller Einfälle. Wenn Sie Ihr Entsetzen über die Unordnung äußern, antwortet es vielleicht: »Das waren die Terroristen!«

Wenn Sie jetzt mahnen: »Ordnung ist das halbe Leben!« kann es sein, dass Ihr Kind entgegnet: »Ich nehme die andere Hälfte!«

Ihr Kind behauptet: »Die Unordnung stört mich überhaupt nicht. Ich finde alles, was ich brauche!« Diese Schutzbehauptung hält genauer Nachprüfung selten stand. Vieles geht im »Saustall« verloren, nicht zuletzt die Hygiene.

Aber: Es gibt auch ADHS-Kinder, die ihr Zimmer aufräumen und zwar äußerst pingelig!

Merke
ADHS ist das **Syndrom der Extreme**!

Recht auf Ordnung – für die Eltern!

Es mag sein, dass ihrem Kind die Unordnung in seinem Umfeld gleichgültig ist. Doch Sie selbst fühlen sich gestört. Auch Sie haben ein Recht, nach Ihrer Fasson zu leben. Auch Sie haben das Recht, ein Heim zu fordern, in dem Sie sich wohlfühlen.
Führen Sie also die Diskussion zu Ende:
»Auch ich habe Rechte in diesem Haus, nicht nur Du!
Zu diesen meinen Rechten gehört der Anspruch auf Ordnung und Sauberkeit.
Ich weiß, dass Du sehr auf Gerechtigkeit achtest.
Jetzt übe bitte einmal Gerechtigkeit mir gegenüber und räume auf!«

Aufräumen in 14 Schritten

Schritt 1: Früh übt sich

Aufräumen muss von klein auf eingeübt werden. Beginnen Sie am 2. Geburtstag. Anfangs geht das nicht ohne Mithilfe von Mutter oder Vater. Irgendwann sind die Abläufe dann so eingeschliffen, dass Ihr Kind auch ohne Mithilfe der Eltern aufräumt.

Schritt 2: Zimmergestaltung

Gestalten Sie das Zimmer Ihres Kindes so, dass es sich leicht aufräumen lässt. Hilfreich sind Regale mit großen, bunten Kisten. Bunte Aufkleber oder Fotografien geben den Inhalt an.

Schritt 3: Aufräumen mit der Verkehrsampel

Malen Sie auf Pappkarton eine große Verkehrsampel und zeigen Sie beim Aufräumen auf die Farben: In die rote Kiste kommen alle roten Bausteine, in die gelbe Kiste alle gelben, in die grüne Kiste alle grünen. In die blaue Kiste kommen die Fahrzeuge, in die weiße Kiste die Mal- und Bastelsachen.

Schritt 4: Aufräumzeiten

Vereinbaren Sie mit Ihrem Kind eine Zeit, zu der an jedem Tag aufgeräumt wird, zum Beispiel vor dem Abendessen. Bestehen Sie über Jahre hinweg hartnäckig auf diesem Ritual. Machen Sie ferner mit dem Kind einen Tag in der Woche aus, an dem besonders gründlich aufgeräumt wird, zum Beispiel samstags. Steht gerade an diesem Tag ein wichtiges Fußballspiel an, so muss eben vorher alles aufgeräumt sein. Ist diese Pflicht nicht erledigt, fällt das Spiel für Ihr Kind aus. Das muss aber vorher klar und deutlich abgesprochen worden sein!

Schritt 5: Aufräumen in Teilbereichen

Vermeiden Sie die allgemeine Anweisung: »Räum Dein Zimmer auf!« Für viele ADHS-Kinder ist das eine Aufgabe, die sie nicht auf einmal bewältigen können. Deshalb fangen sie gleich gar nicht erst an. Gehen Sie stattdessen so vor: »Räum bitte die Ecke beim Fenster auf!« Ist das gelungen, schlagen Sie vor: »Jetzt räum das Regal auf!«

Schritt 6: Aufräumen mit Fangkorb

Bringen Sie an der Wand des Kinderzimmers einen Netzkorb an, wie er beim Korbballspiel verwendet wird. Stellen Sie der Reihe nach die Spielzeugkisten darunter. Abwechselnd dürfen Mutter/Vater und Kind jeweils ein Spielzeug über den Korb in die Kiste werfen.

Schritt 7: Regeln

Sie wollen nicht auf einer Müllkippe wohnen. Also vereinbaren Sie mit Ihrem Kind einige wenige Regeln zur Ordnung in Ihrer Wohnung. Besprechen Sie jede Regel mindestens zehn Mal mit Ihrem Kind. Bestehen auf die Einhaltung der Regeln. Beispiele:

1. Gegessen wird nur am Esstisch oder Küchentisch.
2. Wer einen Gegenstand benutzt hat, räumt ihn wieder an seinen Platz.

Schritt 8: Aufräumberater

Im wöchentlichen Wechsel übernimmt ein Mitglied der Familie (Kinder ab der Einschulung) das Amt des Aufräumchefs. Er sorgt in der ganzen Wohnung für Ordnung. Damit wird vermieden, dass die Eltern in die Rolle des ungeliebten Kontrolleurs gedrängt werden.

Schritt 9: Nahrungsmittel im Kinderzimmer

Nahrungs- und Genussmittel im Kinderzimmer (Schokolade, Bonbons, Pommes frites, Milch, Joghurt, Vesperbrote, Kuchen, süße Stückchen) sind ein Gräuel! Sie schmelzen, vertrocknen, verschimmeln, verfaulen. Sie stinken und können Krankheiten auslösen. Nahrungsmittel haben im Kinderzimmer nichts verloren. Von klein auf soll diese Regel besonders streng eingehalten werden.

Schritt 10: Punkteplan

Vereinbaren Sie mit Ihrem Kind einen Punkteplan: Für jede Aufräumleistung gibt es einen Punkt. Bei 10 Punkten ist ein Schwimmbad- oder Kinobesuch fällig, bei 20 Punkten ein Besuch im Fußballstadion.

Schritt 11: Selbstinstruktion

Das Aufräumen gelingt besser, wenn das Kind sich selbst Anweisungen erteilt, also laut vor sich hinspricht. Zusätzliche Anleitung durch Mutter oder Vater ist anfangs nötig. Fordern Sie Ihr Kind auf, seine Arbeit mit Worten zu begleiten: »Jetzt räume ich die Bausteine in die Kiste. Dann sammle ich die Autos ein ...« Sie unterstützen das Kind, wenn Sie nicht nur den Erfolg, sondern die Anstrengung immer wieder loben.

Schritt 12: Konsequenz

Kündigen Sie vorher die Konsequenz für den Fall an, dass das Kind nicht aufräumt: »Alles, was auf dem Boden liegt, kommt in den Mülleimer!« Führen Sie diese Maßnahme auch wirklich durch, wenn sie nötig ist. Eine angedrohte Konsequenz muss immer eingehalten werden. Sicher werden Sie nicht oft den Mülleimer benutzen müssen!

Schritt 13: Müllfreie Zone

Erklären Sie den Arbeitsplatz Ihres Kindes zur »spielzeug- und müllfreien Zone«. Der Arbeitsplatz wird sofort nach Beendigung der Hausaufgaben aufgeräumt. Der Schulranzen wird ebenfalls sofort nach den Hausaufgaben für den nächsten Tag gepackt.

Schritt 14: Ein-Punkt-Regel

Auf dem Schreibtisch befinden sich nur

- 1 Buch
- 1 Heft
- 1 Bleistift
- 1 Kugelschreiber oder Füller
- 1 Radiergummi
- 1 Bleistiftspitzer

Jeder zusätzliche Gegenstand fördert die Ablenkung und beeinträchtigt die Aufmerksamkeit!

Autismus-Spektrum-Störung (ASS)

Begriffsbestimmung

Ausgeprägte Kontakt- und Kommunikationsstörung, tiefgreifende Entwicklungsstörung auf genetischer Grundlage. Das Asperger-Syndrom ist die schwach ausgeprägte Form der Autismus-Spektrum-Störung.

Zeichen

1. kein Interesse an Gleichaltrigen
2. ungeschickter Umgang mit Gleichaltrigen
3. altkluge, pedantische Ausdrucksweise
4. eigenartige Sprachmelodie
5. meidet Blickkontakt
6. auffällige Mimik und Gestik
7. ungewöhnliche Neigungen, die viel Zeit fordern und oft einen technischen oder sachbezogenen Charakter haben, zum Beispiel Vorliebe für
   - Fahrpläne
   - Formeln
   - technische Einzelheiten
   - geschichtliche Daten
8. kann sich schlecht auf Neues einstellen

9. ritualisierte Verhaltensweisen
10. ungeschickte Bewegungen, Tollpatschigkeit
11. Über- oder Unterempfindlichkeit auf Licht, Geräusche, Berührungen
12. keine Einschränkung der sprachlichen und kognitiven Entwicklung beim Asperger-Syndrom – beim Vollbild hingegen deutliche Einschränkung
13. bekannte Persönlichkeiten hatten ein Asperger-Syndrom, z. B. Albert Einstein
14. häufig Begleiterkrankungen wie:
    - ADHS
    - Zwangsstörungen
    - Depression
    - Schizophrenie

Behandlung

1. Medikamentöse Behandlung der Begleitstörungen, z. B. ADHS, erfolgreich
2. *Verhaltenstherapie*
3. Ernährungstherapie
   Versucht wurden
   - Kasein- und glutenfreie Kost
   - verschiedene Vitamine
   - verschiedene Mineralstoffe
   - Omega-3- und Omega-6-Fettsäuren,

   Alle diese Versuche blieben erfolglos!

B

Behandlung ohne Stimulantien

Behandlungsform	Wirkung*
Antipilzdiät	- -
ADHS-Privatschule	+ +
Autogenes Training	- -
Bachblüten	- -
Edelsteine	- -
Eisen (bei Mangel)	+
Elektroakupunktur nach Dr. Volhardt (EAV)	- -
Elternberatung	+ +
Elterntraining	+ + +
Entspannungstherapie nach Jakobsen	+

Behandlungsform	Wirkung*
Erdstrahlensuche und -beseitigung	- -
Ergotherapie	- -
Gesellschaftsspiel	+
Gesunde Mischkost	+
Fettsäuren (Gammalinolensäure, Omega-3-, Omega-6-Fettsäuren	+
Hausaufgabenfremdbetreuung	+
Heilverfahren	+
Homöopathie	- -
Integrationshilfe	+
Kaugummi mit Xylitol	+
Kinesiologie	- -
Konzentrationstraining	- -
Lecithin	-
Lerntraining	+
Magnesium (bei Mangel)	+
Osteopathie	- - -
Pädagogik/Schule	+/-
Pendel	-
Phosphatreduzierte Kost	+
Physiotherapie	+
Psychomotorik	+
Psychotherapie, psychoanalytisch	-
Reiten	+
Neurofeedback	+ +
Sensorische Integration	+
Schilddrüsenhormon (bei Mangel)	+
Sport	+ +
Stutenmilch	- -
Tomatis-Hörkur	- -
Verhaltenstherapie	+ + +

Behandlungsform	Wirkung*
Vitamin B_{12}	- - -
Vitamin D (bei Mangel)	+
Zink (bei Mangel)	+
Zuckerreduzierte Kost	+

+/++/+++	hilfreich
+/-	kann hilfreich oder schädlich sein, kostet nichts
-	hilft nicht, kostet wenig, schadet nicht
- -	hilft nicht, kostet viel, schadet nicht
- - -	hilft nicht, kostet viel, kann schädlich sein

* Erfahrungswerte des Autors

Beruhigungszeit

Kontrollverlust

Hyperaktive Kinder und Jugendliche regen sich oft und unvermutet auf. Sie rasten aus und fallen aus der Rolle. Das gilt auch für Kinder mit reinem Aufmerksamkeitsdefizitsyndrom (»Hans-guck-in-die-Luft«) und für Kinder mit der hypoaktiven Form des Aufmerksamkeitsdefizitsyndroms (»Traumsuse«). Die Betroffenen sind in einer solchen Lage kaum mehr ansprechbar. Reagieren Erwachsene oder Geschwister, Freunde oder Mitschüler mit einem beschwichtigenden Wortschwall, mit Lachen oder mit Zorn, so wirkt das, als ob Öl ins Feuer gegossen wird. Das Kind oder der Jugendliche tobt wilder denn zuvor.

Nichtbeachtung

Wird das übererregte Kind hingegen nicht angesprochen, nicht beachtet, nicht einmal angeschaut und wird eine räumliche Trennung erreicht, so kehrt es meistens rasch auf die normale Stimmungsebene zurück. Das ist wie im Theater: Verschwindet das Publikum aus dem Saal, wird der Schauspieler still! Diese Maßnahme nennen wir *Beruhigungszeit.*

Neutralisation

Die Beruhigungszeit ist eine besonders wichtige Hilfe für Eltern und Kind im Alltag. Ziel ist es, die Übererregung des Kindes nicht durch Schreien, Schimpfen, Drohen oder Handgreiflichkeiten aufrechtzuerhalten, sondern durch Neutralisation abzubauen.

Der Begriff »Beruhigungszeit« eignet sich besser als der vielfach verwendete Begriff »Auszeit«. Die Beruhigungszeit soll eine Hilfe, keine Strafe sein. »Auszeit« aber hat einen Beigeschmack von Strafe.

Nicht nachhaken

Nach Ende der Beruhigungszeit sollen die Eltern nicht nachhaken, nicht »nachkarten«. Mit Nachhaken schüren sie womöglich das Feuer neu. Der Konflikt darf erst deutlich später und nur in einem ruhigen Augenblick angesprochen werden. Dann ist auch die Zeit für eine Vereinbarung gekommen.

Das Kind nimmt das Angebot an

Meist wird die Beruhigungszeit nach etlichen Durchgängen vom Kind selbst als hilfreich empfunden und regelrecht eingefordert.

Das Kind merkt, dass es durch die Beruhigungszeit die Möglichkeit erhält, von seiner hohen Erregungsebene wieder auf die Normalebene herunterzusteigen.

Auch Eltern brauchen Beruhigung!

Oftmals benötigen auch die Eltern eine Beruhigungszeit. Mit dem Kind können Sie dann vereinbaren: »Wir machen einen Wettbewerb: Wer ist schneller wieder normal, Du oder ich?« Sie werden die Erfahrung machen, dass meistens Ihr Kind Sieger wird!

Beruhigungszeit: Ziel und Durchführung

Ziel

1. Mit der Beruhigungszeit wollen Sie das Kind keinesfalls bestrafen. Sie wollen ihm vielmehr die Möglichkeit geben, von seiner überhöhten Erregungsebene auf die Normalebene herunterzukommen.
2. Die Beruhigungszeit findet in der Regel vor der Tür oder im Kinderzimmer statt. Keller oder Besenkammer kommen nicht in Frage – das wäre Strafe!
3. Auch Sie selbst haben einen Vorteil von der Beruhigungszeit: Sie ersparen sich wortreiche Auseinandersetzungen!

Wie gehe ich vor?

1. Die Beruhigungszeit gilt als *positive Verstärkung* (Konsequenz Form 1). Sie muss *vor* dem Problemverhalten in einer ruhigen Minute mit dem Kind besprochen werden (Vereinbarung).
2. Tritt das Problemverhalten ein, z. B. ein Wutausbruch, *erinnern* Mutter oder Vater an die Vereinbarung.
3. Ist das Kind noch ansprechbar, wird ihm klargemacht, dass es sich durch *Wohlverhalten* eine Belohnung erwerben kann.
4. Hört das Kind nicht auf zu rappeln, wird es *ohne* weitere Diskussion *vor die Tür* oder *ins Kinderzimmer* geschickt.
5. Nach der Beruhigungszeit soll das Fehlverhalten *nicht* angesprochen werden!
6. Eine solche Besprechung ist überhaupt nicht nötig. Sie bringt keinen Gewinn für die Verhaltenslenkung. Sie *erinnern* stattdessen in einem ruhigen Augenblick und viel später an die *früher* getroffene Vereinbarung.

B

Beurteilungsbogen für Eltern

Name: ....

geb.: ....

Datum:

Beurteiler ☐ Mutter ☐ Vater

	Beurteilen Sie bitte, wie zutreffend die Beschreibung für das Kind bzw. den Jugendlichen ist:	gar nicht	ein wenig	weitgehend	sehr stark
1.	Beachtet bei den Schularbeiten, bei anderen Tätigkeiten oder bei der Arbeit häufig Einzelheiten nicht oder macht häufig Flüchtigkeitsfehler.	☐	☐	☐	☐
2.	Hat bei Aufgaben oder Spielen oft Schwierigkeiten, die Aufmerksamkeit längere Zeit aufrecht zu halten (dabeizubleiben).	☐	☐	☐	☐
3.	Scheint oft nicht zuzuhören, wenn andere sie/ihn ansprechen.	☐	☐	☐	☐
4.	Kann häufig Aufträge von anderen nicht vollständig durchführen, kann Schularbeiten, andere Arbeiten oder Pflichten am Arbeitsplatz häufig nicht zu Ende bringen.	☐	☐	☐	☐
5.	Hat häufig Schwierigkeiten, Aufgaben oder Aktivitäten zu organisieren.	☐	☐	☐	☐
6.	Hat eine Abneigung gegen Aufgaben, bei denen sie/er sich länger konzentrieren und anstrengen muss (z. B. Hausaufgaben). Vermeidet diese Aufgaben oder macht sie nur widerwillig.	☐	☐	☐	☐
7.	Verliert häufig Gegenstände, die sie/er für bestimmte Aufgaben oder Aktivitäten benötigt (z.B. Spielsachen, Hausaufgabenhefte, Stifte, Bücher oder Werkzeug).	☐	☐	☐	☐
8.	Lässt sich oft durch seine Umgebung (äußere Reize) leicht ablenken.	☐	☐	☐	☐
9.	Ist bei Alltagsaktivitäten häufig vergesslich (z. B. vergisst Schulsachen oder Kleidungsstücke).	☐	☐	☐	☐
10.	Zappelt häufig mit Händen oder Füßen oder rutscht häufig auf dem Stuhl herum.	☐	☐	☐	☐
11.	Steht oft im Unterricht oder in anderen Situationen auf, in denen sitzen bleiben erwartet wird.	☐	☐	☐	☐
12.	Hat häufig Schwierigkeiten, ruhig zu spielen oder sich mit Freizeitaktivitäten ruhig zu beschäftigen.	☐	☐	☐	☐
13.	Läuft häufig herum oder klettert permanent, wenn es unpassend ist.	☐	☐	☐	☐
14.	Beschreibt ein häufig auftretendes Gefühl der inneren Unruhe (besonders bei Jugendlichen).	☐	☐	☐	☐
15.	Zeigt durchgängig eine extreme Unruhe, die durch die Umgebung oder durch Aufforderungen nicht dauerhaft beeinflussbar ist.	☐	☐	☐	☐
16.	Ist häufig "auf Achse" oder handelt oft, als wäre sie/er angetrieben.	☐	☐	☐	☐
17.	Platzt häufig mit der Antwort heraus, bevor Fragen zu Ende gestellt sind.	☐	☐	☐	☐
18.	Kann häufig nur schwer warten, bis sie/er an der Reihe ist (z. B. bei Spielen oder in einer Gruppe).	☐	☐	☐	☐
19.	Unterbricht und stört andere häufig (z. B. platzt in die Unterhaltung, Telefongespräche oder Spiele anderer hinein).	☐	☐	☐	☐
20.	Redet häufig übermäßig viel.	☐	☐	☐	☐

Beurteilungsbogen für Lehrer

Name: .... Datum:

geb.: ....

Beurteiler ....

	Beurteilen Sie bitte, wie zutreffend die Beschreibung für das Kind bzw. den Jugendlichen ist:	gar nicht	ein wenig	weitgehend	sehr stark
1.	Beachtet bei den Schularbeiten, bei anderen Tätigkeiten oder bei der Arbeit häufig Einzelheiten nicht oder macht häufig Flüchtigkeitsfehler.	▢	▢	▢	▢
2.	Hat bei Aufgaben oder Spielen oft Schwierigkeiten, die Aufmerksamkeit längere Zeit aufrecht zu halten (dabeizubleiben).	▢	▢	▢	▢
3.	Scheint oft nicht zuzuhören, wenn andere sie/ihn ansprechen.	▢	▢	▢	▢
4.	Kann häufig Aufträge von anderen nicht vollständig durchführen, kann Schularbeiten, andere Arbeiten oder Pflichten am Arbeitsplatz häufig nicht zu Ende bringen.	▢	▢	▢	▢
5.	Hat häufig Schwierigkeiten, Aufgaben oder Aktivitäten zu organisieren.	▢	▢	▢	▢
6.	Hat eine Abneigung gegen Aufgaben, bei denen sie/er sich länger konzentrieren und anstrengen muss (z. B. Hausaufgaben). Vermeidet diese Aufgaben oder macht sie nur widerwillig.	▢	▢	▢	▢
7.	Verliert häufig Gegenstände, die sie/er für bestimmte Aufgaben oder Aktivitäten benötigt (z. B. Spielsachen, Hausaufgabenhefte, Stifte, Bücher oder Werkzeug).	▢	▢	▢	▢
8.	Lässt sich oft durch seine Umgebung (äußere Reize) leicht ablenken.	▢	▢	▢	▢
9.	Ist bei Alltagsaktivitäten häufig vergesslich (z. B. vergisst Schulsachen oder Kleidungsstücke).	▢	▢	▢	▢
10.	Zappelt häufig mit Händen oder Füßen oder rutscht häufig auf dem Stuhl herum.	▢	▢	▢	▢
11.	Steht oft im Unterricht oder in anderen Situationen auf, in denen sitzen bleiben erwartet wird.	▢	▢	▢	▢
12.	Hat häufig Schwierigkeiten, ruhig zu spielen oder sich mit Freizeitaktivitäten ruhig zu beschäftigen.	▢	▢	▢	▢
13.	Läuft häufig herum oder klettert permanent, wenn es unpassend ist.	▢	▢	▢	▢
14.	Beschreibt ein häufig auftretendes Gefühl der inneren Unruhe (besonders bei Jugendlichen).	▢	▢	▢	▢
15.	Zeigt durchgängig eine extreme Unruhe, die durch die Umgebung oder durch Aufforderungen nicht dauerhaft beeinflussbar ist.	▢	▢	▢	▢
16.	Ist häufig "auf Achse" oder handelt oft, als wäre sie/er angetrieben.	▢	▢	▢	▢
17.	Platzt häufig mit der Antwort heraus, bevor Fragen zu Ende gestellt sind.	▢	▢	▢	▢
18.	Kann häufig nur schwer warten, bis sie/er an der Reihe ist (z. B. bei Spielen oder in einer Gruppe).	▢	▢	▢	▢
19.	Unterbricht und stört andere häufig (z. B. platzt in die Unterhaltung, Telefongespräche oder Spiele anderer hinein).	▢	▢	▢	▢
20.	Redet häufig übermäßig viel.	▢	▢	▢	▢

Bücher zu ADHS

B

Kindes- und Jugendalter

Russel AB (2011) Das große ADHS-Handbuch für Eltern. Bern: Huber, 3. Auflage, 29,95 Euro

Born A, Oehler C (2016) Lernen mit ADS-Kindern. Stuttgart: Kohlhammer, 10. Auflage, 20,- Euro

Döpfner M, Schürmann S und Lehmkuhl G (2011) Wackelpeter und Trotzkopf. Weinheim: Psychologie-Verlagsunion, 4. Auflage, 24,95 Euro

Dreikurs R und Soltz V (2016) Kinder fordern uns heraus. Wie erziehen wir sie zeitgemäß? Stuttgart: Verlag Klett-Cotta, 20. Auflage, 14,95 Euro

Hamburger Arbeitskreis ADS/ADHS, Leitfaden ADHS, Postfach 652240, 22373 Hamburg, E-mail: Hamburger.Arbeitskreis.ADHS@web.de

Kast-Zahn A (2013) Jedes Kind kann Regeln lernen. München: Gräfe und Unzer Verlag, 3. Auflage, 19,99 Euro

Kemmerich R (2009) Das Kind braucht die Familie. Verhaltensstörungen und ihre Ursachen. Tübingen: Hohenrain-Verlag, 1. Auflage, 9,80 Euro

Neuhaus C (2017) ADHS bei Kindern, Jugendlichen und Erwachsenen. Stuttgart: Kohlhammer 4. Auflage, 19,– Euro

Richter W und Pieritz R (2005) Klassenarbeiten? Das schaff ich schon! Ein Trainingsprogramm zum Abbau von Stress und Nervosität. Hörbuch-CD, Beltz Lern-Trainer, Weinheim und Basel: Beltz-Verlag, 19,90 Euro

Simchen H (2017) ADS. Unkonzentriert, verträumt, zu langsam und viele Fehler im Diktat. Diagnostik, Therapie und Hilfen für das hypoaktive Kind. Stuttgart: Kohlhammer, 9. Auflage, 19,- Euro

Stollhoff K (2003) Hochrisiko ADHS, Plädoyer für eine frühe Therapie, Lübeck: Schmidt-Römhild, 14,80 Euro

Erwachsenenalter

Krause J und Krause KH (2014) ADHS im Erwachsenenalter. Stuttgart: Schattauer, 4. Auflage, 39,99 Euro

Neuhaus C (2017) ADHS bei Kindern, Jugendlichen und Erwachsenen. Stuttgart: Kohlhammer 4. Auflage, 19,– Euro

Neuhaus C (2005) Lass mich, doch verlass mich nicht, ADHS und Partnerschaft. München: dtv, Deutscher Taschenbuch-Verlag, 9,90 Euro

Ryffel-Rawak D (2009) ADHS bei Frauen – den Gefühlen ausgeliefert. Bern: Huber, 2. Auflage, 18,95 Euro

C

Conners-Test – Hyperkinetisches Syndrom

(modifiziert nach Steinhausen/Döpfner (2006))

Vorbemerkung
Die abgefragten Verhaltensweisen müssen schon mindestens ein Jahr lang vorhanden sein.

Werden 15 Punkte oder mehr erreicht, besteht der Anfangsverdacht (keine Diagnose!) auf das hyperkinetische Syndrom (HKS).

Der Test erfasst nur das Hyperkinetische Syndrom. Die anderen Formen des Aufmerksamkeitsdefizitsyndroms ohne oder mit Hyperaktivität (ADHS) werden mit dem Test *nicht* erkannt!

Name ____________________ Vorname ____________________

Geburtstag ____________________

Untersuchung am ____________________

Bewertung
0 = überhaupt nicht
1 = ein wenig
2 = ziemlich stark
3 = sehr stark

Mein Kind …				
… ist unruhig	0	1	2	3
… ist leicht erregt, rastet leicht aus	0	1	2	3
… stört andere Kinder	0	1	2	3
… bringt Beschäftigungen oft nicht zu Ende	0	1	2	3
… zappelt sich durch den Tag	0	1	2	3
… lässt sich leicht ablenken	0	1	2	3
… passt oft nicht auf	0	1	2	3
… will seine Wünsche sofort erfüllt haben	0	1	2	3
… ist rasch enttäuscht	0	1	2	3
… weint oft aus geringem Anlass	0	1	2	3
… fällt schnell von einer Stimmung in die andere	0	1	2	3
… hat Wutanfälle	0	1	2	3
Punkte				

D

Diagnosestellung ADHS

Dem erfahrenen Arzt gelingt in vielen Fällen die Blickdiagnose zu einer Krankheit. Aber das »Aufmerksamkeitsdefizitsyndrom ohne oder mit Hyperaktivität (ADHS)« erlaubt *keine* Blickdiagnose!

Im Gegenteil: Sehr oft zeigt sich das Kind mit ADHS bei der Erstuntersuchung von seiner besten Seite, nicht zuletzt aufgrund der eindringlichen Mahnungen der Mutter: »Sei anständig!« Kommt das Kind mit dem Vater, so hört der Arzt nicht selten: »Meine Frau meint, dass etwas nicht stimmt bei dem Kind. Ich finde das gar nicht!« Die Angaben der Eltern und Lehrer sind also nicht immer zuverlässig.

Erst eine mehrmalige Verhaltensbeobachtung, eine gründliche körperliche und neurologische Untersuchung, individuell ausgewählte Testverfahren, eine eingehende biografische Anamnese, die Befragung der Bezugspersonen Eltern, Erzieher und Lehrer ergeben ein zutreffendes Gesamtbild der Stärken und Schwächen des Kindes. Der Untersuchungsgang ist also aufwendig und langdauernd. Aber nur auf diesem Weg kann ein wirksamer Behandlungsplan erstellt werden.

Digitales Lernen

Technik ersetzt das Schreiben

Heute kann der Mensch mit einer einfachen Handbewegung, dem Wischen und Tappen, auf dem Bildschirm des Smartphones ohne Ende bunte Bildchen und Texte aufrufen. Schon Kinder mit zwei Jahren können das – und tun das auch! Im Durchschnitt wischt der Nutzer eines Smartphones 150 Mal am Tag über sein Gerät (Akonen 2012). Das Zusammenspiel von Wahrnehmung, Planung und motorischer Handlung wird dabei nicht mehr benötigt. Visuomotorische Koordination, räumliche Vorstellung, Weiterdenken und Kreativität entfallen.

In mehreren Studien wurde nachgewiesen, dass durch das Schreiben auf Papier das Wissen im Langzeitgedächtnis besser verankert wird, als wenn es nur »angeschaut« wird. Andere Untersuchungen haben gezeigt, dass »Googeln« das Kind dazu verführt, eine Unmenge von Daten herunterzuladen, jedoch keine einzige davon zu behalten (Schäfer 2014).

Der Mensch verfügt über neun Sinneskanäle, um Wissen aufzunehmen und abzuspeichern. Seit Beginn der Menschheitsentwicklung hat sich die Vielfalt der Informationskanäle bewährt. Beim Arbeiten am Bildschirm ist von den neun Sinneskanälen nur noch ein System aktiv, das visuelle System. Die Informationen, die auf diesem Wege gewonnen werden, prägen sich auch nur im visuellen System ein. Eine ganzheitliche Wahrnehmung ist so nicht mehr möglich. Ein Drittel des Gehirns, nämlich der motorische Anteil, wird ausgeschaltet, wird zur Neuronenbrache. Damit schrumpft zwangsläufig auch die Denkleistung.

Einen weiteren Gesichtspunkt spricht der britische Autor und Filmemacher Gary Turk an. Im Netzwerk YouTube erzählt er: dass er 422 Freunde über das Netz hat und trotzdem einsam ist (dpa 2014). Turk will damit sagen, dass die Freunde, die man im Netz findet, keine wirklichen Freunde sind. Freundschaft ist nur von Angesicht zu Angesicht möglich, nicht über Nachrichten-Apps. Blickkontakt, Handbewegung, Gesichtsausdruck, Körperhaltung – diese ganze Informationsflut ist für eine zwischenmenschliche Beziehung nötig. Freundschaft entsteht, wenn man miteinander redet, wenn man gemeinsam etwas unternimmt, wenn man gemeinsam etwas erlebt. »Freundschaften« im Netz sind allenfalls Bekanntschaften. Sie kommen und gehen wie die Sonne und der Regen.

Beziehungen im Netz fördern also keineswegs soziale Kontakte, sondern führen geradewegs in die Vereinsamung!

In seinem Buch »Die Rüpel-Republik« bringt es Jörg Schindler auf den Punkt:

> »Aber lassen wir uns nichts vormachen: Die sozialen Netzwerke, die da gerade die Welt erobern, sind tatsächlich antisoziale Netzwerke. Zum Aufbau echter Gemeinschaft können sie wenig beitragen. Im Gegenteil.« (dpa 2014)

EDV in der Schule

Medienexperten fordern mit Nachdruck die »digitale Schule«. Der Redakteur der Zeitschrift GEO, Jürgen Schäfer, schwärmt vom »Homo sapiens digitalis« und vom »digitalen Klimawandel« (Schindler 2012). Weiter schreibt er, die »neue menschliche Weisheit« brauche eine neue Schule. Diese »Schule am Netz« vermittle Wissen nicht mehr über das gesprochene und geschriebene Wort, über die Anschauung, über den Lehrer, über den Schreibstift, über das Heft oder über das Lehrbuch. Vielmehr sei das einzige Unterrichtsmittel das Tablet, der Mini-Computer, für Mädchen mit einem rosa Rand, für Jungen mit einem blauen Rand. Jugendliche, die jetzt schon 4 Stunden (66 %) oder 6 Stunden (16 %) (Schäfer 2014) vor dem Bildschirm sitzen, sollen in der neuen Schule zusätzlich 5–6 Stunden täglich Deutsch, Mathematik und Englisch vom Tablet lernen – eine aberwitzige Vorstellung! Eine andere Variante bietet das amerikanischem Vorbild in Gestalt des »invertierten Lernens«: Der Schüler soll den Wissensstoff zu Hause digital erarbeiten und in der Schule nur noch Fragen stellen. (Schindler 2012)

Wird in der Medizin ein neues Medikament eingeführt, so muss es bis zur Zulassung umfangreiche und jahrelange Prüfungen durchlaufen. Mit der digitalen Schule aber wird ein riesiges Experiment mit Kindern ohne jede Vorprüfung eingeleitet – mit der Gefahr, dass Sprache, Motorik, Aufmerksamkeit, Impulssteuerung, Denken in Zusammenhängen und Sozialverhalten auf der Strecke bleiben!

DL-Amphetamin

Geschichte

DL-Amphetamin ist das erste Psychostimulans, das bei Schulkindern mit Aufmerksamkeitsstörung erfolgreich eingesetzt worden ist. Das geschah 1937 durch Bradley in den USA. Er und seine Mitarbeiter waren verblüfft über die gute Wirkung auf die Kernsymptome des Syndroms. Inzwischen wird das Mittel auch bei aphasischen Schlaganfallpatienten mit sehr guter Wirkung verwendet. Die Buchstaben D und L im Namen bedeuten: Es handelt sich um ein Racemat (Gemisch) aus links- und rechtsdrehenden Amphetaminen (Bradley 1937).

Wirkung

DL-Amphetamin ähnelt in seiner chemischen Struktur dem Botenstoff Dopamin, der beim Aufmerksamkeitsdefizitsyndrom nicht in ausreichender Menge zur Verfügung steht. Die Wirkstärke von Dexamfetamin ist ungefähr doppelt so hoch wie bei einer entsprechenden Dosis Methylphenidat. DL-Amphetamin ahmt die exekutiven Funktionen des Dopamins nach:

- Beschleunigung von Auffassung und Umsetzung
- Verbesserung von Konzentration und geistiger Ausdauer
- Hemmung von Impulsüberschuss
- Verbesserung von Handschrift und Sozialverhalten

Wirkzeiten

Die Wirkung des DL-Amphetamins setzt nach 30–60 Minuten ein, erreicht ihren Höhepunkt nach 120 Minuten und hält sechs Stunden vor.

Nebenwirkungen

Appetitminderung, Übelkeit, Bauchschmerzen, Schlafstörungen, Kopfschmerzen, Blässe und Ringe um die Augen können in seltenen Fällen zu Beginn der Behandlung auftreten, vor allem dann, wenn zu schnell aufdosiert wird. Die unerwünschten Ereignisse verschwinden regelmäßig nach sechs bis acht Wochen. Wichtig ist, dass nach der Einnahme der Kapsel und während des ganzen Tages ausreichend Flüssigkeit getrunken wird. Eine Abhängigkeit von dem Medikament ist nach über 70 Jahren Anwendung ebenso wenig wie bei der Substanz Methylphenidat beobachtet worden. Entzugserscheinungen nach Absetzen des Mittels kommen nicht vor (Stollhoff 2015).

Einnahme

DL-Amphetamin wird nach der Mahlzeit eingenommen. Die Dosis wird einschleichend individuell ermittelt. Kann ein Kind die Kapsel nicht schlucken, ist eine wohlschmeckende Saftzubereitung möglich.

Darreichungsformen

Dexamfetamin wird, um Missbrauch zu vermeiden, auf Betäubungsmittelrezept verordnet. Der Apotheker stellt Kapseln zu 5, 10 oder 15 mg her. Seit 2012 ist ein Fertigprodukt im Handel unter der Bezeichnung Attentin® als Tablette zu 5 mg erhältlich.

Retardiertes DL-Amphetamin

Seit März 2013 befindet sich ein retardiertes DL-Amphetamin unter den Namen Elvanse® (Lisdexamfetamindimelisat) im Handel. Seit 2007 ist das Medikament in den USA, Kanada und Brasilien im Einsatz. Es wirkt 13 Stunden und verbessert die Kernsymptomatik von ADHS signifikant. Es ist ungewöhnlich teuer.

Kontrolluntersuchungen

Sechs Wochen nach Beginn der Behandlung, dann alle sechs Monate, sollen folgende Parameter überprüft werden: Aufmerksamkeitstest, Größe, Gewicht, innere Organe, Blutdruck, Puls, Blutsenkung, Blutbild und Leberwerte.

Dopamin und sein Ersatz

Bei der Betrachtung der Strukturformeln von Dopamin und Methylphenidat-Hydrochlorid (MPH-HCl) fällt ihre Ähnlichkeit auf. Der Botenstoff Dopamin steht dem ADHS-Gehirn nicht in ausreichender Menge zur Verfügung. MPH-HCl gilt als Goldstandard in der Behandlung von ADHS. Die Seitengruppe mit -NH am Skelett von MPH-HCl hat selbst keine pharmakologische Wirkung. Sie verlängert jedoch die Wirkdauer der Substanz.

Wegen der Ähnlichkeit von MPH-HCl und Dopamin wird verständlich, warum die Substanz den fehlenden Botenstoff ersetzen kann.

D

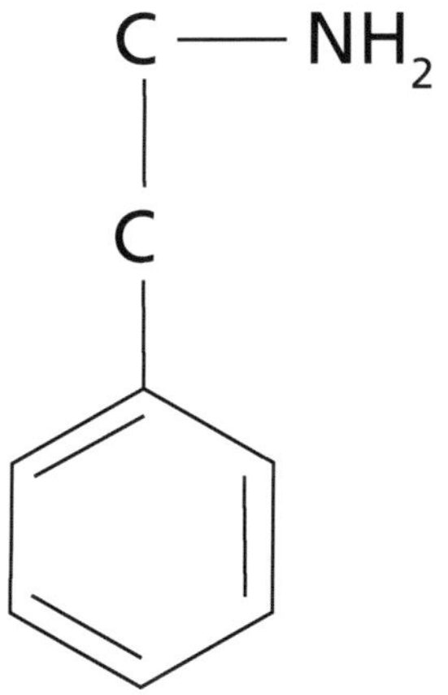

Dopamin

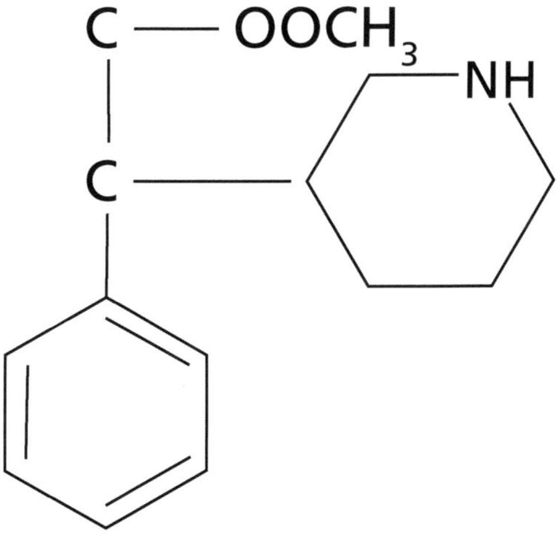

Methylphenidat

E

Entspannung

1. **Autogenes Training**
   Autogenes Training gelingt selten beim ADHS-Kind oder -Jugendlichen. Das Kind oder der Jugendliche ist zu unruhig und zu ungeduldig, um die langsamen Übungen nachzuvollziehen.
2. **Einschlafritual**
   Im Gegensatz zum autogenen Training sind Rituale sehr hilfreich. Beim Einschlafritual liegt das Kind auf dem Rücken und hat die Augen geschlossen. Mit tiefer, ruhiger Stimme trägt der Erwachsene in langsamer Sprechweise ein Märchen oder eine Fantasiegeschichte vor. Nach dem Vortrag reden Sie mit leiser und langsamer Stimme:
   - Denk an deine Beine!
   - Denk an deinen Bauch!
   - Denk an deine Arme!
   - Denk an deinen Kopf!

- Denk an deine Haut!
- Du spürst die Sonne auf deiner Haut.
- Deine Haut wird ganz warm!

3. **Musik**
   Günstig ist eine Entspannungsmusik mit 60 Taktschlägen je Minute.
4. **Mandala**
   Mandalas ausmalen führt zum Mittelpunkt. Nicht sprechen beim Malen!
5. **Progressive Muskelentspannung nach Jacobson (Wilhelm 1999)**
   Einzelne Muskelgruppen werden im Wechsel angespannt und entspannt.
   Bestimmte Haltungen werden eingeübt:
   - Boxer
   - Raupe
   - Katzenbuckel
   - Kobra
   - Löwe

   (► Progressive Muskelentspannung nach Jacobson)

E

Erblichkeit von ADHS

Zwillingsstudien

Die Metaanalyse aus zwanzig Zwillingsstudien ergab: Hat ein eineiiger Zwilling ein ADHS, so hat der Gegenzwilling zu 80 % die gleiche Diagnose. Hat ein zweieiiger Zwilling das Syndrom, so hat der Gegenzwilling zu 40 % ebenfalls ein ADHS. Die Erblichkeit von ADHS ist so hoch wie die Erblichkeit der Körpergröße. ADHS hat einen Vererbungsanteil von 75–80 %. »ADHS ist die höchstgradig genetisch bedingte psychische Erkrankung.« (Russel A. Barkley, Charleston, USA)

Adoptionsstudien

Leibliche Eltern von Kindern mit ADHS sind deutlich häufiger als die Adoptiveltern von Aufmerksamkeits-, Aktivitäts- und komorbiden Störungen betroffen.

Molekulargenetische Untersuchungen

Am Erbgang sind, soweit bisher bekannt, folgende Gene beteiligt:

1. Dopamin-Transporter-Gen DAT 1
2. Dopamin-Rezeptor-Gen DRD 4 und DRD 5
3. Serotonin-Transporter-Gen 5-HTTLPR
4. Noradrenalin-Rezeptor-Gen

Die Wirkstärke jedes einzelnen Gens ist gering. Das bedeutet,

- dass nicht ein Gen, sondern mehrere Gene das ADHS verursachen (Polygenie);
- dass je nach Kombination der Genvarianten unterschiedliche ADHS-Phänotypen (Erscheinungsbilder) zu erwarten sind.

An der Universität von Kalifornien in San Francisco wurde 2002 in den DNS-Analysen von 227 biologischen Geschwistern mit ADHS ein Gen auf dem Chromosom 16 eingekreist, das bei jedem 3. Fall von ADHS nachweisbar war (Banaschewski 2008). An der Universität Würzburg, Lehrstuhl für Molekulare Psychiatrie, Prof. Dr. K.P. Lesch, wurde dieser Forschungsansatz aufgegriffen und fortgeführt. Lesch konnte an Zebrafischlarven ein Hyperaktivitätsgen, das Latrophilin-3-Gen (LPHN3) nachweisen (Lesch 2014).

Erbfaktor

Krankheit	Erbfaktor
Brustkrebs	27 %
Depression	39 %
ADHS	75 %

Werte nach Hebebrand 2007

Erfolgreicher Jäger vor 40 000 Jahren und heute

Der erfolgreiche Jäger

- beobachtet ständig und scharf
- bemerkt alles
- entwickelt kurze, aber intensive Aufmerksamkeit
- lebt nur im Hier und Jetzt
- denkt in Bildern
- entscheidet schnell und handelt sofort
- kann seine Strategie blitzartig ändern
- ist körperlich hochleistungsfähig
- bringt einen hohen Energieschub in die Jagd ein
- scheut keine Gefahr
- liebt die Unabhängigkeit
- lässt sich nichts sagen
- hilft den Schwachen
- Versorgung der Beute ist nicht seine Sache
- Aufräumen und Saubermachen überlässt er gerne den anderen

Das sind genau die Eigenschaften, die charakteristisch für die ADHS-Persönlichkeit unserer Tage sind. Vor 40 000 Jahren gab der Jagderfolg den Ausschlag für das Überleben der Gruppe. Folglich genoss der Jäger, der das Mammut erlegte, hohes Ansehen. Der erfolgreiche und angesehene Mann zieht die Frauen an, damals wie heute. Eine zahlreiche Nachkommenschaft war damit gesichert. Seine Erblinie zieht sich bis heute durch die Menschheit. Doch heute ist der Jagderfolg nicht mehr gefragt. Wichtig sind stattdessen soziale Kompetenz, Fachwissen, Organisationstalent, Stehvermögen, Ausdauer und Geduld – Fähigkeiten, die die ADHS-Persönlichkeit weniger auszeichnen.

Merke
Die ADHS-Persönlichkeit hat hervorragende Eigenschaften, doch leider zur falschen Zeit!

Erfolgsgeheimnis: Wege zum Erfolg

Von dem Begründer der modernen Geschichtswissenschaft Leopold von Ranke (1795–1886) stammt das Wort: »Nichts ist überzeugender als der Erfolg!«

Ranke benutzte das Wort in Bezug auf die Geschichte. Aber es gilt auch für unsere Kinder: Nichts macht erfolgreicher als der Erfolg! Erfolge spornen zu neuen Leistungen und zu neuen Erfolgen an. Gerade für das ADHS-Kind und seine seelische Gesundheit ist es von größter Bedeutung, Erfolge zu erleben.

Wie kann ich meinem Kind Erfolge verschaffen?

1. Ist das Lernziel *zu hoch*?
   Lernerfolg muss erreichbar sein. Also: Lernziel zurückschrauben!
2. Ist der Lernstoff für einen Tag *zu umfangreich*?
   Die Lernmenge muss dem Leistungsvermögen entsprechen.
   Drei Stunden Hausaufgaben in der zweiten Klasse sind ein Unding!
   Also: In Absprache mit den Lehrern lieber weniger Lernstoff und dafür richtig!
3. Muss das Ziel vielleicht *umgemünzt* werden?
   Das Kind muss im Diktat nicht gleich von der Note 5 auf die Note 2 kommen. Also: 18 statt 25 Fehler sind auch schon ein Erfolg!
4. Haben Sie bisher die *kleinen Erfolge* Ihres Kindes als selbstverständlich angesehen?
   Merke: Ein kleiner Erfolg ist für das ADHS-Kind immer ein Riesenerfolg!
   Also: Auch den kleinen Erfolg anerkennen und loben!
5. Hat sich bei Ihrem Kind Misserfolgsorientierung eingestellt?
   Versuchen Sie mit positiven Gedanken und Anregungen gegenzusteuern. Es gilt also, *Energiespender* zu suchen und einzusetzen.
   Energiespender spornen zu neuer Leistung an und verleihen die Kraft, die nötig ist, um das Ziel zu erreichen.
6. Haben Sie bisher den Grundsatz »Wir sind *gemeinsam* auf dem Weg« immer genügend herausgestellt?
   Also: »Wir machen uns auf den Weg. Gemeinsam schaffen wir das!«

Erfreuliche Eigenschaften der ADHS-Persönlichkeit

1. schier unerschöpfliche Energie
2. Neugier, Wissbegier
3. Erfinder, Macher
4. hohe bis sehr hohe Intelligenz
5. Einfühlsamkeit
6. hohe Empfindsamkeit für Stimmungen und Schwingungen
7. Charme
8. Unterhaltsamkeit
9. Humor
10. starker Gerechtigkeitssinn
11. extreme Konzentrationsfähigkeit bei Interesse (Hyperfokussierung)
12. herausragendes Gedächtnis für subjektiv interessante Dinge
13. reaktionsschnell in Notlagen
14. Begeisterungsfähigkeit
15. Hilfsbereitschaft
16. Fantasie
17. Experimentierfreude
18. schöpferische Begabung
19. schauspielerische Begabung
20. nicht nachtragend
21. heitere Grundstimmung – solange sich keine sekundäre psychische Störung aufpfropft
22. Zähigkeit bei Verfolgung eigener Interessen
23. Stehaufmännchen
24. Geruchsempfindlichkeit
25. guter Orientierungssinn

Zusammenfassung

ADHS ist eine besondere Begabung. Der Mensch mit ADHS muss allerdings lernen, seine besondere Begabung sinnvoll einzusetzen. Entscheidend hierfür sind Strukturen, die vorgegeben werden, und Selbstorganisation, die erlernt werden kann.

Praxistipp

Empfehlung an die Eltern: Schreiben Sie die drei wichtigsten positiven Eigenschaften Ihres Kindes mit großen Buchstaben auf ein Blatt Papier.

Hängen Sie das Blatt an einer gut sichtbaren Stelle in der Wohnung auf, zum Beispiel an der Kühlschranktür.

Ernährung bei Aufmerksamkeitsstörung

Zucker und Phosphat

Einfache Kohlenhydrate in Süßspeisen und Säften sowie Phosphat im Überschuss können die Symptome von ADHS verstärken. Zucker selbst macht Kinder nicht unaufmerksam und hyperaktiv. Nimmt der Mensch aber überreichlich Zucker auf, schüttet die Bauchspeicheldrüse im Übermaß Insulin aus, um den Zucker aus dem Blutgefäß in die Zelle zu schleusen. Das führt zu einer Absenkung des Blutzuckerspiegels unter die Norm. Die Folgen sind Müdigkeit, Misslaunigkeit und Aufmerksamkeitsschwäche.

Phosphat in normalen Mengen löst ebenfalls keine ADHS-Symptome aus. Im Überschuss hingegen hemmt Phosphat im Gehirn die Freisetzung des Botenstoffs Dopamin. Dopamin benötigt das Gehirn für Planung, Aufmerksamkeit und Impulssteuerung. Hinzu kommt, dass *überhöhte* Phosphatspiegel im Blut die Gefäßwand schädigen und damit die Entwicklung der Arteriosklerose begünstigen.

Folgende Lebens- und Genussmittel meiden:

1. Weißer (Kochzucker) und brauner Zucker (Rüben- oder Rohrzucker), Honig, Süßspeisen, süße Säfte, Limonaden, Zuckeraustauschstoffe
2. Polierter Reis, Weißmehlgebäck
3. Phosphorsäure und ihre Verbindungen, hauptsächlich als Konservierungsmittel, z. B. Wurst mit Phosphat als Konservierungsmittel.
4. Alkohol
5. Nikotin
6. Einige Lebensmittelzusatzstoffe und -farbstoffe, z. B. in Lutschern (▸ Lebensmittelzusatzstoffe)

Laboruntersuchungen

Alle 6–12 Monate sollen beim ADHS-Betroffenen folgende Werte überprüft werden: Zink, Magnesium, Phosphat, Eisen, Vitamin D, Blutzucker, Leberwerte

Empfehlung

Grundlagen des Speiseplans sollen Eiweiße, Fette und komplexe Kohlenhydrate sein. Zu den Hauptmahlzeiten füllen Sie den Teller Ihres Kindes zur Hälfte mit Gemüse in kräftigen Farben, zu einem Viertel mit magerem Eiweiß (Geflügel- oder Rindfleisch) und zu einem Viertel mit Vollkornprodukten (z. B. Vollkornreis, Vollkornnudeln) oder mit Kartoffeln. Zwei bis drei Fleischmahlzeiten pro Woche sind ausreichend. Stellen Sie zwei Mal pro Woche Fisch auf den Tisch.

Erfolge einer Ernährungsumstellung

Bei einigen Kindern mit Aufmerksamkeitsstörungen (weniger als 10 % nach Erfahrung des Verfassers) lassen sich durch eine Ernährungsumstellung Handlungsplanung, Impulssteuerung und Aufmerksamkeit verbessern. Bei der Mehrzahl der Kinder und Jugendlichen reicht die Ernährungsumstellung als alleinige Behandlung *nicht* aus!

Schnelle Fertigprodukte (Fast Food)

Untersuchungen mithilfe der Magnetresonanztomografie (MRT) haben ergeben: Der Wassergehalt und die Schrumpfung von Stirnhirn und Mandelkern, dem Belohnungszentrum, nehmen zu, je mehr Fast Food gegessen wird. Ein erhöhter Wassergehalt deutet auf Schäden im Nervengewebe hin. Die Veränderungen beeinträchtigen die Kontrollfähigkeit, die Informationsverarbeitung und die Appetitzügelung, Heißhunger und Übergewicht werden gefördert (Nathan Kline Institute 2011).

Fast Food begünstigt Ungeduld und Hast: Wer durch die Werbung der Fast-Food-Ketten unbemerkt vorgebahnt ist, liest einen Text etwa 20 % schneller, bewertet vermeintlich zeitsparende Produkte, z. B. »Two-in-one-Shampoo«, signifikant positiver und verändert sein Sparverhalten im

Sinne einer höheren Wertschätzung unmittelbarer Belohnung (Zhong und DeVoe 2010).

Diätfehler

Ausrutscher kommen vor. Nach einem Diätfehler geben Sie 1–2 Esslöffel Apfelobstessig. Obstessig schwächt die Wirkung des Phosphats ab. Apfelobstessig kann auch dann gegeben werden, wenn das Kind Heißhunger auf etwas Süßes äußert!

Erwachsene mit ADHS

Tatsachen

Bis vor kurzem war die Meinung weit verbreitet: »ADHS ist eine Störung des Kindesalters. Bis zum Erwachsenenalter wächst sich das aus!« Ein Rest dieser Auffassung ist die unverständliche Regelung des Gesetzgebers: Das Medikament Methylphenidat, das bei Kindern und Jugendlichen als Mittel der Wahl gilt, ist für Erwachsene erst seit 15.07.2011 zulasten der Krankenkasse zugelassen. Das bedeutet, dass es offenbar vor diesem Termin bei Erwachsenen kein ADHS gegeben hat!

Die Wirklichkeit spricht eine andere Sprache: Bei mindestens 60 % der Menschen mit ADHS im Kindes- und Jugendalter sind auch im Erwachsenenalter die entsprechenden Zeichen vorhanden. 3–4 % aller Erwachsenen haben ADHS (Philipsen et al. 2008). Diese Erkenntnis haben sich mittlerweile auch die Neurologen und Psychiater zu eigen gemacht und eine *Leitlinie* zum Thema abgefasst (Ebert et al. 2003): »ADHS im Erwachsenenalter – Leitlinie auf der Basis eines Expertenkonsensus mit Unterstützung der DGPPN«. Die Zahl der *Veröffentlichungen* zum Thema ist von 2 im Jahre 1986 auf 5 500 im Jahre 2013 angestiegen!

Mischtyp

Am häufigsten wird bei Erwachsenen der Mischtyp des Aufmerksamkeitsdefizitsyndroms beobachtet (Grossmann 2015). Dessen Kernsymptome sind: 1. Verkürzte Aufmerksamkeit, 2. innere Unruhe, 3. Impulsivität. Die motorische Hyperaktivität ist schwächer ausgeprägt als im Kindesalter. Im Vordergrund stehen die Aufmerksamkeitsstörung und die gesteigerte Impulsivität. Männer sind häufiger betroffen als Frauen.

Aufmerksamkeit

Der betroffene Erwachsene hat Schwierigkeiten, einem Gespräch längere Zeit zu folgen. Er fällt gerne dem Gesprächspartner ins Wort. Umfangreiche schriftliche Arbeiten sind ihm ein Gräuel. Da es ihm nicht gelingt, unwichtige Reize auszublenden, lässt er sich leicht ablenken. Er hört scheinbar nicht zu, schweift vom Thema ab und verträumt Gesprächsinhalte. Bei komplexen Arbeitsanweisungen fühlt er sich rasch überfordert. Termine werden vergessen, Alltaggegenstände werden verlegt.

Aktivität

Statt motorisch hyperaktiv wirkt der betroffene Erwachsene eher innerlich unruhig und nervös. Es fällt ihm schwer, sich zu entspannen. Er ist »immer auf dem Sprung«. Ruhephasen kann er nur schlecht ertragen. Längere Arbeit am Schreibtisch wird ihm zur Qual. Er mag nicht die Zeitung gründlich lesen oder einem Konzert konzentriert folgen.

Organisation

Planloses Verhalten tritt sowohl zu Hause als auch im Beruf auf. Aufgaben werden nicht vollendet, weil inzwischen schon die nächste Aufgabe begonnen wird. Die Zeiteinteilung liegt häufig daneben. Die Problemlösungen sind gelegentlich originell, oft jedoch realitätsfern.

Impulsivität

Der betroffene Erwachsene kann sein eigenes Verhalten schlecht steuern. Er ist reizbar, braust rasch auf und kann scheinbare oder echte Kränkungen schlecht verkraften. Seine Frustrationstoleranz ist gering. Es fehlt ihm der Rückspiegel, in dem er die Auswirkungen seines Verhaltens auf andere

Menschen beobachten kann. Sein Verhalten erweckt daher immer wieder Verwunderung, umgekehrt missversteht er häufig das Verhalten seines Gegenübers. Er greift gerne in Tätigkeiten ein, wenn er glaubt, dass der andere nicht damit fertig wird. Er kann nur schwer abwarten, bis er an der Reihe ist.

Gefühle

Die Stimmungslage der ADHS-Persönlichkeit schwankt stärker als bei anderen Menschen. »Himmelhoch jauchzend und zu Tode betrübt«, das ist ihr Alltag. Auf eine mittlere Stimmungslage folgt unvermittelt freudige Erregung und gleich darauf tiefe Niedergeschlagenheit. Der traurigen Verstimmung liegt zumeist nur ein nichtiger Anlass zugrunde. Die überschießenden Gefühlsreaktionen können sowohl aggressiv wie auch unangemessen ängstlich ausfallen. Subjektiv beschreibt der ADHS-Mensch sich selbst gerne als »schnell gestresst«. Im Gegensatz zu Patienten mit Depression zeigt der Erwachsene mit ADHS jedoch keinen allgemeinen Interessenverlust. Er neigt auch nicht zum gesellschaftlichen Rückzug.

Schule und Beruf

Jugendliche und Erwachsene mit ADHS erreichen im Durchschnitt einen niedrigeren Schulabschluss als die Mehrheit des Volkes. Gegen den 20. Geburtstag erleben die meisten ADHS-Persönlichkeiten einen erstaunlichen Nachreifungsschub, der sie zu einer konsequenten Berufsausbildung führt. In dem beruflichen Rang, den sie später erreichen, sind daher die Unterschiede ausgeglichen. Der ADHS-Erwachsene hat also auch mit geringerer Schulbildung gute Aufstiegsmöglichkeiten. Seine hohe Leistungsfähigkeit für Neigungsarbeiten hilft ihm dabei. Allenfalls fällt ein häufiger Arbeitsplatzwechsel auf. Oft wird der zweite Bildungsweg beschritten. Neben dem Achtstundentag im Beruf schaffen sie die mittlere Reife, das Abitur und den Hochschulabschluss.

ADHS-Persönlichkeiten sind besonders leistungsfähig, wenn sie ein Anforderungsprofil finden, das sie anspricht. Kreative und künstlerische Tätigkeiten liegen ihnen besonders. Nicht umsonst gibt es unter Schauspielern, Malern, Bildhauern und Schriftstellern viele ADHS-Personen! Gerne ergreifen Menschen mit ADHS auch Berufe, die ein hohes Maß an originellen Lösungen und Selbstbestimmung verlangen. Oft erreichen sie ihre

Lebensaufgabe und Lebensstellung erst im zweiten oder dritten Anlauf. Da die meisten aus dieser Menschengruppe »Spätzünder« sind, macht ihnen das gar nichts aus.

Der Anteil der selbstständigen Unternehmer ist unter ADHS-Persönlichkeiten deutlich höher als im Durchschnitt der Bevölkerung: 18 % gegenüber 5 % (Alfred und Heuschen 2000)!

Erfreuliche Eigenschaften

1. **Hirnleistung:**
   - rasche Auffassung bei subjektiv interessanten Dingen
   - gutes Gedächtnis für subjektiv interessante Dinge
   - Neugier
   - Wissbegier
   - Reizoffenheit
   - Experimentierfreude
   - Beeindruckbarkeit
   - Begeisterungsfähigkeit
   - Kreativität, Fantasie
   - sehr gute Konzentration bei Neigungsaufgaben (Hyperfokussierung)
   - Handlungsschnelligkeit in Notlagen
   - gute räumliche Orientierung
   - schauspielerische Begabung
   - Zähigkeit (Stehaufmännchen)
   - hohe sexuelle Appetenz, vor allem beim männlichen Geschlecht
2. **Sprache:**
   - Redegewandtheit
   - tiefgreifende philosophische Überlegungen
3. **Zwischenmenschliche Beziehungen:**
   - überwiegend heitere, optimistische Grundstimmung
   - große Hilfsbereitschaft und Fürsorglichkeit
   - ausgeprägter Gerechtigkeitssinn, nicht nur für sich selbst, sondern auch für andere
   - nicht nachtragend bei ehrlich gemeinter Entschuldigung
   - hohe Empfindsamkeit für Stimmungen, Schwingungen, Gerüche – damit starke Personenbezogenheit. Die Chemie stimmt, oder sie stimmt nicht!

Gefahren

Menschen mit ADHS neigen stärker als andere Menschen zu psychischen, psychosomatischen und psychosozialen Störungen:

- Ticstörungen
- Depressionen
- Angst- und Zwangsstörungen
- Persönlichkeitsstörungen
- Borderline-Störungen
- Burnout-Syndrom
- Suchterkrankungen
- Konflikte mit dem Gesetz
- Störungen in der Partnerbeziehung

Behandlung

Die bekannte psychosoziale Gefährdung des Erwachsenen mit ADHS legt eine möglichst frühzeitige Diagnostik, Behandlung und Begleitung nahe. Die Maßnahmen sind ähnlich wie im Kindes- und Jugendalter multimodal: Verschiedene Behandlungsbausteine werden individuell angepasst. *Stimulanzien* sind auch bei Erwachsenen die Mittel der ersten Wahl. Die wirksame Dosis liegt deutlich *unter* der von Kindern und Jugendlichen. Das hängt mit der Nachreifung des Botenstoffsystems unter dem Einfluss der Sexualhormone zusammen.

»Stimulanzien zählen zu den wirksamsten und nebenwirkungsärmsten Arzneimitteln in der Psychiatrie, sofern sie unter fachgerechter Beaufsichtigung und bei Vorliegen einer akkuraten Diagnose verabreicht werden.« (Frances 2013).

Wie bei Kindern und Jugendlichen gibt es auch bei Erwachsenen einen kleinen Prozentsatz (15–20 %), der auf Methylphenidat nicht anspricht. Bei diesen Patienten ist ein Therapieversuch mit DL-Amphetamin (Elvanse®) angezeigt. Auch Atomoxetin (Strattera®) ist bei Erwachsenen wirksam. Coaching, Gruppentraining und Selbsthilfegruppen sind weitere Behandlungsbausteine.

Bei psychischen Begleiterkrankungen sind häufig zusätzlich zu den Psychostimulanzien Psychotherapie in Form von Verhaltenstherapie und Antidepressiva nötig.

Bekannte Persönlichkeiten mit ADHS

Aufgrund ihrer Verhaltensmuster wird bei folgenden Persönlichkeiten das Vorliegen eines ADHS vermutet:

1. Benjamin Franklin, amerikanischer Schriftsteller und Staatsmann, 1706–1790
2. Heinrich Pestalozzi, Pädagoge, 1746–1827
3. Wolfgang Amadeus Mozart, Musiker/Komponist, 1756–1791
4. Heinrich Hoffmann, Psychiater und Verfasser des »Struwwelpeter«, 1809–1894
5. Wilhelm II. von Hohenzollern, Deutscher Kaiser, 1859–1941
6. Albert Schweitzer, Arzt, Musiker und Philosoph, 1875–1965
7. Hermann Hesse, Dichter, 1877–1962
8. Winston Churchill, britischer Premierminister, 1874–1965
9. Dustin Hoffmann, Schauspieler, geb. 1937
10. Whoopie Goldberg, Schauspielerin, geb. 1955
11. Bill Clinton, amerikanischer Präsident, geb. 1946
12. Bill Gates, Programmier-Fachmann, Mitbegründer von Microsoft, Milliardär, geb. 1955

E

Erziehungsfallen

Bestimmte Beziehungsabläufe zwischen Eltern und Kind wiederholen sich häufig im Alltag der Familie. Manches läuft schief. Sie fragen sich: Warum? Sie wollen doch alles recht machen. Das Kind ist lernfähig und lernwillig. Und es *lernt* sehr wohl aus diesen Vorgängen, allerdings oft nicht so, wie wir uns das wünschen!
Da ist es gut, die Fallen zu kennen, in die Sie immer wieder hineintappen.

1. Falle

Das Kind folgt, verhält sich also positiv.
Seine Leistung wird jedoch nicht gewürdigt.
Die Leistung wird entweder überhaupt nicht beachtet oder mit der Bemerkung abgetan: »Das ist doch selbstverständlich!«
Folge: Das Kind wird in Zukunft *erwünschtes Verhalten seltener* zeigen!

2. Falle

Das Kind folgt nicht, auch nicht nach mehrmaliger Aufforderung.
Sie schimpfen, Sie drohen, Sie schreien, Sie rasten vielleicht sogar aus.
Damit erreicht das Kind Aufmerksamkeit und Zuwendung.
Ob diese Zuwendung freundlich oder ärgerlich ist, spielt für das Kind keine Rolle.
Folge: *Unangemessenes Verhalten* wird nicht abgeschwächt, sondern *durch Ihre Zuwendung verstärkt!*

3. Falle

Wenn Sie schimpfen oder schreien, lernt das Kind von Ihnen das Schimpfen und Schreien. 2/3 des kindlichen Verhaltens werden durch Nachahmung gelernt.
Sie sind Ihrem Kind ein schlechtes Vorbild.
Folge: Das Kind *kupfert Ihr Verhalten ab.* Es wird selber bei jedem Anlass schimpfen und schreien, innerhalb und außerhalb der Familie!

4. Falle

Sie schimpfen und drohen, lassen aber keine Taten folgen. Also lernt das Kind, dass man Schimpfen und Drohen *nicht ernst nehmen muss.*
Folge: Ihr Schimpfen und Drohen beeindrucken das Kind nicht im Mindesten!

5. Falle

Das Kind bleibt widerborstig, folgt nicht.
Folge: Das Kind lernt, dass es durch hartnäckige Verweigerung Anforderungen umgehen kann. Ihr Kind hat *Erfolg* mit *seiner Unfolgsamkeit.*
Nichtfolgen wird damit massiv verstärkt. Und Sie haben ihm durch Ihr Verhalten beigebracht, wie man Nichtfolgen lernt.

Erziehungsgrundsätze für Eltern und Lehrer

1. Versuchen Sie *nicht*, vollkommen zu sein!
2. Bleiben Sie *gelassen*!
3. *Stärken* Sie die gute Beziehung zu Ihrem Kind!
4. Stellen Sie klare *Regeln* auf und *kontrollieren* Sie deren Einhaltung!
5. *Loben* Sie Ihr Kind häufig und unmittelbar für eine echte Leistung!
6. Seien Sie *konsequent*!
7. Versuchen Sie, die Probleme *vorherzusehen*!
8. Tun Sie auch etwas für sich *selbst*!

Erziehungsmisserfolge: Energiefresser

Viele Stimmungs- und Motivationseinbrüche entstehen dadurch, dass Eltern über ihre *eigenen* Fähigkeiten und Leistungen zu schlecht denken. Auch über ihr ADHS-Kind haben sich viele Eltern im Laufe erlebnisreicher Jahre ein überwiegend negativ gefärbtes Bild geschaffen. Eine bedeutende Rolle hierbei spielen bestimmte Denkmuster:

- negative Erfahrungen prägen sich stärker ins Gedächtnis ein als positive
- vorschnelle Verallgemeinerungen
- fehlerhafte Schlussfolgerungen
- falsche Vereinfachungen
- unbewiesene Glaubenssätze

Ein Beispiel: Aus drei oder vier Erziehungsmisserfolgen ziehen Mutter oder Vater den Schluss:
»Ich schaff' das nicht. Es ändert sich ja doch nichts. Weitere Anstrengungen haben keinen Sinn.«

Negative Gedanken führen zu negativen Gefühlen. Negative Gefühle aber *beeinträchtigen* über kurz oder lang die Beziehung zum Kind. Die Eltern stellen ihre eigene Erziehungskompetenz in Frage. Daraus folgt die Fehleinschätzung: »Ich bin eine schlechte Mutter« oder: »Ich bin ein schlechter Vater«. Besonders Mütter peinigen sich oft mit Selbstvorwürfen und untergraben damit ihr Selbstwertgefühl. Die Verhaltensauffälligkeiten des Kindes werden überbewertet, vorlaute, freche oder aggressive Reden werden persönlich genommen, obwohl sie in den meisten Fällen *gar nicht persönlich* gemeint sind. Bei den Eltern zieht ein lähmender Erziehungspessimismus ein. Der wiederum erzeugt Enttäuschung über das Kind, Erziehungsverzicht und schließlich Abneigung und Ablehnung.

Aus diesem dunklen Loch müssen die Betroffenen unbedingt wieder herausfinden. Dazu müssen sie allerdings umdenken. Sie müssen die Denkschablonen erkennen, die Ihnen die Energie aus den Knochen rauben, die *Energiefresser.* Sie müssen mit einem innerlichen Ruck darum kämpfen, sie durch *Energiespender* zu ersetzen. Überlegen Sie für sich: Was spricht gegen diese ewigen trüben Gedanken? Zum Beispiel: Sie wissen genau, dass das Verhalten Ihres Kindes nicht durchgängig »schlecht« ist. Es gab und gibt viele schöne Augenblicke, Stunden, Tage. Und Sie erkennen Fortschritte, eine Entwicklung zum Guten. Die Eltern machen einen Fehler, wenn Sie wie gebannt immer nur auf die Schwierigkeiten starren. Erinnern Sie sich: Sie haben auch Erziehungs*erfolge* erreicht!

Wenn Sie es schaffen, sich von den Energiefressern fort und zu den Energiespendern hinzubewegen, werden Sie schon bald eine *optimistische Grundstimmung* gewinnen. Und damit stärken Sie Ihre Fähigkeit, dem Kind angemessen und liebevoll zu begegnen.

Essverhalten des ADHS-Kindes

Vorlieben, Abneigungen

ADHS-Kinder entwickeln früher als andere Kinder Vorlieben und Abneigungen, auch beim Essen. Diese werden dann mit großer Durchsetzungskraft eingefordert. Manche Lebensmittel schmecken gut, andere überhaupt nicht.

Manche Lebensmittel werden schlecht vertragen und daher schon in früher Kindheit abgelehnt. Echte Nahrungsmittelunverträglichkeiten und Nahrungsmittelallergien sind indessen sehr selten. Sie sollten deshalb Ihrem Kind keinen Freibrief für eine einseitige Ernährung ausstellen. Vorlieben und Ablehnungen sollten Sie nur so weit berücksichtigen, wie sie mit den Grundsätzen einer gesunden Mischkost vereinbar sind.

Ablehnung unbekannter Speisen

Ein anderes Kapitel ist die Ablehnung einer neuen, unbekannten Speise. Es gehört zum Wesen des ADHS-Kindes, dass neue, unbekannte Dinge grundsätzlich zuerst einmal abgelehnt werden. *Naherfahrungen wie Fühlen und Schmecken benötigen eine längere Anlaufzeit* als Erfahrungen mit den Fernsinnen Sehen, Hören und Riechen. Hinzu kommt, dass ADHS-Kinder zu Umstellungen und Neuerungen ohnehin immer mehr Zeit brauchen als andere Kinder.

Bieten Sie also die neue Speise ohne Druck und ohne Drohung ein zweites, ein fünftes oder ein zehntes Mal an. Auf einmal langt Ihr Kind doch noch zu. Auch bei der Nahrungsaufnahme heißt es für die Eltern: Am Ball bleiben, hartnäckig sein!

Durst

Schon die ganz Kleinen haben immer Durst. Sie bleiben während der gesamten Kindheit durstig. Das Kind darf Leitungswasser, Mineralwasser und ungesüßten Tee trinken, so viel es will. Ein Labsal gegen Durst und Blähungen ist von klein auf der Fencheltee, natürlich ungesüßt.

Fangen Sie gar nicht erst mit gesüßten Getränken oder Fruchtsaft an, damit der Geschmack für Süßes nicht frühzeitig stimuliert und geprägt wird. Vermeiden Sie unbedingt Limonaden und Soft-Drinks.

Heißhunger auf Süßes

Nähere Informationen im Kapitel Ernährung (▶ Ernährung bei Aufmerksamkeitsstörung)

Essverhalten: Das mag ich nicht!

Wie führe ich mein Kind zu einer gesunden Ernährung?

1. Wenn möglich, sollte das Essen frisch und selbst zubereitet werden. Fertignahrung sollte vermieden werden. Sie ist meist zu stark gesalzen und gewürzt. Feinheiten der Geschmackserfahrung gehen dabei verloren. Fertiggerichte erzeugen mäklige Esser.

2. Das Kind erklärt: »Paprika mag ich nicht!« Tragen Sie dennoch die ungeliebte Speise immer wieder auf. Das Kind soll wenigstens davon probieren. Wenn es dann nicht weiterisst, lässt man es in Ruhe – bis Paprika das nächste Mal auf dem Tisch steht. Beim 10. oder 20. Anlauf kommt das Kind doch noch auf den Geschmack!
3. Bei den Wiederholungen probieren Sie verschiedene Rezepte aus, zum Beispiel Paprika roh – Kinder lieben es, wenn es beim Essen knackt. Oder Sie pürieren Paprika und Tomaten zusammen zu einer Soße.
4. Das Kind besteht auf Nudeln mit Ketchup. Stellen Sie zehn oder 20 Mal ausschließlich Nudeln mit Ketchup auf den Tisch. Irgendwann verliert Ihr Kind die Lust auf diese einseitige Kost. Spannend sind solche Gerichte oft nur deshalb, weil die Kinder merken, dass die Eltern etwas dagegen haben. Und genau deswegen verlangen sie Nudeln mit Ketchup!
5. Das Kind darf nicht allein bestimmen, was die ganze Familie isst. Es geht auch nicht, dass die Mutter oder der Vater von drei Kindern regelmäßig drei verschiedene Gerichte kocht. Ein guter Mittelweg ist es, nur ein Gericht zu kochen, die Zutaten aber nicht zu vermischen. Die Zutaten stehen dann einzeln auf dem Tisch, jeder kann sich wie an einer Bar selbst nehmen, was er möchte.
6. Wasser und Brot stehen immer auf dem Tisch!
7. Ab dem 1. Geburtstag soll das Kind in die Küche mitgenommen werden. Das Kind schaut zu, wie die Mutter/der Vater kocht. Bald darf es auch selbst gelbe Rüben schnippeln. Das Kind ist stolz darauf, wenn es mithelfen darf!
8. Guter Geschmack entsteht schon im Mutterleib und in der Stillzeit. Wenn eine Schwangere vielseitig und gesund isst, trägt das Fruchtwasser die Aromen zum Kind. Beim Stillen werden die Geschmacksstoffe über die Muttermilch auf das Kind übertragen. Säuglingsnahrung sollten Sie am besten selber kochen. Damit schenken Sie Ihrem Kind viel mehr Aromen als mit der fertigen Gläschenkost.
9. Geben Sie Ihrem Kind kein Esspaket in den Kindergarten mit, wenn dort gemeinsam gefrühstückt wird. Das Kind soll an der gemeinsamen Mahlzeit dort teilnehmen, damit es nicht zum Außenseiter wird. Es soll dort auch die Zubereitung der Mahlzeiten erleben. Fordern Sie beim Elternabend einen abwechslungsreichen Speiseplan mit viel Obst und Gemüse ein.

F

Fahrplan der Arbeitsschritte

Der Fahrplan der Arbeitsschritte hilft dabei,

- den Lernstoff zu strukturieren,
- kleine Lerneinheiten zu schaffen,
- Erfolge bei jedem einzelnen Lernschritt zu ermöglichen,
- systematisch zu arbeiten.

Wie gehen Sie vor?

- Erklären Sie Ihrem Kind: »Erst wird der Fahrplan erstellt, dann beginnst Du mit der Aufgabe!«
- Bestehen Sie auf diese Reihenfolge.
- Helfen Sie Ihrem Kind bei der Anlage des Fahrplans.
- Später soll das Kind den Fahrplan alleine zusammenstellen.

- Ihre Aufgabe bleibt wie immer die *freundliche, wertschätzende, aber hartnäckige Kontrolle.*

Fahrplan der Arbeitsschritte

1. Schritt
2. Schritt
3. Schritt
4. Schritt
5. Schritt
6. Schritt
7. Schritt

Familienatmosphäre

Ich habe versagt!?

Sie machen sich Sorgen um die Entwicklung Ihres Kindes. Sie haben sich vielleicht schon überlegt, ob Sie in der Erziehung Ihres Kindes etwas falsch gemacht haben. »Wohlmeinende« Verwandte und Nachbarn haben Ihnen diese Vermutung vielleicht ebenfalls nahegelegt. Langsam sind Sie zu der Meinung gelangt, dass Sie mit Ihrer Erziehung versagt haben.

Abgesehen davon, dass diese Meinung wahrscheinlich nicht zutrifft, müssen Sie davon ausgehen, dass Versagensgefühle Stimmungen sind, die in hohem Maße beunruhigen.

Daher ist es nur zu verständlich, dass Sie immer wieder in eine gereizte Laune geraten. Wenn die Eltern gereizt sind, wird das natürlich auch vom Kind wahrgenommen. Es denkt jetzt vielleicht: »Ich bin schuld, dass die

Eltern so schlechte Laune haben!« Solche Bedingungen aber sind denkbar ungeeignet, um Verbesserungen im familiären Zusammenleben zu erreichen.

Ich schlage Ihnen jetzt einige einfache Maßnahmen zur Verbesserung der Familienatmosphäre vor. Setzen Sie aber bitte diese Vorschläge nicht sofort in die Tat um, sondern erst in zwei Wochen. Grund: Die nächste Hausaufgabe soll noch vom Ist-Stand ausgehen (▶ Familienatmosphäre – Hausaufgabe).

Hilfreich für eine Veränderung zum Guten sind *drei Buchstaben.*
Es sind die Buchstaben B, W und Z.

- B steht für *Bemühung.*
  Nicht nur das Ergebnis, sondern allein schon die *Bemühung* Ihres Kindes sollen Sie würdigen und wertschätzen.
- W steht für *Wohlwollen.*
  Das Kind soll in jedem Augenblick das Wohlwollen seiner Eltern spüren.
- Z steht für *Zeit.*
  Sie widmen Ihrem Kind Zeit, ohne eine Gegenleistung zu erwarten.

Hürden

Vielleicht sehen Sie zunächst nicht ein, warum Sie Ihrem Kind Ihre kostbare Zeit zweckfrei widmen sollen.

Sie setzen Ihre Zeit ein und erwarten: »Dafür muss mein Kind auch etwas tun!«

Oder Sie fordern: »Wenn ich nett zu meinem Kind bin, dann muss das Kind auch nett zu mir sein!«

Noch ungünstiger sind folgende Standpunkte:

- »Wie kann ich nett zu meinem Kind sein, wenn es mich ständig ärgert?«
- »Wie kann ich mir ohne Gegenleistung Zeit für mein Kind nehmen, wenn es mich immer wieder auf die Palme bringt?«

Experiment Hausaufgaben

Um solchen schwarzen Gedankengängen zu entrinnen, hat es sich bewährt, sich auf das *Experiment Hausaufgabe für Eltern* einzulassen.

Wenn Sie bei dieser Hausaufgabe mitmachen, werden Sie mit großer Wahrscheinlichkeit schon erste positive Veränderungen bei Ihrem Kind und in der ganzen Familie beobachten.

Dabei zielen diese Hausaufgaben eigentlich noch gar nicht auf Veränderungen des kindlichen Verhaltens ab. Ziel ist vielmehr eine positive Veränderung der *Familienatmosphäre.*

Zusammenfassend kann gesagt werden: durch ein

- zugewandtes,
- aufmerksames,
- freundliches und
- wohlwollendes

Verhalten der Eltern können

- eine positive Grundstimmung in der Eltern-Kind-Beziehung
- und ein sicherer Gefühlsrahmen für das Kind

hergestellt werden.

Hausaufgabe für Eltern zur Verbesserung der Familienatmosphäre

Anleitung

1. In den ersten beiden Wochen verändern Sie Ihr Verhalten *nicht.* Sie gehen vielmehr mit Ihrem Kind so um, wie Sie das in den letzten Monaten getan haben.
2. Schreiben Sie in diesen beiden Wochen auf, wie *oft* Sie sich jeweils negativ oder positiv mit Ihrem Kind beschäftigt haben. Sie nehmen dafür einen Zettel und einen Bleistift. Für jede negative und für jede positive Zuwendung ziehen Sie einen Strich. Zettel und Bleistift stecken Sie in die Hosentasche, damit Sie beides ständig griffbereit haben.
3. Jeden Abend zählen Sie die Striche zusammen. Die Ergebnisse tragen Sie in das Protokollblatt »Negative Rückmeldungen – Positive Rück-

meldungen« als farbige Säulen ein:
Rote Säule = negative Zuwendung (N)
Grüne Säule = positive Zuwendung (P)

4. Negative Zuwendung bedeutet:
   Unfreundlichkeit, Gereiztheit, Ärger, Ablehnung.
   Beispiele: Schimpfen, drohen, böse schauen, wegstoßen, ärgerlich die Stirn runzeln, strafen oder Sätze wie »Wann tust Du endlich…?«, »Warum hast Du nicht…?«, »Muss ich Dir alles hundert Mal sagen?«
5. *Sachliche* Hinweise, in ruhigem, neutralem Ton vorgetragen, zählen nicht als negative Zuwendung!
   Sachliche Hinweise sind zum Beispiel:
   »Hänge bitte Deine Jacke an den Haken!«, »Das Essen ist fertig!«, »Wasch Dir die Hände!« »Fang jetzt bitte mit den Hausaufgaben an!«
6. Positive Zuwendung bedeutet:
   Wertschätzung, freundliche Ansprache, interessierte Anteilnahme.
   Beispiele: Sich Zeit nehmen, zulächeln, loben (»Toll, wie Du das gemacht hast!«, »Es hat mich gefreut, dass Du …«, »Das war lieb von Dir!«, »Ganz große Leistung!«).
7. In der Strichliste sollen nicht nur gesprochene Äußerungen erfasst werden. Häufig drücken wir Ärger oder Freude auch *ohne Worte* aus.
   Negativ: Zorniger Blick, abwehrende oder abwertende Handbewegung, Wegstoßen.
   Positiv: Ein erfreutes Gesicht, eine aufmunternde Berührung des Oberarms, Streicheln über den Kopf.
8. Seien Sie *ehrlich* mit Ihren Strichen! Es spielt keine Rolle, ob ein Tadel oder ein Lob berechtigt waren. Wichtig ist nur die negative oder positive Zuwendung.
9. Bei der Verteilung der Striche bedenken Sie bitte, dass Sie sich für Tadel oder Lob *nicht* rechtfertigen müssen!
10. Zusatzaufgabe:
    In der zweiten Woche tragen Sie in das Protokollblatt mit der Überschrift »Heute ist mir positiv aufgefallen« ein, worüber Sie sich an den einzelnen Wochentagen bei Ihrem Kind gefreut haben.

F

Hausaufgabe für Eltern, Protokoll

Name des Kindes ______________________	**Geburtstag** ______________	
Heute ist mir aufgefallen:		
	Positiv	**Negativ**
Mo		
Di		
Mi		
Do		
Fr		
Sa		
So		

Fettsäuren zur ADHS-Behandlung

1. Stoffwechsel

60 % der Hirnmasse eines Erwachsenen bestehen aus Fetten (Lipiden). Mehrfach ungesättigte Fettsäuren, die Omega-3- und Omega-6-Fettsäuren, sind daran zu 35 % beteiligt. Sie werden daher auch als »Gehirnfettsäuren« bezeichnet. Sie werden im Körper selbst aus Linolsäure und Alpha-Linol-

säure hergestellt. Die beiden Ausgangsstoffe Linolsäure und Alpha-Linolsäure können nicht im Körper selbst gebildet werden. Sie müssen mit der Nahrung zugeführt werden. Omega-3- und Omega-6-Fettsäuren sind Bestandteil der Nervenzellhülle und spielen bei der Signalübertragung eine wichtige Rolle.

Außerdem sind Omega-3- und Omega-6-Fettsäuren Vorstufen der Prostaglandine. Prostaglandine regeln unter anderem Menge und Mischungsverhältnis der Botenstoffe Serotonin, Dopamin und Noradrenalin im Gehirn. Ein Prostaglandinmangel stört das Gleichgewicht unter den Botenstoffen und löst eine Stoffwechselstörung aus.

2. Nahrungsquellen

Omega-3-Fettsäuren sind enthalten in

- Leinöl, Sojaöl, Rapsöl, Margarine, Seefisch

Omega-6-Fettsäuren sind enthalten in

- Hanföl, Nachtkerzenöl, Borretschöl, Distelöl, Sojaöl, Sonnenblumenöl, Margarine und in geringen Mengen in Fleisch und Milch

3. Enzymdefekt

Bei einer Untergruppe von Menschen mit ADHS ist ein erblich bedingter Enzymdefekt nachweisbar (Delta-6-Denaturase-Mangel). Bei diesen Menschen ist die Synthesekette der Omega-3- und Omega-6-Fettsäuren unterbrochen. In ihrem Blut sind die Fettsäurespiegel erniedrigt. Der Anteil der Menschen mit diesem Enzymdefekt an der Gesamtzahl der ADHS-Patienten ist bisher unbekannt. Diese Untergruppe der ADHS-Patienten könnte von der Zufuhr mehrfach ungesättigter Fettsäuren einen Nutzen haben.

4. Therapieergebnisse

Bei den Studien, in denen Omega-3- und Omega-6-Fettsäuren als einzige Therapieform eingesetzt wurden (Oxford-Durham-Studie 2006: Täglich sechs Kapseln mit 80 % Fischöl und 20 % Nachtkerzenöl), zeigte sich ein

Erfolg, der etwa ein Drittel so groß war wie der von Stimulanttien: Effect size von Omega-3-Fettsäure 0.31, effect size von Methylphenidat 1.0 (Skrodzki 2014). Die Wirkung setzte, wenn überhaupt, erst nach drei Monaten ein.

Bei Patienten, die bereits erfolgreich auf Psychostimulantien eingestellt sind, sind durch Fettsäuren keine zusätzlichen Wirkungen zu erwarten.

Eine Anwendung bei gering ausgeprägter Symptomatik ist vorstellbar. Vorher ist jedoch die Frage zu beantworten, ob in solchen Fällen überhaupt eine medikamentöse Therapie nötig ist.

Bei Patienten mit stark ausgeprägter ADHS-Symptomatik kann eine Nahrungsergänzung mit mehrfach ungesättigten Fettsäuren zum gegenwärtigen Stand der Forschung *nicht* empfohlen werden.

Folgen und Risiken von ADHS

Begleit- und Folgekrankheiten

- Schlafstörungen
- Depressive Störungen
- Angststörungen
- Zwangsstörungen
- Enuresis diurna et nocturna (Einnässen)
- Reizdarm-Syndrom
- Suchterkrankungen
- Selbstmord

Psychosoziale Risiken

- Dissozial-oppositionelle Verhaltensstörung
- Anschluss an Randgruppen
- kriminelle Handlungen, Beginn oft mit Ladendiebstahl als »Mutprobe«
- Heimeinweisung
- Schwierigkeiten in der Freundes- und Partnerbeziehung

Familiäre Risiken

- Vergiftung der Familienatmosphäre
- Aggressionen gegen einzelne Familienmitglieder
- Beeinträchtigung der Geschwisterentwicklung
- Trennung der Eltern

Schulisch-berufliche Risiken

F

- Schulversagen
- Rückstufung Gymnasium – Realschule – Hauptschule – Förderschule
- kein Schulabschluss
- Verlust der Lehrstelle
- mangelhafter Berufserfolg
- Arbeitslosigkeit

Merke
Die sicherste Art, etwas falsch zu machen, ist gar nichts zu tun!

Folsäure

Beschreibung

Folsäure, Acidum folicum, ist ein Vitamin aus dem Vitamin-B-Komplex. Das Vitamin wurde 1930 im Hefeextrakt entdeckt als ein Faktor gegen Blutarmut. Folsäure kann im Körper nicht hergestellt werden. Wichtigster Folsäurelieferant ist Gemüse. Fleisch enthält wenig Folsäure, ausgenommen Leber und Niere.

Formen:

a) Folate = Sammelbezeichnung für verschiedene, vitaminwirksame Abkömmlinge der Folsäure. Biosythese in Pflanzen und Bakterien, hitzelabil.
b) Folsäure im engeren Sinn = synthetisch hergestellte Substanz zur Anreicherung von Lebensmitteln, zum Beispiel Speisesalz, Mehl. In den

USA und in Kanada ist seit 1998 der Folsäurezusatz zum Weizenmehl gesetzlich vorgeschrieben. Seitdem kommen in Kanada nur noch halb so viele Kinder mit Spina bifida (Wirbelsäulenspalte) zur Welt. In den USA beträgt der Rückgang der Wirbelsäulenfehlbildungen durchschnittlich 20 %.

Bedarf

Erwachsene benötigen 300 µg Folat-Äquivalente täglich. 1 µg Nahrungsfolat = 0,5 µg synthetische Folsäure (DGE 2013).

Ein gesteigerter Bedarf besteht in Schwangerschaft, Stillzeit, Wachstumsschüben, Pubertät und Alter, bei Frühgeborenen und bei Schwerarbeitern.

Verschiedene Medikamente können den Folsäurestoffwechsel stören: Antikonvulsiva, Sulfasalazin, Acetylsalicylsäure, Cholestyramin und orale Kontrazeptiva.

Verdauungsstörungen und Alkoholmissbrauch verursachen Folsäuremangel.

Mangelerscheinungen

- depressive Verstimmungen
- innere Unruhe
- Antriebslosigkeit
- Müdigkeit
- Aufmerksamkeitsstörung
- verminderte Merkfähigkeit
- Angst
- Entzündung der Mundschleimhaut
- Anämie
- Fehlbildungen des Kindes im Mutterleib

Folsäure bei Aufmerksamkeitsstörung

In einer praxisinternen Studie erhielten 25 aufmerksamkeitsschwache Kinder im Alter von 6–15 Jahren 2 Monate lang täglich 5 mg Folat als Tablette. Vor Beginn und am Ende der Beobachtungszeit wurde eine Aufmerksamkeitsuntersuchung durchgeführt.

Der zweite Test fiel bei allen 25 Kindern gleich schlecht aus wie der erste. Auch die Eltern und Lehrer konnten in keinem Fall eine Verbesserung der Konzentration ihrer Kinder feststellen.

Merke
Die Gabe von Folsäure-Tabletten verändert die Kernsymptome von ADHS nicht!

Fragebogen Schulalter

Name ______________________

Vorname ______________________

Geb. ______________________

Beobachtung	**Ja**	**Nein**
1. ADHS in der Familie	☐	☐
2. Sehr lebhafte Bewegungen im Mutterleib	☐	☐
3. Geburt jenseits des errechneten Termins	☐	☐
4. Dauernd in Bewegung, zappeln	☐	☐
5. Klettert gern auf Mauern, Bäume, Zäune	☐	☐
6. Kann nicht stillsitzen	☐	☐
7. Schlechte Konzentration in der Schule	☐	☐
8. Bei den Hausaufgaben wenig Geduld, leicht ablenkbar	☐	☐
9. Große Abneigung gegen Pflichtaufgaben	☐	☐
10. Macht nur das Allernötigste, verweigert zusätzliches Üben	☐	☐
11. Viele Flüchtigkeitsfehler	☐	☐
12. Schlechte Handschrift	☐	☐
13. Schwierigkeiten beim Diktat und beim Lesen	☐	☐
14. Schwierigkeiten beim Rechnen	☐	☐
15. Kann Aufgaben und Tätigkeiten schlecht organisieren	☐	☐

Beobachtung	Ja	Nein
16. Lehrer sagt: »Könnte mehr!« Schulleistungen unter Intelligenzniveau	☐	☐
17. Rastet leicht aus	☐	☐
18. Verhalten und Leistung schwanken stark	☐	☐
19. Chaos im Zimmer	☐	☐
20. Viel Schreien im ersten Lebensjahr	☐	☐
21. Stehen vor dem neunten Lebensmonat	☐	☐
22. Laufen vor dem 12. Lebensmonat	☐	☐
23. Redet viel, diskutiert	☐	☐
24. Vergisst Hausaufgaben, Schulsachen, Kleidungsstücke	☐	☐
25. Scheint oft nicht zuzuhören	☐	☐
26. Unterbricht Erwachsene im Gespräch und beim Telefonieren	☐	☐
27. Eigensinn, Dickköpfigkeit	☐	☐
28. Erledigt Aufträge unvollständig	☐	☐
29. Ruppiger, provokanter Umgangston	☐	☐
30. Kann nicht warten und verlieren, platzt mit der Antwort vorzeitig heraus	☐	☐
31. Weint rasch	☐	☐
32. Wechselt beim Spiel rasch das Spielzeug	☐	☐
33. Von klein auf anders als Geschwister und andere Kinder	☐	☐
34. Nässt noch ein	☐	☐
35. Sprechbeginn jenseits des zweiten Geburtstags	☐	☐
36. Sprechstörung	☐	☐
37. Nimmt rasch Kontakt auf	☐	☐
38. Kontakte nicht dauerhaft, wechselnde Freundschaften	☐	☐
39. Stört andere Kinder	☐	☐
40. Viel Streit mit anderen Kindern	☐	☐
41. Neigt zu einseitiger Ernährung	☐	☐
42. Schlechtes Zeitgefühl	☐	☐

Werden 15 oder mehr Fragen mit Ja beantwortet, besteht Verdacht auf ADHS.

Fragebogen für Kinder (10–14 Jahre)

Name: .... Datum:

geb.: ....

Schule und Klasse ....

	Bitte bewerte die Beschreibungen für die letzte Woche:	**trifft nicht zu**	**gelegent-lich**	**häufig**	**nahezu immer**
1.	Ich beachte bei den Schularbeiten, bei anderen Tätigkeiten oder bei der Arbeit häufig Einzelheiten nicht oder mache häufig Flüchtigkeitsfehler.	▢	▢	▢	▢
2.	Ich habe bei Aufgaben oder Spielen oft Schwierigkeiten, die Aufmerksamkeit längere Zeit aufrechtzuerhalten (dabeizubleiben).	▢	▢	▢	▢
3.	Ich kann häufig nicht zuhören, wenn andere mich ansprechen.	▢	▢	▢	▢
4.	Ich kann häufig Aufträge von anderen nicht vollständig durchführen und kann Schularbeiten, andere Arbeiten oder Pflichten am Arbeitsplatz häufig nicht zu Ende bringen.	▢	▢	▢	▢
5.	Ich habe häufig Schwierigkeiten, Aufgaben und Aktivitäten zu organisieren.	▢	▢	▢	▢
6.	Ich habe eine Abneigung gegen Aufgaben, bei denen ich mich länger konzentrieren und anstrengen muss (z. B. Hausaufgaben). Ich vermeide diese Aufgaben oder mache sie nur widerwillig.	▢	▢	▢	▢
7.	Ich verliere häufig Gegenstände, die ich für bestimmte Aufgaben oder Aktivitäten benötige (z. B. Spielsachen, Hausaufgabenhefte, Stifte, Bücher oder Werkzeug).	▢	▢	▢	▢
8.	Ich lasse mich oft durch die Umgebung leicht ablenken.	▢	▢	▢	▢
9.	Ich bin im Alltag häufig vergesslich (z. B. vergesse Schulsachen oder Kleidungsstücke).	▢	▢	▢	▢
10.	Ich zappele häufig mit Händen und Füßen oder rutsche häufig auf dem Stuhl herum.	▢	▢	▢	▢
11.	Ich stehe oft im Unterricht oder in anderen Situationen auf, in denen sitzen bleiben erwartet wird.	▢	▢	▢	▢
12.	Ich habe häufig Schwierigkeiten, ruhig zu spielen oder mich mit Freizeitaktivitäten ruhig zu beschäftigen.	▢	▢	▢	▢
13.	Ich laufe häufig herum oder klettere permanent, auch wenn es unpassend ist.	▢	▢	▢	▢
14.	Ich habe häufig ein starkes Gefühl der inneren Unruhe.	▢	▢	▢	▢
15.	Ich habe immer eine extreme Unruhe, die durch andere (Eltern, Lehrer) kaum begrenzt werden kann.	▢	▢	▢	▢
16.	Ich bin häufig "auf Achse".	▢	▢	▢	▢
17.	Ich platze häufig mit der Antwort heraus, bevor Fragen zu Ende gestellt sind.	▢	▢	▢	▢
18.	Ich kann häufig nur schwer warten, bis ich an der Reihe bin (z. B. beim Spielen oder in einer Gruppe).	▢	▢	▢	▢
19.	Ich unterbreche oder störe andere häufig (z. B. platze in die Unterhaltung oder Spiele anderer hinein).	▢	▢	▢	▢
20.	Ich rede häufig übermäßig viel.	▢	▢	▢	▢

F

Fragebogen für Jugendliche (14–25 Jahre)

Name: .... Datum:

geb.: ....

Schule und Klasse ....

	Bitte bewerte die Beschreibungen für die letzte Woche:	**trifft nicht zu**	**gelegent-lich**	**häufig**	**nahezu immer**
1.	Ich bin unaufmerksam gegenüber Details oder mache Sorgfaltsfehler bei der Arbeit.	▢	▢	▢	▢
2.	Bei der Arbeit oder sonstigen Aktivitäten (z. B. Lesen, Fernsehen, Spiel) fällt es mir schwer, konzentriert durchzuhalten.	▢	▢	▢	▢
3.	Ich höre nicht richtig zu, wenn jemand etwas zu mir sagt.	▢	▢	▢	▢
4.	Es fällt mir schwer, Aufgaben, wie sie mir erklärt wurden, zu erfüllen.	▢	▢	▢	▢
5.	Es fällt mir schwer, Projekte, Vorhaben oder Aktivitäten zu organisieren.	▢	▢	▢	▢
6.	Ich gehe Aufgaben, die geistige Anstrengung erforderlich machen, am liebsten aus dem Weg. Ich mag solche Arbeiten nicht oder sträube mich innerlich dagegen.	▢	▢	▢	▢
7.	Ich verlege wichtige Gegenstände (z. B. Schlüssel, Geldbeutel, Werkzeuge).	▢	▢	▢	▢
8.	Ich lasse mich bei Tätigkeiten leicht ablenken.	▢	▢	▢	▢
9.	Ich vergesse Verabredungen, Termine oder telefonische Rückrufe.	▢	▢	▢	▢
10.	Ich bin zappelig.	▢	▢	▢	▢
11.	Es fällt mir schwer, längere Zeit sitzen zu bleiben (z. B. im Kino, Theater).	▢	▢	▢	▢
12.	Ich fühle mich unruhig.	▢	▢	▢	▢
13.	Ich kann mich schlecht leise beschäftigen. Wenn ich etwas mache, geht es laut zu.	▢	▢	▢	▢
14.	Ich bin ständig auf Achse und fühle mich wie von einem Motor angetrieben.	▢	▢	▢	▢
15.	Mir fällt es schwer abzuwarten, bis andere ausgesprochen haben. Ich falle anderen ins Wort.	▢	▢	▢	▢
16.	Ich bin ungeduldig und kann nicht warten, bis ich an der Reihe bin (z. B. beim Einkaufen).	▢	▢	▢	▢
17.	Ich unterbreche und störe andere, wenn sie etwas zu tun haben.	▢	▢	▢	▢
18.	Ich rede viel, auch wenn mir keiner zuhören will.	▢	▢	▢	▢
19.	Ich leide unter diesen Schwierigkeiten.	▢	▢	▢	▢

Frauen mit ADHS

Frauen- und Männergehirn

Die Gehirne der beiden Geschlechter unterscheiden sich deutlich voneinander:

Die Nervenbahnen des weiblichen Gehirns sind stark verzweigt und haben zahlreiche Verbindungen zu den Gefühlszentren und zwischen den Hirnhälften. Frauen können deswegen in mehreren Ebenen denken und sich im sozialen Umfeld sicher bewegen. Frauen denken gründlich nach und bereden ein Problem lange mit sich und anderen, ehe sie eine Entscheidung fällen. Frauen haben ein emphatisches Gehirn (griechisch emphatikos = nachdrücklich)!

In Männergehirnen finden sich viele geradlinige, wenig aufgezweigte Nervenbahnen innerhalb der beiden Hirnhälften. Der Mann kann daher zielgerichtet denken und rasch handeln. Männer haben ein strategisches Gehirn!

Die Intelligenz ist im Durchschnitt bei beiden Geschlechtern gleich. Bei den Männern gibt es mehr Ausrutscher nach oben und unten. Mit anderen Worten: Bei den Männern gibt es mehr Genies und mehr Idioten!

Das ADHS-Gehirn

Das ADHS-Gehirn leidet unter einer Reizfilterschwäche. Seine Nervenzellen werden ständig von Reizen überflutet. Das bewirkt zwar eine stärkere Vernetzung der Nervenbahnen, behindert aber die Ausbildung »dicker Lernbahnen«, die den schnellen Zugriff auf den Erinnerungsspeicher und rasches Handeln ermöglichen.

Geschlechtsspezifische Eigenschaften

Das weibliche Gehirn ist stressanfälliger als das männliche. Negativer Dauerstress wirkt sich daher bei Frauen stärker aus als bei Männern. Erste Zeichen negativer Stressbelastung bei Frauen sind Reaktionen des vegetativen Nervensystems wie Reizbarkeit, Schlafstörungen, Essstörungen oder Reizdarm. Das Selbstwertgefühl leidet, Unsicherheit und Verletzbarkeit nehmen zu, Entscheidungen werden hinausgezögert.

Hat die Frau die unaufmerksame Form des ADHS, dann ist sie introvertiert, rasch beleidigt und mutlos. Sie neigt eher zum Rückzug als zum Vorpreschen.

Die hyperaktive Frau hingegen ist rastlos, vielseitig interessiert, geistreich, redefreudig, aber auch schusselig, vergesslich und anstrengend.

Frauen mit ADHS, und zwar alle Formen, haben häufig Schwierigkeiten in der Partnerschaft. Der Partner wird dominiert, kritisiert und zu Boden geredet. Absprachen werden nicht eingehalten, die Trennungs- und Scheidungsrate ist hoch.

Die ADHS-Frau kann Stimmung und Gedanken ihrer Mitmenschen rasch erfassen und durchschauen. Sie ist fantasievoll, gesellig, setzt sich für soziale Aufgaben ein, ist hilfsbereit und hat einen starken Gerechtigkeitssinn.

Behandlung

Im Vordergrund steht eine individuell ausgerichtete, stützende und fordernde Verhaltenstherapie. Ist der Leidensdruck groß, hilft eine Stimulanzientherapie. Stimulanzien gleichen den Mangel an Botenstoffen im Stirnhirn aus und unterstützen dessen Leistungen; Impulssteuerung, Aufmerksamkeit und Handlungsplanung. Die Dosis des Wirkstoffs kann in der Regel bei Erwachsenen deutlich niedriger gehalten werden als bei Kindern und Jugendlichen.

Freundschaft und Gruppe

Beziehung zu Gleichaltrigen

Das ADHS-Kind kommt mit älteren oder jüngeren Kindern meistens besser zurecht als mit gleichaltrigen Kindern. Das ist im Verhalten des ADHS-Kindes begründet. Eltern, Erzieher und Lehrer sollten diese Besonderheit berücksichtigen.

Aber auch im Umgang mit älteren oder jüngeren Kindern darf vom ADHS-Kind kein »liebevolles, partnerschaftliches Miteinander« erwartet werden. Möglich ist allenfalls ein »Zusammenleben im Aufbau«.

Außenseiter

Bis zu einem gewissen Grade, individuell sehr verschieden, bleibt das ADHS-Kind aufgrund seiner Eigenarten ein Außenseiter in Gruppe und Klasse – trotz aller gegenläufigen Bemühungen. Auch das sollte angenommen werden.

Rückspiegel

Dem ADHS-Kind fehlt der Rückspiegel, in dem es sein Verhalten und seine Wirkung auf andere Menschen kontrollieren kann. Eltern müssen daher viel länger als bei anderen Kindern selbst den »Rückspiegel abgeben«, also die Rücksicherung übernehmen.

Selbstbeobachtung und Selbsterkenntnis

Der fehlende Rückspiegel bewirkt, dass das ADHS-Kind seine eigene Lage und sein Verhalten häufig nicht gut einschätzen kann. Es folgt daher gern der Meinung, dass die Schuld an Misserfolg oder Streit nicht bei ihm, sondern bei den Menschen seiner Umgebung liegt. Die Eltern sollten dieser Neigung niemals nachgeben. Sonst verfestigt sich die Einstellung: »Immer sind die anderen schuld!« Eine solche Einstellung trübt die Beziehungen zu den Mitmenschen erheblich.

Röhrenförmige Wahrnehmung

Das ADHS-Kind sieht an dem einen Baum die Wurzel, am nächsten die Rinde und am dritten die Meise, die durch das Geäst hüpft. Es erfasst aber lange nicht, dass das alles zusammen ein Baum ist. Das ADHS-Kind beobachtet sehr gut Einzelheiten, aber nur diese. Seine Wahrnehmung ist röhrenförmig. Es sieht den Wald vor lauter Bäumen nicht. Daher kann es zum Beispiel das Spielgeschehen in der Kindergruppe schlecht erkennen. Es mischt sich ein, kaspert und stört. In einer solchen Lage müssen die Eltern oder Erzieher das ADHS-Kind sofort mit ruhiger Strenge aus der Konfliktsituation entfernen. Geschieht das nicht, erwirbt das ADHS-Kind schnell das Etikett »Störenfried«.

Regeln

Sie besprechen in ruhiger Stunde mit Ihrem Kind einfache Regeln für den Umgang mit anderen Kindern – nicht zwei oder drei Mal, sondern 20 oder 30 Mal!

Petzen

Gibt es Streit unter Kindern, werden Sie selten herausfinden, wer angefangen hat. Lassen Sie daher Petzen niemals zu. Trennen Sie die Streithähne und verordnen Sie eine Beruhigungszeit.

Selbstinstruktion

Üben Sie mit Ihrem Kind die Selbstinstruktion ein. Der wichtigste Begriff hierbei heißt »*halt!*«. Das Kind soll sich selbst in kritischer Lage ein »*halt!*« verordnen. Beispiel: »*halt!* Ich soll andere Kinder nicht zulabern!«

Hilfsbereitschaft

Das ADHS-Kind hat einen starken Drang, anderen Kindern zu helfen. Kleine, schwache, behinderte Kinder finden im ADHS-Kind ihren Beschützer. Nutzen Sie diese erfreuliche Eigenschaft. Fordern Sie zum Beispiel Ihr Kind auf, einem schwächeren Kind eine Textaufgabe zu erklären. Dankbarkeit und Freundschaft sind der Lohn. Und das ADHS-Kind lernt selbst etwas dazu!

Gruppeneignung

ADHS-Kinder sind häufig nicht besonders für das Leben in einer Gruppe geeignet. Sie lernen auch in Krabbelgruppen, Spielkreisen, Kindergartengruppen, Schulklassen oder Vereinen selten wirklich gutes Sozialverhalten. Das Spiel in der Zweierbeziehung, mit Mutter oder Vater allein, hilft eindeutig besser!

Gruppenarbeit

Am ehesten kommen für ADHS-Kinder folgende Gruppen in Frage:

- Schachklub
- Jugend-Rotkreuz
- Jugend-Feuerwehr
- Technisches Hilfswerk
- Hundestaffel im Malteser-Hilfswerk
- Deutsche Lebensrettungsgesellschaft (DLRG)
- Johanniter-Unfallhilfe
- Pfadfindergruppe
- Theatergruppe
- Alpenverein, Klettergruppe

Was kann ich tun, damit mein Kind Freunde findet?

- Helfen Sie mit, Kontakte zu knüpfen und Verabredungen auszumachen.
- Besprechen Sie in entspannter Stunde, dass Teilen, Nachgeben und Kompromisse wichtig sind in der Beziehung zu anderen Menschen.
- Laden Sie nur *ein* Kind ein. Unternehmen Sie etwas mit den beiden Kindern (Schwimmbad, Spielhalle, Kletterwand).
- Gehen Sie vorher die Regeln für Wohlverhalten noch einmal durch.
- Bei Streit trennen Sie die Streithähne.
  Versuchen Sie erst gar nicht, den Verursacher herauszufinden.

Frühstück

Was sagt die Wissenschaft?

Die Hebräische Universität in Jerusalem/Israel hat 2002 das Frühstücksverhalten von knapp 500 Schülern untersucht. Die Schüler wurden nach ihren Gewohnheiten in zwei Gruppen geteilt (von Cramm 2002).

Einteilung

Gruppe 1: 250 Schüler nahmen morgens vor einer Klassenarbeit ein Frühstück (Müsli, Brot oder Joghurt) zu sich.

Gruppe 2: 250 Schüler nahmen morgens vor einer Klassenarbeit keine Nahrung zu sich.
Auf Befragen erklärten diese Schüler, dass sie morgens

- keinen Hunger hätten,
- keine Zeit hätten,
- nichts essen könnten,
- nicht frühstücken würden, weil auch die Eltern nicht frühstücken.

Ergebnis

Die Schüler der Gruppe 2 schnitten in der Klassenarbeit durchschnittlich um *eine* Note schlechter ab als die Schüler der Gruppe 1!

Merke
Das Frühstück, auch das kleine Frühstück, ist eine überaus wertvolle Starthilfe in den Tag!

Praxistipp
Planen Sie genügend Zeit ein für die Morgentoilette, das Frühstück und den Schulweg.

Das beste Frühstück für das Schulkind ist das Müsli mit Vollkorn-Haferflocken, frischem Obst und Milch – jedoch nicht die Müslischnitte!

Frühstückstee

zur Abwehrstärkung und Konzentrationsförderung

Rp. (»Man nehme«):

Hagebutten, getrocknet	1 Esslöffel
Rosmarinblätter, getrocknet	½ Teelöffel
Zitronensaft	10 Tropfen
Honig	1 Teelöffel

S. (»Man mische«):
In einer großen Tasse mit heißem Wasser überbrühen und 5 Minuten ziehen lassen.

Frühstückstee: Wissenswertes

Rosmarin

Allgemeines

Die Pflanze heißt lateinisch Rosmarinus officinalis. Der Name kommt aus dem Griechischen und bedeutet »Balsamstrauch«.

Die Heimat des Strauches sind die Länder rings um das Mittelmeer. Er wird bis zu zwei Meter hoch. Karl der Große hat die Pflanze in die deutschen Klostergärten eingeführt.

Inhaltsstoffe

- Ätherische Öle (Cineol, Campher, Alpha-Pine)
- Harze
- Lamiaceen-Gerbstoff
- Flavonoide
- Bitterstoffe
- Rosmarinsäure

Medizinische Verwendung äußerlich

- als Desinfektionsmittel (tötet Pilze und Bakterien)
- als Haarwasser gegen Kopfschuppen und Haarausfall

- als Badezusatz oder Einreibung bei Rheuma, Gicht und Durchblutungsstörung

Medizinische Verwendung innerlich

- gegen Verdauungsstörungen
- gegen Kopfschmerzen
- bei geistiger Erschöpfung
- bei körperlicher Erschöpfung nach Infektionskrankheiten
- bei Aufmerksamkeitsschwäche

Weitere Verwendung

- als Gewürz

Hagebutte

Allgemeines

Die Hagebutte ist die Frucht der Heckenrose, lat. Rosa canina.
Verbreitung: Europa, Nordafrika, West- und Nordasien.

Inhaltsstoffe

- Gerbstoffe
- Fruchtsäuren
- Carotinoide
- Rutin
- Ascorbinsäure (Vitamin C)

Medizinische Anwendung innerlich

- harntreibendes Mittel bei Nieren- und Blasensteinen
- zur Steigerung der Abwehrkräfte

Weitere Verwendung

- Marmelade
- Saft

Preis

Die Apotheke berechnet für die Kräutermischung derzeit rund 6,- Euro.

Frühzeichen ADHS

Tage der Untersuchung ____________ Name ______________________ Geburtstag __________	Ja	Nein
1. ADHS in der Familie	☐	☐
2. Sehr lebhafte Kindesbewegungen in den letzten drei Schwangerschaftsmonaten	☐	☐
3. Übertragung	☐	☐
4. Geburtskomplikationen (Frühgeburt, Beckenendlage, Zangengeburt, Kaiserschnitt)	☐	☐
5. Trinkschwierigkeiten in den ersten Lebensmonaten	☐	☐
6. Schlafstörungen in den ersten drei Lebensjahren	☐	☐
7. Viel Schreien im ersten Lebensjahr	☐	☐
8. Stehen vor dem neunten Lebensmonat	☐	☐
9. Laufen vor dem 12. Lebensmonat	☐	☐
10. Heftiges Zappeln beim Wickeln	☐	☐
11. Sprachentwicklung verzögert	☐	☐
12. Sprechstörung	☐	☐
13. Neurologisches Durchgangssyndrom im 1. Lebensjahr	☐	☐
14. Bleibt nur kurze Zeit bei einem Spielzeug oder bei einer Beschäftigung	☐	☐
15. Ungeschicktes Spiel mit anderen Kindern	☐	☐
16. Wirft Spielzeug weg oder zerstört Spielzeug	☐	☐
17. Kann beim Vorlesen nicht lange zuhören	☐	☐
18. Bleibt nicht bei der Sache beim Anschauen von Bilderbüchern	☐	☐
19. Lässt sich leicht ablenken, z. B. durch Geräusche oder durch andere Kinder	☐	☐

20. Ist schnell von etwas begeistert, verliert dann aber bald das Interesse	☐	☐
21. Hat öfters Langeweile	☐	☐
22. Kann schlecht alleine spielen, braucht immer die Mutter dazu	☐	☐
23. Scheint öfters nicht zuzuhören	☐	☐
24. Hält sich nicht an Anweisungen und Regeln	☐	☐
25. Verhalten zeitweilig ruppig oder aggressiv	☐	☐
26. Rasch beleidigt	☐	☐
27. Spricht fremde Personen an	☐	☐
28. Kann bei Tisch oder im Stuhlkreis nicht stillsitzen	☐	☐
29. Rennt viel herum und klettert überall hoch	☐	☐
30. Neigt zum Toben	☐	☐
31. Viele Stürze und Unfälle	☐	☐
32. Kind kann nicht warten, bis es an der Reihe ist. Will alles sofort haben	☐	☐
33. Redet und fragt ständig	☐	☐
34. Unterbricht und stört andere Personen bei Spiel und Gespräch	☐	☐
35. Sauberkeitsentwicklung verzögert	☐	☐
36. Hilfsbereit gegenüber jüngeren und schwächeren Kindern	☐	☐
37. Starkes Gerechtigkeitsgefühll	☐	☐
Summe		

Wenn 15 Fragen oder mehr mit Ja beantwortet werden, ist ein ADHS wahrscheinlich!

G

Geschwister von ADHS-Kindern

Schwierigkeiten

Bei Geschwistern von ADHS-Kindern ist mit zweierlei Schwierigkeiten zu rechnen:

1. Außer dem einen ADHS-Kind gibt es ein oder mehrere Geschwisterkind(er), die *ebenfalls ADHS* haben, meist in anderer Ausprägung. Diese Konstellation ist sehr häufig!
   Geschwisterstreit ist in dieser Familie unweigerlich vorprogrammiert.
2. Das oder die Geschwisterkind(er) haben *kein ADHS*, leiden aber unter dem ADHS-Kind:
   - Das ADHS-Kind provoziert, ärgert und stört alle anderen Familienmitglieder.

- Das ADHS-Kind hat dauernd den Mund offen, lässt andere nicht zu Wort kommen und unterbricht Eltern und Geschwister in deren Rede.
- Das ADHS-Kind nimmt die Eltern häufiger und länger in Anspruch, als es die anderen Kinder tun.
- Das Geschwisterkind empfindet *subjektiv*, dass die Eltern das ADHS-Kind bevorzugen.
- Das ADHS-Kind reizt die Eltern. Diese gehen dann ungerecht auch gegen die Geschwister vor.
- Das Geschwisterkind lernt vom ADHS-Kind freche Reden und unflätige Ausdrücke.
- Das Geschwisterkind lernt früh, auf welchen Knopf es drücken muss, damit das ADHS-Kind an die Decke springt.

Was nützt gar nichts?

- Lautstarke Appelle: »Wir sind doch eine Familie!«
- Klagen: »Warum müsst Ihr euch ewig streiten?«
- Verzicht auf Grenzen nach dem falschen Grundsatz: »Das Kind soll sich frei entfalten können!«
- Das ADHS-Kind als gleichwertigen Partner behandeln, mit dem man alles in Ruhe besprechen und durch viele Erklärungen und Diskussionen lösen kann.
- Auf Einsicht und Vernunft warten.
- Vorwürfe wie: »Wie oft habe ich Dir schon gesagt, dass Du Deine Schwester nicht hauen sollst. Findest Du das schön?«
  Stattdessen: »Hör sofort auf, Deine Schwester zu hauen. Geh in Dein Zimmer!«
- Wenn sich Geschwister bei Tisch foppen oder streiten, spielen Sie nicht den Schiedsrichter. Sie werden so gut wie nie den Urheber festnageln können. Gebieten Sie stattdessen: »Ich möchte, dass Du jetzt still bist!« oder: »Geh in die Küche!«
- Das Kind erklärt: »Ich habe ADHS, deshalb kann ich nichts dafür!« Diese faule Ausrede lassen Sie niemals zu!

Hilfreiche Maßnahmen

1. Hauptregel: *Sie* sind der Dirigent! Lassen Sie sich den Stab niemals aus der Hand nehmen!
   Motto: »Mädchen/Junge, ich mag Dich, aber der Boss bin ich!«
2. Gespräch mit dem ADHS-Kind unter vier Augen in einer ruhigen Stunde (Spaziergang, Autofahrt). Thema: Wir wollen eine neue Regel einführen.
   Schauen Sie dabei Ihrem Kind nicht in die Augen, sondern knapp am Ohr vorbei.
   Wählen Sie einen ruhigen, freundlichen Tonfall mit tiefer Stimmlage.
   Lassen Sie sich durch patzige Antworten nicht aus der Ruhe bringen.
   Beweisen Sie durch Rückfragen Anteilnahme. Offenbaren Sie dem Kind ruhig Ihre eigenen Gefühle: »Ich bin traurig, dass ...« »Ich finde es schlecht, wenn ...«
   Fragen Sie Ihr Kind nach eigenen Vorschlägen zur Verbesserung.
   Vereinbaren Sie je Gespräch nur *eine* Regel, nicht eine ganze Serie.
3. Gespräch mit dem Geschwisterkind, ebenfalls unter vier Augen.
   Erklären Sie das besondere Verhalten des ADHS-Kindes, zum Beispiel so:
   »Alle Menschen sind verschieden. Dein Bruder/Deine Schwester ist *anders* als Du. Es ist daher nicht immer einfach, ihn/sie zu verstehen. Er/sie ist unruhig, rastet leicht aus, passt nicht auf und vergisst eine Menge. Eigentlich kann er/sie gar nichts dafür. Seine/ihre Auffälligkeiten sind im Erbgut festgelegt. Man kann aber viele Schwierigkeiten steuern oder abmildern. Dabei kannst Du mithelfen. Ich bitte Dich darum! Wir besprechen heute die erste Familienregel.«
4. Familienregeln für alle Kinder im Hause:
   - Die Regeln werden von klein auf eingeübt und liebevoll und hartnäckig eingefordert.
   - Wir reden *höflich und freundlich* miteinander. Schimpfwörter und Geschrei bleiben vor der Tür.
   - Wir hauen nicht, werfen keine Gegenstände und verletzen niemanden.
   - Wir bleiben während der Mahlzeit so lange am Tisch sitzen, bis alle fertig sind.
   - Spielsachen, Comic-Hefte, Radio und Fernsehen haben bei der Mahlzeit nichts verloren.
   - *Jedes* Mitglied der Familie übernimmt Aufgaben im Haushalt. Dafür gibt es einen Plan, der gemeinsam erstellt wird.

- Geschwister möglichst häufig *trennen.* Begraben Sie die Vorstellung, dass in der ADHS-Familie immer alles gemeinsam unternommen werden muss.
- Lassen Sie Petzen niemals zu.
- Ein beliebter Satz lautet: »Der hat angefangen!« Gehen Sie davon aus, dass Sie beim Geschwisterstreit nie herausbekommen, wer tatsächlich angefangen hat und wer der eigentliche Schuldige ist. Es gibt nur eine Lösung: Die Streithähne trennen!
- *Zimmerregeln* müssen vereinbart und eingehalten werden: Öffnungszeiten, Abschließen, Besuchszeit, Eintrittsverbot.
- Wegnehmen: Ungefragt darf kein Kind einen Gegenstand aus dem Besitz der Geschwister an sich nehmen.
- Vermeiden Sie, dass das ADHS-Kind zum Sündenbock gestempelt wird. Durch Beachtung der Familienregeln wird verhindert, dass beim ADHS-Kind der bittere Eindruck entsteht: »Immer bin ich schuld!«
- ADHS-Kinder können ausgezeichnet beobachten. Sie wissen immer ganz genau, was die anderen falsch machen. Sie haben jedoch keinen Blick dafür, welchen Mist sie selber anrichten. Sie merken auch nicht, wie ihr eigenes Verhalten auf andere Menschen wirkt. Ihnen *fehlt der Rückspiegel,* in dem sie ihren eigenen Fahrstil verfolgen können. Hier ist der Hinweis wichtig: »*Kehr vor Deiner eigenen Tür!*«

Geschwisterrivalität

Geschwisterrivalität ist in allen Familien vorprogrammiert und unvermeidbar. Das hat Vorteile: Wichtige Fähigkeiten wie soziale Kompetenz, Ausgleich, Zusammenhalt und Konfliktlösung werden dabei eingeübt. Hinter jeder Rivalität steckt das Bestreben der Geschwister, Zeit, Aufmerksamkeit und Liebe der Eltern auf sich zu ziehen und sich zu behaupten.

Das ADHS-Kind handelt impulsiv, kompromissfaul und lösungsschwach. Daher ist in den Familien, in denen ein ADHS-Kind lebt, das Konfliktpotential unter Geschwistern deutlich erhöht.

Kompensationsversuche des Geschwisterkindes

Das ADHS-Kind zieht anhaltend die Aufmerksamkeit der ganzen Familie auf sich. Häufig können die Eltern auf die Bedürfnisse der Geschwisterkinder weniger eingehen. Es kommt vor, dass die Geschwisterkinder die mangelnde Zuwendung der Eltern sehr stark empfinden und versuchen, den Mangel auszugleichen:

1. Sie spielen die Rolle des »braven Kindes« und suchen auf diesem Weg nach Anerkennung.
2. Sie ziehen sich enttäuscht aus dem Familienleben zurück.
3. Sie lernen am negativen Vorbild und ahmen das impulsiv-provokante Verhalten des ADHS-Kindes nach. Es fällt dann schwer, zwischen einem erblich bedingten Geschwister-ADHS und psychosozialen Auffälligkeiten als Nachahmungsreaktion zu unterscheiden.

Freundschaften

Die ADHS-Symptomatik beeinflusst das gesamte Familienleben. Eine ruhige Familienatmosphäre und eine spannungsfreie Freizeitgestaltung sind oft nicht möglich. Kontakte zu Freunden der Geschwister werden beeinträchtigt, wenn das ADHS-Kind die Privatsphäre von Schwester oder Bruder missachtet und ständig deren Spiele stört. Manchmal versuchen ADHS-Kinder, die fehlenden eigenen Freundschaften zu ersetzen, indem sie die Freunde der Geschwister für sich vereinnahmen.

Das Geschwisterkind steht im Mittelpunkt

Das ADHS-Kind kann nur schwer ertragen, wenn das Geschwisterkind im Vordergrund steht, zum Beispiel bei einem Vorspiel in der Musikschule oder bei einer Theateraufführung. Die Zurückhaltung, die dann gefordert werden muss, kann das ADHS-Kind nicht aufbringen. Es stört massiv. Die einzige Lösung ist dann, dass die Eltern mit ihm die Veranstaltung verlassen.

Neurotransmitterersatz

Bei hohem Leidensdruck in der Familie ist eine medikamentöse Intervention angezeigt. Da sich der Geschwisterstreit nicht auf die Morgenstunde beschränkt, sondern auch den Nachmittag und den Abend überzieht, wird ein Medikament gewählt, das die gesamte Wachphase des ADHS-Kindes abdeckt.

Gesetzliche Rahmenbedingungen

Verwaltungsvorschrift des Kultusministeriums von Baden-Württemberg

»Kinder und Jugendliche mit besonderem Förderbedarf und Behinderungen

1. Allgemeine Ziele und Grundsätze

Die Förderung von Schülern ist Aufgabe in allen Schularten. Besondere Förderbedürfnisse können sich insbesondere ergeben bei Schwierigkeiten im Lesen oder Rechtschreiben, in Mathematik, bei mangelnden Kenntnissen in der deutschen Sprache [...], bei besonderen Problemen im Verhalten und in der Aufmerksamkeit, [...].

2. Aufgaben der Schule

Die Erkenntnisse aus den Lernstandbeobachtungen und -diagnosen bedingen Art und Form der Förderung. Die Förderung erfolgt in der Klasse durch Maßnahmen der inneren Differenzierung. Dafür verantwortlich ist im Rahmen des schulischen Förderkonzepts der Klassen- bzw. Fachlehrer. Ist ein weiterer Förderbedarf feststellbar, können allgemeine Stütz- und Förderkurse eingerichtet werden. [...]«[1]

Behindertenstatus

ADHS gilt nicht als Behinderung, sondern als Beeinträchtigung. Um Förderung vom Arbeitsamt zu erhalten, ist nicht der Behindertenausweis, sondern ein ärztliches Gutachten nötig. Darüber hinaus gibt es nach Sozialgesetzbuch SGB VIII § 35a bei drohender seelischer Behinderung (und das ist bei ADHS der Fall!) umfangreiche Eingliederungshilfen.

Bewerbung

Bei der Bewebung um eine Ausbildungsstelle oder einen Arbeitsplatz muss das ADHS nicht angegeben werden, ausgenommen bei Berufen aus

1 vom 22. August 2008, AZ.: 32-6504.2/534, veröffentlicht in KULTUS UND UNTERRICHT (K. u. U.) Nr. 14–15 vom 5. September 2008

dem Sicherheitsbereich (Polizei, Feuerwehr, Bundeswehr, Security). Ferner muss das ADHS bekanntgegeben werden, wenn die Arbeitsstelle mit einer Verbeamtung verbunden ist.

Straßenverkehr

ADHS und die Einnahme von ADHS-spezifischen medikamenten müssen bei der Anmeldung zur Führerscheinprüfung und bei Verkehrskontrollen nicht angegeben werden. ADHS ist nicht im Katalog der Erkrankungen und Störungen enthalten, welche die Fahreignung ausschließen.

Versicherungen

Im Versicherungsantrag muss ADHS angegeben werden, wenn danach gefragt wird.

Zustimmung der Sorgeberechtigten

Kinder- und jugendpsychiatrische Untersuchungen und Behndlungen von ADHS-Kindern sind keine Alltagsmaßnahmen. Die Zustimmung aller Sorgeberechtigten ist daher erforderlich (Häßler et al. 2008; Menter 2012).

Gesprächsregeln

Wir alle, Kinder und Erwachsene, neigen dazu,

- nicht richtig zuzuhören,
- nicht hinzuschauen,
- zu viel und zu schnell zu sprechen.

Prägen Sie daher *sich selbst und dem Schüler* folgende drei Regeln ein:

1. Ich höre meinem Gesprächspartner zu.
2. Ich schaue meinen Gesprächspartner an.
3. Ich spreche langsam und deutlich.

Nach dem Grundsatz *nicht reden, sondern handeln* können Sie die Gesprächsregeln dadurch verstärken, dass Sie *Handbewegungen* einführen:

1. *Hand zum Ohr* = ich höre meinem Gesprächspartner zu
2. *Hand zum Auge* = ich schaue meinen Gesprächspartner an
3. *Hand absenken* = ich spreche langsam und deutlich

Praxistipp: Gesprächsregeln in Kurzfassung

1. Anschauen
2. Zuhören
3. Langsam und deutlich sprechen

Gesunde Mischkost

Wie entsteht Essverhalten?

Das Essverhalten des Menschen wird im Alter zwischen drei Monaten und drei Jahren geprägt.

Hat das Kind das Schulalter erreicht, können Änderungen nur noch schwer erreicht werden. Versuchen Sie es dennoch. Führen Sie Regeln ein und verstärken Sie positiv, zum Beispiel durch einen Punkteplan und durch Mithilfe beim Kochen und bei der Zubereitung der Mahlzeiten.

Gesunde Ernährung

Stellen Sie täglich frisch zubereitete Speisen mit viel Obst und Gemüse auf den Tisch. Zweimal Fleisch und ein- bis zweimal Fisch in der Woche sind ausreichend.

Lassen Sie niemals Essen aus der Hand zu, schon gar nicht beim Fernsehen!

Verwenden Sie keine Fertigkost. Reden Sie nicht ständig mit erhobenem Zeigefinger von »gesunder Ernährung«. Das Kind versteht das anders als Sie: Es denkt: »Ich bin dumm. Ich weiß nicht, was ich wirklich brauche.« Das stört das Selbstvertrauen und erzeugt Abwehr.

Der Speiseplan auf Wunsch

Stellen Sie den Speiseplan der Familie nur ausnahmsweise auf Wunsch des Kindes zusammen. Setzen Sie auf Abwechslung statt tagaus tagein auf Nudeln mit Ketchup oder Weißbrot mit Nutella. Die Mutter entscheidet, was wann auf den Tisch kommt. Das Kind entscheidet, ob und wie viel es davon isst.

Neue Speisen

Neue Speisen lehnt das Kind häufig zunächst ab. Das ist biologisch sinnvoll: Schon in der Frühgeschichte der Menschheit hatte das Kind größere Überlebenschancen, wenn es sich an die Lebensmittel hielt, die es schon kannte!

Ermuntern Sie Ihr Kind trotzdem immer wieder, etwas Neues zu versuchen. Zwingen Sie das Kind aber niemals zum Essen! Manche neue Speise wird erst nach dem 20. oder 30. Angebot angenommen! Erlauben Sie Ihrem Kind, die neue Speise wieder aus dem Mund herauszulaufen zu lassen, wenn sie ihm nicht schmeckt. Versuchen Sie es einige Tage später erneut.

Mag ich nicht

Ihr Kind meckert: »Mag ich nicht!« Ihre Antwort sollte lauten: »Du brauchst nicht zu essen. Leiste mir einfach Gesellschaft und bleib sitzen. Wenn Du magst – dort stehen Brot und Wasser. Anderes Essen gibt es nicht, drei Stunden lang!«

Kinder mögen es süß

Die Vorliebe des Kindes für süße Lebensmittel hat ebenfalls einen biologischen Hintergrund: Süße Speisen und Früchte sind niemals giftig. Außerdem liefern süße Lebensmittel rasch verwertbare Energie für den lebhaften Stoffwechsel des Kindes.

Versuchen Sie, den Heißhunger Ihres Kindes auf Süßes mit zusammengesetzten (komplexen) Kohlenhydraten zu stillen: Schwarzbrot, Vollkornbrot und Knäckebrot sind solche zusammengesetzten Kohlenhydrate.

Brot und Wasser sollten daher immer auf dem Tisch stehen!

Legen Sie keinen Vorrat an Süßigkeiten in der Wohnung an. Der freie Zugang zu Schokolade und Kartoffelchips lässt auch erwachsene Menschen vergessen, was gut für sie ist!

Gemeinsame Mahlzeiten

Die gemeinsame Mahlzeit am Familientisch ist nicht nur für die Nahrungsaufnahme, sondern auch für das Essverhalten, für das Gespräch und für den Familienzusammenhalt wichtig. Von jedem Kind kann erwartet werden, dass es 15 Minuten am Tisch sitzenbleibt. Verwenden Sie eine Eieruhr! Vereinbaren Sie vorher mit dem Kind, dass Störverhalten nicht zugelassen wird. Stört das Kind trotzdem, so wird es unter Verweis auf die Abmachung ohne viele Worte an den »Katzentisch« geschickt. Dieser steht entweder im Kinderzimmer oder in der Küche.

Guanfacin (Intuniv®)

Ein neues Medikament

Seit Januar 2016 steht den deutschen Ärzten ein neues Medikament zur Behandlung des Aufmerksamkeitsdefizitsyndroms ohne oder mit Hyperaktivität (ADHS) zur Verfügung, das Guanfacin. Der Wirkstoff ist ein adrenerger Rezeptoragonist, der die postsynaptische Signalwirkung von Adrenalin vor allem im Stirnhirn unterstützt.

Guanfacin ist zugelassen zur Behandlung von Kindern und Jugendlichen von 6 bis 17 Jahren mit der Diagnose ADHS, wenn Stimulanzien nicht in Frage kommen, unverträglich sind oder sich als unwirksam erwiesen haben. Guanfacin ist kein Stimulans. Es muss daher nicht auf dem gelben Betäubungsmittelrezept verordnet werden. Guanfacin wird einmal täglich eingenommen, morgens oder abends, und wirkt 24 Stunden. Die Wirkung setzt innerhalb von drei Wochen ein.[2]

2 Fachinformation Intuniv® September 2015

Wirkung

Guanfacin verbessert die Kernsymptome von ADHS: Störung von Aufmerksamkeit, Ausdauer, Handlungsplanung und Impulssteuerung. Guanfacin beeinflusst ferner positiv die häufig vorhandene Affektlabilität und das mangelhafte Selbstwertgefühl der Patienten. Studienergebnisse haben gezeigt, dass in den neuronalen Netzwerken des Stirnhirns mit Guanfacin wichtige Reize hervorgehoben und unwichtige Reize unterdrückt werden. Guanfacin stärkt das episodische und raumzeitliche Gedächtnis und verbessert die Fähigkeit, Lerninhalte abzurufen (Huss 2016).

Nebenwirkungen

Guanfacin ist insgesamt gut verträglich, wie durch Studiendaten von inzwischen über 2 400 Patienten dokumentiert worden ist. Gelegentlich können Kopfschmerzen auftreten. Die häufigste Nebenwirkung ist Müdigkeit. Verschwindet die Müdigkeit nicht innerhalb von zwei Wochen, muss das Medikament abgesetzt werden.

Dosierung

Intuniv® steht in Tabletten von 1, 2, 3 und 4 mg zur Verfügung. Begonnen wird mit 1 mg/Tag. Nach etwa einer Woche wird auf 2 mg erhöht. Eine weitere Dosissteigerung ist meist nicht nötig und sollte, wenn überhaupt, erst nach vier Wochen vorgenommen werden.

H

Hausaufgaben: Rahmenbedingungen und Hilfen

Hausaufgabenheft

Die Hausaufgaben stehen an. Der Ärger beginnt, wenn Ihr Sprössling mit Unschuldsmiene bekannt gibt: »Ich weiß gar nicht, was ich aufhabe!« Oder: »Heute haben wir überhaupt keine Hausaufgaben auf!«
Daher:

- Hausaufgabenheft regelmäßig führen, Lehrer soll täglich gegenzeichnen.
- Hausaufgabenheft zu Hause vorbereiten, damit der Lehrer Zeit spart.
- Lehnt der Lehrer die Mitarbeit ab: Hausaufgaben von einem zuverlässigen Klassenkameraden täglich per E-Mail durchgeben lassen.

Rahmenbedingungen

- ruhige Umgebung
- keine Geschwister im Raum
- immer gleicher Arbeitsplatz
- Schreibtisch aufgeräumt
- Ein-Punkt-Regel:
  1 Buch, 1 Heft, 1 Bleistift, 1 Kugelschreiber, 1 Radiergummi – sonst nichts!
- keine Ausweichmanöver zulassen, zum Beispiel: Spielen, lesen, trinken, essen, telefonieren, »chatten«
- Hausaufgaben vorstrukturieren: Reihenfolge, Teilschritte
- Punkteplan
- Ansporn: »Du schaffst das!«

H

Fremd- und Selbstinstruktion

- Beginn mit der Aufgabe, die wahrscheinlich gut bewältigt wird.
  Das Erfolgserlebnis spornt zu weiteren Leistungen an!
- »Halt! – Schau Dir die Aufgabe erst einmal genau an!«
- »Erzähle mir, was Du schon weißt!«
- »Was ist das Ziel?«
- »Was fehlt noch zur Lösung der Aufgabe?«
- »Arbeite nach dem *Fahrplan der Arbeitsschritte*!« (▶ Fahrplan der Arbeitsschritte)
- »Kommt Dir das Ergebnis komisch vor, prüfe noch einmal Deine Berechnungen!«
- nach Einübung Übergang zur Selbstinstruktion

Unzweckmäßiges Elternverhalten

- viel reden
- Wiederholung von Dingen, die das Kind bereits verstanden hat
- Ungeduld
- Mahnungen wie: »Jetzt streng Dich gefälligst an!«
- Aufgaben zum Schluss selber machen

Richtige Elternhilfe

- Zurückhaltung, überwiegend ruhig zusehen
- nur bei der Strukturierung helfen
- bei Ablenkungsmanöver möglichst ohne Worte freundlich eingreifen
- auf Diskussionen oder Verweigerung *nicht* eingehen
- allenfalls Hausaufgabenfremdbetreuung

Hochbegabung und ADHS

Zahlen

Zwei Drittel aller Deutschen haben einen Intelligenzquotienten (IQ) zwischen 85 und 115. Gut 2 % der Kinder eines Jahrgangs haben einen IQ über 130 (Traute 2015). Sie sind hochbegabt. Für die intellektuelle Hochbegabung hat sich in der Forschung die Definition IQ = oder > 130 durchgesetzt (Winner 1997; Majunke 2010). Zur Förderung von hochbegabten Kindern werden statt des IQ mehrdimensionale Begabungsprofile verwendet. Sie bilden die individuellen Stärken und Schwächen besser ab als der IQ (Heller 2010).

Zeichen

Während die Schüler in der ersten Klasse der Grundschule im Zahlenraum 1 bis 10 rechnen, lösen hochbegabte Kinder Additionen und Subtraktionen bis 100. Da sie im Denken weiter und schneller sind als ihre Klassenkameraden, fühlen sie sich bald unterfordert. Das macht sie lustlos und unaufmerksam. Sie träumen dann vor sich hin oder stören den Unterricht.

Hochbegabte Kinder zeichnen sich oft durch eine Sprache aus, die von ihren Altersgenossen nicht verstanden wird. Sie beschäftigen sich mit technischen und philosophischen Problemen, die das Fassungsvermögen ihrer Spielgefährten übersteigt. Schnell kommt es dann dazu, dass die anderen sie ausgrenzen und dass sie deshalb keine Freunde finden.

Teilleistungsstörungen

Unter hochbegabten Kindern sind Teilleistungsstörungen wie ADHS, Lese-Rechtschreib-Störung (LRS), Rechenstörung und Depression häufiger vertreten als im Durchschnitt altersgleicher Kinder. ADHS-Kinder sind in der Regel durchschnittlich bis gut durchschnittlich begabt. Viele Unterrichter haben den Eindruck, dass unter ADHS-Betroffenen ein IQ über 100 häufiger vorkommt als im Durchschnitt der Bevölkerung. Studien hierzu gibt es bisher nicht.

Merke
Eltern und Lehrer übersehen häufig die Hochbegabung des ADHS-Kindes. Schuld daran ist, dass die Erwachsenen nur dessen schlechtes Arbeitsgedächtnis, seine Unbeständigkeit und seine schlechte Konzentration beobachten. Das ADHS-Kind bringt nicht die Leistung, die seiner Begabung entspricht. Hinzu kommt, dass die Verhaltensauffälligkeiten des ADHS-Kindes und die Unterforderungsäußerungen des hochbegabten Kindes sehr ähnlich sind (Bachmann 2005).

H

Hochbegabung: Fragebogen

Name: ______________________

Geburtstag: __________________

Datum: ______________________

	Ja	Nein
1. Geringes Schlafbedürfnis	☐	☐
2. Sehr lebhaft	☐	☐
3. Früher Sprechbeginn	☐	☐
4. Spricht von Anfang an in ganzen Sätzen	☐	☐
5. Früher Beginn der Warum-Fragen	☐	☐
6. Großer Wortschatz	☐	☐
7. Außergewöhnlich gutes Gedächtnis	☐	☐

8. Selbstständiges Erkundungsverhalten von kleinauf	☐	☐
9. Grenzenlose Wissbegierde	☐	☐
10. Rasche Auffassungsgabe	☐	☐
11. Weiß viele Einzelheiten	☐	☐
12. Handgeschicklichkeit mäßig	☐	☐
13. Vermeidet taktile Reize wie Matschen oder Sandspiel	☐	☐
14. Geräuschempfindlich	☐	☐
15. Geruchsempfindlich	☐	☐
16. Ausgeprägtes Gerechtigkeitsgefühl	☐	☐
17. Heftige Abwehr gegen körperlichen oder seelischen Druck	☐	☐
18. Neigung zum Perfektionismus	☐	☐
19. Läßt sich schlecht führen	☐	☐
20. Kontakt eher zu älteren als zu gleichaltrigen Kindern	☐	☐
21. Kann bei der Einschulung schon selbst erlernt lesen	☐	☐
22. Kann bei der Einschulung schon selbst erlernt schreiben	☐	☐
23. Hat ein Gefühl für seine Andersartigkeit	☐	☐

Wird 15 Mal oder häufiger »Ja« angekreuzt, ist Hochbegabung wahrscheinlich.

Unterricht und Hausaufgaben: Hilfen

1. Das aufmerksamkeitsschwache Kind hat wenig Ausdauer, seine Aufmerksamkeit erlahmt rasch. Es lässt sich durch jede Kleinigkeit ablenken. Es kann seine Arbeit schlecht vorausplanen. Es neigt zu impulsiven Ausbrüchen. Seine Intelligenz hingegen ist in aller Regel gut bis sehr gut. In Lieblingsgebieten erreicht es *freiwillig* überdurchschnittliche Leistungen.
2. Das aufmerksamkeitsschwache Kind braucht einen Platz in der ersten Reihe. Es braucht keinen Nebensitzer. Es soll frontal auf die Tafel schauen.
3. »Jetzt pass doch endlich einmal auf!« Solche Mahnungen nützen gar nichts. Das ADHS-Kind weiß überhaupt nicht, was Aufmerksamkeit ist!

4. Bauen Sie die Aufmerksamkeit des Kindes immer wieder neu auf durch Anschauen, Anlächeln, Zunicken und Namensnennung: »Gut, Peter, weiter so!«
5. Verstärken Sie Ihre Anweisung durch einen festen Griff an den Schultern.
6. Bei drohender Eskalation: Stimme senken, Blickkontakt wegnehmen.
7. Lassen Sie das Kind nie längere Zeit vor sich »hinwursteln«.
8. Beachte: Verhalten und Leistung schwanken beim ADHS-Kind sehr stark!
9. Verlangen Sie konsequent Leistung, auch an schlechten Tagen.
10. Setzen Sie an den schlechten Tagen die Anforderungen herab auf ein Maß, das sicher erbracht werden kann.
11. Teilen Sie die Aufgaben in kleine Stücke. Das Kind soll lieber einen Teil richtig als die ganze Arbeit falsch machen!
12. Rechnen Sie eine längere Arbeitszeit ein.
13. Die Arbeiten, die das Kind im Unterricht oder zu Hause anfertigt, müssen unbedingt angeschaut werden. Wird eine Arbeit nicht beachtet, wird sie das nächste Mal nicht mehr gemacht!
14. Lassen Sie sich das Hausaufgabenheft regelmäßig zeigen und zeichnen Sie die Einträge ab.
15. Notfalls erfragen die Eltern die Hausaufgaben über E-Mail von einem zuverlässigen Klassenkameraden.
16. Das ADHS-Kind tut nur das, was ausdrücklich verlangt und kontrolliert wird. Eine allgemeine Anweisung des Lehrers wie »Schaut Euch das noch einmal an!« gilt für das ADHS-Kind als nicht gesprochen!
17. Verstärken Sie positives Verhalten durch viel Loben. Was bei anderen Kindern selbstverständlich ist, zum Beispiel Durchhalten, Einsicht, Übersicht und Anstrengung, muss beim ADHS-Kind ausdrücklich anerkannt werden.
18. Nachlassende Aufmerksamkeit kann durch kurze Bewegungseinlagen wieder aufgebaut werden: Eine Runde um den Schulhof, Tafel abwischen, Blumen gießen, Buch im Lehrerzimmer holen.
19. Manchmal ist die Hausaufgaben-Fremdbetreuung die einzige Möglichkeit, das Spannungsverhältnis zwischen Eltern und Kind zu mildern.
20. Bauen Sie in die Hausaufgaben- und Lernzeit Bewegungspausen ein.
21. Das ADHS-Kind ist reifungsverzögert. Es braucht daher bei den Hausaufgaben viel länger als andere Kinder die Anwesenheit und Hilfe eines Elternteils.

22. Jedes ADHS-Kind hat ein Spezialgebiet, in dem es reichlich Wissen besitzt. Eltern und Lehrer sollen diese Leistung immer wieder hervorheben, auch vor anderen Kindern.
23. ADHS-Kinder haben Schwierigkeiten in der Kraftdosierung. Sie schreiben daher ungern und schlecht.
    Das lässt sich auch durch reichlich Üben nicht ändern. Die Schrift wird wieder leserlich, wenn das Kind Druckschrift verwendet.
24. Lernen – immer ohne Musik, Fernsehen, Handy und Tablet!
    Bei Schülern, die während der Hausaufgaben Musik hören oder das Fernsehgerät laufen lassen, verlangsamt sich die Schreibgeschwindigkeit um 25 %. Die Mehrfachbelastung durch Denken, Schreiben, Hören und Schauen überfordert das kindliche Gehirn!

Hochsensible Menschen (Highly Sensitive Persons, HSP)

Was sind hochsensible Menschen?

Hochsensible Menschen empfinden Außenreize wie Geräusche, Gerüche, optische Eindrücke, Tastempfindungen, Hitze und Kälte stärker als andere Menschen. Ihr Gehirn ist wachsamer, rascher alarmiert und auf eine hohe Informationsdichte ausgerichtet. Hochsensible Menschen neigen zur Überreizung, sie fühlen sich schnell überfordert, gehetzt und gestresst. Die Folgen können sein: Gesellschaftlicher Rückzug, Isolierung und psychosomatische Beschwerden (Schlafstörungen, Kopfschmerzen, Reizdarm-Syndrom). Auch depressive Verstimmungen kommen vor.

Zwischen 15 und 20 % aller Menschen sollen zur Gruppe der Hochsensiblen gehören. Studien an eineiigen Zwillingen weisen auf die Erblichkeit der Hochsensibilität hin (Parlow 2013).

Hochsensible Menschen gibt es sicher seit Beginn der Menschheitsentwicklung. Doch erst 1996 hat sie die amerikanische Psychologin Elaine Aron »entdeckt« und in ihrem Buch beschrieben: »The Highly Sensitive Person: How to Thrive When The World Overwhelms You«. Frei übersetzt: »Der hochempfindliche Mensch: Wie erfolgreich überleben, wenn die Welt dich überflutet«.

Unterschiede hochsensible Menschen – ADHS

Eigenschaft	HSP	ADHS
Anteil an der Bevölkerung	15–20 %	3–5 %
Aufmerksamkeit	+++	-
Unruhe	+	+++
Impulsivität	+	+++
Lernstörung	-	+++
Pflichtgefühl	+++	-
Kann zuhören	+++	+
Harmoniebedürfnis	+++	-
Vorsicht	+++	-
Kommt mit Veränderungen gut zurecht	++	-
Motivation	+++	-
Halt-und-Schau-Automatismus	+++	-
Sorgfalt	+++	-
Körperliche Leistungsfähigkeit	+	+++

+++ (stark ausgeprägt)
++ (mäßig ausgeprägt)
+ (gering ausgeprägt)
- (fehlend)

Homöopathie bei ADHS

Studien

Es gibt zwei nicht randomisierte Studien zur homöopathischen Behandlung von ADHS. In der Studie von Frei und Thurneysen (2001) wurden 23 verschiedene Substanzen eingesetzt. Es dauerte drei bis sechs Monate, bis die richtige Substanz gefunden wurde. In der zweiten Studie von Hultzsch et al., wurde das Präparat Zappelin® geprüft. Zappelin® enthält Kalium, Calcium, Kupfer, Phosphat, Baldrian, Kamille und Staphisagria (Samen des orientalischen Rittersporns *Delphinium staphisagria*, Einsatz gegen Hautparasiten (Brockhaus 1973) in homöopathischer Verdünnung.

Beide Studien wurden nicht doppelblind und placebokontrolliert durchgeführt. Die Ergebnisse wurden sehr stark von der Erwartungshaltung bestimmt: Die ADHS-Symptome verringerten sich vor allem in der Gruppe von Kindern, deren Eltern und Ärzte Befürworter der Homöopathie waren. Insgesamt stellten die Ärzte bei 47,1 % der mit Zappelin® und bei 77,9 % der mit Ritalin® behandelten Kinder eine Verbesserung im Vergleich zum Behandlungsbeginn fest. Die Urteile der Erzieher und Lehrer fehlten in beiden Studien. Deren Aussage ist jedoch besonders wichtig, weil viele durch ADHS verursachte Verhaltensauffälligkeiten im Kindergarten und in der Schule auftreten. Außerdem dauerten beide Studien nur 12 Wochen. Das ist nach Überzeugung erfahrener Ärzte zu kurz für eine endgültige Beurteilung des Behandlungserfolges. (Döpfner 2006)

Weltweit gibt es nur zwei doppelblinde, randomisierte und placebokontrollierte Studien zur Wirksamkeit einer homöopathischen Behandlung bei ADHS. Die Studie von Frei et al. (2005) bewies statt des erhofften Erfolgs die mangelhafte Wirksamkeit homöopathischer Behandlungsformen im Eltern- und Lehrerurteil und bei den neuropsychologischen Testverfahren. Eine zweite Studie von Jacobs et al. (2005) kam zu dem gleichen, negativen Ergebnis (Döpfner 2006).

Eigene Erfahrungen

Nach eigener, langjähriger Erfahrung bleiben Eltern, deren Kind ein sicher diagnostiziertes ADHS hat, nicht lange bei einer homöopathischen Behandlung. Nach Wochen oder Monaten kommen sie in die Praxis und klagen: »Unser Kind ist eine einzige Katastrophe. Jetzt muss unbedingt etwas Richtiges geschehen!« Diese Wochen oder Monate aber hatte das Kind keine wirksame Behandlung. Die Erfahrung zeigt: Je länger der Beginn der Behandlung hinausgezögert wird, umso schlechter ist der Erfolg!

Zusammenfassung

Eine Stoffwechselbesonderheit des Zentralnervensystems kann durch eine homöopathische Behandlung nicht dauerhaft gebessert werden. Andere Stoffwechselstörungen, beispielsweise Diabetes, behandelt man auch nicht mit Homöopathika, sondern mit Insulin!

Wird dennoch über lange Zeit homöopathisch weiterbehandelt, verstreicht kostbare Zeit ohne eine kausale Therapie. In dieser Zeit nehmen die Defizite zu, ungünstige Verhaltensweisen schleifen sich ein und können nur schlecht wieder abgebaut werden.

Homöopathische Mittel bei ADHS

Die folgenden Mittel wurden vom Verfasser bei ADHS-Kindern im Alter zwischen 6 und 15 Jahren eingesetzt. Nach drei Monaten Behandlung wurde das Eltern- und Lehrerurteil eingeholt. Nur bei einem Kind (es hatte Calcium phosphoricum D6 Tabletten erhalten) wurde eine günstige, jedoch nicht ausreichende Wirkung beobachtet.

1. Calcium phosphoricum D6 DHU, Tabletten Nr. C
   S. (Dosis) 3 × 1 Tabl. vor dem Essen
2. Calcium phosphoricum D8 DHU Dil. 50.0
   S. 3 × 5 Tropfen vor dem Essen
3. Calcium phosphoricum D200 DHU Tabletten Nr. C
   S. 3 × 1 Tabl. vor dem Essen
4. Cerebrum comp. Tabletten Nr. C
   S. 3 × 1 Tabl. vor dem Essen
5. Ignatio-Homaccord Tabletten Nr. C
   S. 3 × 1 Tabl. vor dem Essen
6. Nervo-Heel Tabletten Nr. C
   S. 3 × 1 Tabl. vor dem Essen
7. Nux vomica Homaccord Tabletten Nr. C
   S. 3 × 1 Tabl. vor dem Essen
8. Pflügerplex Anacardium 155 Tropfen
9. Pflügerplex Crocus 328 N Tabletten
10. Sulfur D12 DHU Tabletten Nr. C
    S. 3 × 1 Tabl. vor dem Essen
11. Tarantula hispanica D12 Globuli, 20.0
    S. 3 × 5 Kügelchen vor dem Essen
12. Zappelin-Kügelchen
    S. 3 × 5 Kügelchen vor dem Essen (bis 5 Jahre)
    3 × 10 Kügelchen vor dem Essen (ab 6. Geburtstag)

Hyperkinetisches Syndrom (Zappelphilipp-Syndrom)

Kernsymptome

1. überstarke Unruhe (Hyperaktivität)
2. überschießende Impulsivität
3. verkürzte Ausdauer und Konzentration

Immer ist eine Verzögerung der seelischen Reifung zu beobachten: Weitsicht, Umsicht, Einsicht, Rücksicht, Pflichtgefühl und Planung sind zwei bis fünf Jahre hinter der Altersnorm zurück. Die Zeichen treten meistens schon vor dem sechsten Geburtstag auf, dauern länger als sechs Monate und übersteigen deutlich das altersübliche Maß. Das Syndrom kommt in allen Begabungsstufen und bei allen Völkern vor. In der Pubertät macht die Hyperaktivität einer auffallenden Trägheit Platz. Aus dem »Hypi« wird ein »Schlaffi«. Aufmerksamkeitsschwäche und ungesteuertes Verhalten bleiben dagegen erhalten. Jenseits der Pubertät ist mit einer Nachreifung zu rechnen. Die Verhaltensschwierigkeiten können dann besser bewältigt werden.

Weitere mögliche Symptome

1. Störungen im Sozialkontakt
2. Schulschwierigkeiten
3. aggressiv-oppositionelles Verhalten
4. Depressivität
5. Angst- und Zwangsstörungen
6. Essstörungen
7. Substanzmissbrauch

Weitere mögliche Teilleistungsstörungen

1. visuelle oder auditive Wahrnehmungsstörung
2. Feinkoordinationsstörung, schlechte Kraftdosierung
3. zentrale Koordinationsstörung (ZKS)
4. Störung der sensorischen Integration
5. Gesäßmuskelverkürzung

6. Lese-Rechtschreib-Störung (Legasthenie)
7. Rechenschwäche (Dyskalkulie)

Neurophysiologie

Im Stirnhirn liegt das Zentrum für Aufmerksamkeit, Planung und Impulssteuerung. Es besitzt wie alle Teile des Gehirns eine Reizschwelle. Bei Reizen, die für eine Überlegung oder Handlung wichtig sind, wird die Reizschwelle gesenkt. Solche Reize können dann beschleunigt und verstärkt weitergeleitet werden. Andere Reize, die für die augenblickliche Leistung keine Bedeutung haben, werden durch Anhebung der Schwelle ausgefiltert. Diese Arbeit vollbringt das Gehirn mithilfe chemischer Botenstoffe (Neurotransmitter). Sind nicht genügend Botenstoffe vorhanden, ist die Filterleistung gestört. Viel zu viele Reize gelangen über die niedrige Schwelle in das Zentrum. Damit ist dem Menschen die Unterscheidung nach wichtig und unwichtig erschwert. Er muss auf alle eingedrungenen Reize gleichzeitig und gleichwertig reagieren. Er kann nicht lange bei einer Sache bleiben. Er ist extrem reizoffen, ablenkbar und rastlos.

Ursachen

Zu 75 % ist das hyperkinetische Syndrom erblich bedingt. Der Erbträger ist meistens ein männliches Familienmitglied. Durchaus kann eine Generation übersprungen werden.

Folgende Umstände *verstärken* die Symptomatik, sind aber *nicht* Ursachen:

1. Rauchen in der Schwangerschaft
2. Rauchen des ADHS-Trägers selbst oder anderer Familienmitglieder
3. Alkoholgenuss in der Schwangerschaft
4. Früh- und Spätgeburt
5. Hirnentzündungen und Schädel-Hirn-Traumen
6. Erziehungsfehler, insbesondere antiautoritäre Erziehung
7. Ernährungsfehler
8. Bewegungsmangel
9. Medienmissbrauch

Behandlung

1. strukturierte Erziehung
2. motorische Entlastung durch Bewegung im Freien und Sport
3. Ernährung: zucker- und phosphatarm
4. Psychomotorik in der Kleinkindphase
5. Heilpädagogisch ausgerichtete Entwicklungsförderung nach verhaltenstherapeutischen Gesichtspunkten
6. Elterntraining (oft wirksamer als die Behandlung des Kindes!)
7. Neurotransmitterersatz mit einem Botenstoffnachbau (Medikament)

Hyperkinetisches Syndrom mit Störung des Sozialverhaltens (ADHS, »Max-und-Moritz-Syndrom«)

Begriffsbestimmung

Mehr als die Hälfte aller Kinder und Jugendlicher mit hyperkinetischem Syndrom entwickeln oppositionell-aggressive Verhaltensweisen. Sind diese anhaltend und stehen sie im Vordergrund des Erscheinungsbildes, spricht man vom Max-und-Moritz-Syndrom. Ein ungünstiger familiärer Hintergrund spielt dabei eine große Rolle.

Zeichen

1. überstarke motorische und geistige Unruhe
2. mangelhafte Impulskontrolle
3. verkürzte Aufmerksamkeit und Ausdauer
4. gehäuft oppositionell-aggressives Verhalten
5. Entwicklungsverzögerung
6. Weglaufen, Kleindiebstähle
7. früher Beginn des Rauchens
8. früher Beginn des Alkohol- und Drogenmissbrauchs
9. Übergang in eine kriminelle Laufbahn möglich
10. familiäre Belastungen wie Scheidung, Alkoholismus oder psychische Krankheiten der Eltern

Ursachen

Die Störung ist zu mehr als 75 % erblich bedingt.
Die Belastungen in der Familie wirken als Verstärker.

Behandlung

Die Behandlung schließt die gleichen Maßnahmen ein wie bei den anderen Formen des Aufmerksamkeitsdefizitsyndroms mit Hyperaktivität (ADHS). Von größter Bedeutung ist der frühzeitige Beginn verhaltenstherapeutischer und pharmakologischer Hilfen. Die Eltern dieser Kinder profitieren besonders stark vom Elterntraining – sofern sie dazu bereit sind!

Die Behandlung ist schwieriger als bei den anderen Formen des ADHS. Sie bleibt oft erfolglos.

Die Prognose ist daher häufig ungünstig.

Max-und-Moritz-Syndrom, Prognose

Wilhelm Busch, der Schriftsteller, Zeichner und Menschenkenner, hat die Geschichte von Max und Moritz geschrieben. Jeder kennt sie. Die Geschichte ist lustig zu lesen. Die Freude am Lesen darf aber nicht darüber hinwegtäuschen, dass die Streiche der beiden Burschen durchaus kriminellen Charakter haben:

- Sie quälen die Hühner der Witwe Bolte bis zum Erstickungstod – *Tierquälerei!*
- Sie stehlen der armen Witwe Bolte die Hühner aus der Pfanne – *Mundraub!*
- Sie stehlen dem Bäcker die Brezeln aus dem Regal – *Ladendiebstahl!*
- Sie füllen dem Lehrer Lämpel Schießpulver in den Pfeifenkopf. Als Lämpel die Pfeife anzündet, explodiert sie. Der Mann zieht sich schwere Verbrennungen im Gesicht und an den Augen zu – *gefährliche* Körperverletzung!
- Sie sägen die Brücke an, über die der Schneider Böck gehen will. Der arme Mann fällt ins eiskalte Wasser und ertrinkt beinahe – *versuchter Totschlag!*

Max und Moritz verkörpern das hyperkinetische Syndrom mit Störung des Sozialverhaltens. Das Störungsbild wird daher auch Max- und Moritz-Syndrom genannt.

Die beiden Buben nehmen ein schlimmes Ende. Sie werden in der Mühle zu Schrot gemahlen und schließlich von den Enten gefressen. Die Geschichte verdeutlicht die ungünstige Prognose dieser ADHS-Form.

Hypothyreose, präklinische Form (Latente Schilddrüsenunterfunktion)

Hormonbefunde

Bei der präklinischen Hypothyreose sind die Werte für die Schilddrüsenhormone T3 (Trijodthyronin) und T4 (Levothyroxin) im Blut normal. Das Thyreotropin (thyreoidea-stimulierendes Hormon, TSH) hingegen ist erhöht. Das Thyreotropin wird in der Hirnanhangdrüse, der Hypophyse, hergestellt. Das Hormon steuert die Tätigkeit der Schilddrüse. Produziert die Schilddrüse nicht genügend Hormon, versucht die Hypophyse durch Ausschüttung des Thyreotropins die Leistung der Schulddrüse zu steigern.

Ursachen

1. Jodmangel (Süddeutschland ist Jodmangelgebiet!)
2. familiärer Faktor
3. Schilddrüsenentzündung

Zeichen

(müssen nicht zwangsläufig vorhanden sein!)

1. Wachstumskurve im unteren Drittel
2. leichte Entwicklungsverzögerung
3. trockene Haut
4. erhöhtes Schlafbedürfnis
5. Verstopfung

6. Lern- und Aufmerksamkeitsschwäche
7. Verschiebung der Blutfettkörper: Abfall von HDL, Anstieg von LDL – begünstigt die Ausbildung einer Arteriosklerose

Behandlung

Sind die Zeichen der Unterfunktion nur schwach ausgeprägt, genügt eine Behandlung mit Kaliumjodid, 100–300 µg/Tag oral. Bei stärker ausgeprägten Zeichen sind niedrige Dosen von gentechnologisch hergestelltem Schilddrüsenhormon, ohne oder mit Jodid, über zwei Jahre hinweg täglich nötig, stets vor der ersten Mahlzeit morgens. Nebenwirkungen treten nicht auf, da mit einem Stoff behandelt wird, der ohnehin im Körper vorhanden ist. Der Lebensstil braucht nicht verändert zu werden. In die Ernährung sollen jodreiche Lebensmittel (Seefisch, jodiertes Speisesalz) einbezogen werden.

Überwachung

Die Behandlung muss regelmäßig überwacht werden. Kinder wachsen rasch aus ihrer ursprünglichen Dosis heraus. Alle sechs Monate müssen Körpergröße, Gewicht, Blutdruck und TSH basal untersucht werden. Nach zwei Jahren kann ein Auslassversuch unternommen werden. Zwei Wochen vor dem Untersuchungstermin wird das Medikament abgesetzt. Werden dann alle Hormonwerte normal gefunden, kann das Medikament ganz fortbleiben. Sicherheitshalber sollen die Schilddrüsenwerte fortan einmal jährlich überprüft werden.

I

Interdisziplinäre Betreuung

(nach dem Leitlinienprotokoll des zentralen adhs-netzes 2012[3])

1. **Verdachtsdiagnose**
   a) Anlass:
      Eltern, Erzieher, Lehrer, Kinder oder Jugendliche sehen Anzeichen, die auf ADHS hinweisen könnten.
   b) Maßnahmen:
      Gespräch, ADHS-Fragebogen für Eltern, Erzieher, Lehrer, Kinder oder Jugendliche.
      Bei konkreten Hinweisen auf ADHS Untersuchung und Diagnostik durch qualifizierten Untersucher, in der Regel der Kinderarzt.

3 http://www.zentrales-adhs-netz.de/uploads/media/Fehlinformationen_der_Presse_zur_ADHS_Mrz_01.pdf (Zugriff am 19.06.2017)

2. **Diagnostik**
   a) Medizinische Untersuchung:
      Körperliche und neurologische Untersuchung
      Blutuntersuchung
      EKG
      EEG*
   b) Psychologische Untersuchung:
      Zerebrale Risikofaktoren
      Meilensteine der Entwicklung
      Familien- und biografische Anamnese
      Aufmerksamkeit
      Begabung (IQ)
      Wahrnehmung*
      Lese-Rechtschreib-Fähigkeit*
      Rechenfähigkeit*
3. **Behandlung**
   a) Beratung, Psychoedukation und Schulung von Bezugspersonen und Patient
   b) Langzeitbegleitung
   c) Verhaltenstherapeutische Intervention
      Gruppentraining für Eltern
      Gruppentraining für Erwachsene mit Aufmerksamkeitsstörungen
      heilpädagogisch ausgerichtete Entwicklungsförderung nach verhaltenstherapeutischen Gesichtspunkten
   d) Kontrollierte medikamentöse Langzeittherapie (Neurotransmitterersatz)
4. **Beteiligte Berufsgruppen:**
   – Die einzelnen diagnostischen und therapeutischen Hilfeleistungen können von verschiedenen Berufsgruppen aus dem Gesundheits-, Jugendhilfe- und Schulsystem erbracht werden.
   – Voraussetzung ist, dass die Fachkraft die entsprechenden gesetzlichen Vorlagen erfüllt und über die nötige Kompetenz verfügt.
   – Um eine einheitliche Linie zu wahren, um Doppelmaßnahmen und Verzettelungen zu verhindern und, um Über- oder Unterforderung des Kindes zu vermeiden, behält der betreuende Kinder- und Jugendarzt die Führung bei den einzelnen diagnostischen und therapeutischen Schritten. Regelmäßige Kontakte zwischen den beteiligten Fachkräften sind unerlässlich.

* = fakultativ bei Verdachtszeichen

- Einzelne Leistungen können von folgenden Berufsgruppen erbracht werden:
- Kinder- und Jugendärzte, Kinder- und Jugendpsychiater, Kinder- und Jugendpsychotherapeuten, Fachärzten für Neurologie, Psychiatrie, Psychotherapie, psychosomatische Medizin und Allgemeinmedizin, Diplompädagogen, Diplompsychologen, Diplom-Heil-/Sonder-/Sozialpädagogen, Ergotherapeuten, Motopäden, Logopäden, Lehrer und Erzieher.

Iss Dich glücklich!

Schokolade und Glück

Die Menschen greifen gern nach Nudeln, Weißbrot, Kuchen oder Schokolade. Sie spüren, dass sie sich danach kurzfristig besser fühlen als vorher. Wie kommt das?

Die Antwort lautet: Das *Serotonin* ist schuld! Serotonin ist ein Botenstoff, der auch »Glückshormon« genannt wird. Beim Verzehr von süßen und kohlenhydratreichen Lebensmitteln, vor allem von Schokolade, wird Serotonin im Gehirn freigesetzt. Ein hoher Serotoninspiegel erzeugt das Gefühl von Glück und Zufriedenheit.

Doch, Hand aufs Herz, Du hast bestimmt noch keinen Menschen getroffen, der durch Schokolade, Gummibärchen oder Nudeln allein zum Glückskind geworden ist. Zum Glück gehört offenbar mehr. Sicher ist jedoch, dass unser Denken und Fühlen eng mit unserer Ernährung zusammenhängen.

Schlechte Konzentration durch Fehlernährung

Ein Mangel an Jod, Folsäure, Zink, Magnesium, Eisen und an den Vitaminen B_2, B_6 und B_{12} verschlechtert Aufmerksamkeit und Ausdauer. Die gleiche Wirkung hat ein Überschuss von Phosphat in der Nahrung. Phosphat ist vor allem in konservierten Lebensmitteln, in Fertigprodukten und in Limonaden (z. B. Cola, Red Bull®) enthalten.

Süßigkeiten machen aggressiv

Süßigkeiten, regelmäßig über längere Zeit genossen, machen verzagt, unruhig und angriffslustig. Woran liegt das?

Das Gehirn macht am Gesamtgewicht unseres Körpers nur 3 % aus. Es benötigt aber 25 % aller Nährstoffe, die wir täglich aufnehmen. Das Gehirn verwendet für seinen Stoffwechsel ausschließlich komplexe Kohlenhydrate. Vollkornbrot, Vollkornreis, Vollkornnudeln, Haferflocken, Obst und Gemüse liefern diese komplexen Kohlenhydrate. Gleichzeitig aber sind Vollkornprodukte reich an Mineralstoffen wie Calcium, Kalium und Magnesium und an B-Vitaminen. Diese Mineralstoffe und Vitamine spielen bei der Aufspaltung und Umwandlung der Kohlenhydrate und anderer Nährstoffe eine wichtige Rolle.

Süßigkeiten enthalten nur einfache Kohlenhydrate. Wir nennen sie daher auch »leere Kohlenhydrate«. Sie führen dem Körper keine Mineralstoffe und keine Vitamine zu. Im Gegenteil: Der Körper verbraucht Mineralstoffe und Vitamine, um die leeren Kohlenhydrate zu verwerten! Diese Mineralstoffe und Vitamine stehen dann dem Gehirn nicht mehr zur Verfügung. Süßigkeiten sind Mineralstoff- und Vitaminräuber!

Rasches Denken durch gute Ernährung

Jede Nervenfaser ist von einer Schutz- und Nährschicht, der Markscheide oder Myelinscheide, umgeben. Die Markscheide saugt Nährstoffe aus der Blutbahn an und gibt sie an die Nervenzelle weiter. Die Saugkraft der Myelinscheide ist umso größer, je mehr ihr Fettsäuren und Vitamine zugeführt werden.

Ungesättigte Fettsäuren (Omega-3- und Omega-6-Fettsäuren) stecken im Seefisch und in kaltgepressten Ölen von Oliven, Nüssen und Getreidekörnern. Die Vitamine A, B, C und E nehmen wir mit Obst und Gemüse auf. Ein Mangel an diesen Stoffen trocknet die Myelinscheide aus. Die Nervenzelle wird nur noch mangelhaft mit Nährstoffen versorgt. Sie arbeitet nur noch mit halber Kraft. Mühsam und langsam quälen sich die Gedanken von Zelle zu Zelle!

J

Jagen und Potenz

Wenn Männer Wildtiere jagen, klettern ihre Testosteron- und Kortisolwerte im Blut nach oben. Der Anthropologe Ben Trumble hat das an bolivianischen Indios überprüft (Trumble 2014).

Der Hormonschub

- erhöht ihre Ausdauer,
- verlängert ihre Wachheit
- und steigert ihr Sexualverhalten.

> **Merke**
> Wer viele Wildschweine erlegt, hat viele Kinder!

Zwei Umstände regen den Hormonschub an:

1. Die Heimkehr mit Fleisch und das Vorzeigen der Beute
2. Das Bestreben, Vorräte einzubringen zur Versorgung von Familie und Sippe

Demnach ist der Hormonschub des Jägers weniger wichtig für das eigene Ego oder für sein Rivalitätsverhalten, sondern vielmehr für die Versorgung der Gemeinschaft.

Es wird vermutet, dass die besondere Persönlichkeitsstruktur des Menschen mit ADHS der des erfolgreichen Jägers in der Frühzeit der Menschheitsentwicklung entspricht. Die anthropologischen Forschungen von Ben Trumple erklären die Hilfsbereitschaft und den Fortpflanzungserfolg des erfolgreichen Jägers (Hill und Hurtado 1996).

Die Menschheit des 21. Jahrhunderts ist eine Gesellschaft von Bauern, Handwerkern, Angestellten, Beamten und Akademikern. In dieser Gesellschaft hat der Mensch mit ADHS keine Gelegenheit, Wildschweine zu jagen. Er besitzt aber nach wie vor die Fähigkeiten und die Potenz des erfolgreichen Jägers. Er besitzt sie nur leider zur falschen Zeit – und damit sind die Konflikte vorprogrammiert!

K

Kaugummi und Aufmerksamkeit

Bei einer Studie mit 80 Personen, Kinder und Erwachsene, wurde nachgewiesen, dass die Stoffwechselaktivität des Stirnhirns schon nach wenigen Zehntelsekunden Kaugummikauen angeregt wird. Ein erhöhter Stoffwechsel bedeutet mehr Aufmerksamkeit und besseres Denken. Die Wirkung lässt allerdings eine Minute nach Ende der Kaubewegung wieder nach.

Die Forscher vermuten, dass nicht der Kaugummi, sondern die Bewegung des Kiefers die Ursache für die Anregung des Stoffwechsels im Stirnhirn verantwortlich ist (Lehrl 1999). Das ist verständlich, findet doch die Kieferbewegung in unmittelbarer Nähe des Stirnhirns statt.

Der Autofahrer, der kurz vor dem Ziel müde wird, sollte eine Pause einlegen. Ist er aber in Zeitnot, kann der Kaugummi kurzfristig eine Hilfe ein.

Läßt die Aufmerksamkeit bei der Hausaufgabenarbeit des Kindes nach, müssen aber die Aufgaben unbedingt noch heute erledigt werden, kann

Kaugummi helfen. In der Schule sollte Kaugummi aus hygienischen Gründen nicht eingesetzt werden.

Bedingung für den Schüler ist, dass der Kaugummi nach 20 Minuten in den Mülleimer geworfen und nicht unter den Stuhl geklebt wird.

Verwenden Sie ausschließlich einen zuckerfreien Kaugummi. Das Produkt sollte Xylit oder Xylitol enthalten. Xylit ist Birkenholzzucker, der eine geringe Süßkraft besitzt, aber als fünfwertiger Zucker nicht vom menschlichen Organismus resorbiert werden kann. Xylit ist zahnschonend und hemmt das Wachstum von Viren und Bakterien.

Kindergarten: Hilfen für das unruhige Kind

Regeln und Rituale

Kleinkinder werden schnell unruhig, wenn im üblichen Tageslauf Abweichungen eintreten. Das gilt erst recht für Kinder, die schon von klein auf besonders lebhaft sind. Sie werden hektisch, vielleicht sogar aggressiv bei Ereignissen, die den Erwachsenen als Kleinigkeiten erscheinen:

- Wenn die Eltern am Wochenende länger im Bett bleiben,
- wenn am Wochenende das Fernsehgerät stundenlang eingeschaltet bleibt,
- wenn Besuch kommt,
- wenn die Familie verreist,
- wenn sich die Essens- und Ruhezeiten ändern,
- wenn die Bezugspersonen wechseln,
- wenn es Streit zwischen Mutter und Vater gibt,
- wenn Mutter und Vater unterschiedliche Anweisungen geben,
- wenn das Kind zum Kinderarzt gehen muss.

Kinder haben ein ungemein starkes Bedürfnis nach Sicherheit. Und diese Sicherheit erhalten sie durch Regeln und Rituale. Ereignisse, die Tag für Tag wiederkehren, beruhigen ungemein und helfen dem Kind, sich im Alltag zurechtzufinden. Das beginnt schon im ersten Lebensjahr: Das Kind ist hochzufrieden, wenn es von Montag bis Sonntag Karottenbrei bekommt. Es braucht nicht die Abwechslung im Speiseplan, die Erwachsene so sehr schätzen. Eingefahrene Rituale sollen daher nur ausnahmsweise geändert werden. Werden sie eisern beibehalten, hat das Kind Festpunkte, an denen es sich orientieren kann. Und nur wiederholte Abläufe prägen sich ein!

Reizüberflutung

Schrille Farben an Boden und Wänden, aufregende Motive auf Tapeten, Vorhängen und Bildern, Lärm, Hintergrundmusik, Fernsehsendungen und überreichlich Spielzeug verwirren und beunruhigen das Kind. Weiche Grün- und Blautöne schaffen Ruhe.

Trödelzeit

Unruhige Kinder schaukeln sich gerne auf, auch im Spiel. Sie brauchen daher mehr als andere Kinder kleine Verschnauf- und Beruhigungspausen.

Austoben

Die meisten Kinder zwischen drei und sechs Jahren sind bewegungsfreudig. Dieser Bewegungsdrang ist beim unruhigen Kind noch einen Tick stärker ausgeprägt. Auch im Kindergarten soll sich das Kind austoben können. Hierfür haben sich bewährt: Sprossenwand, Rutsche, Kletterseil, Schaukel, Kriechtunnel, Spielhaus, Wippe und Schwebebalken.

Spiele mit beruhigender Wirkung

Schaukeln in der Hängematte, Wasser, Knetmasse, Seifenblasen, Kugelbahn, Einfädeln, Fingerfarben, Rasierschaum, Hautcreme, Zerreißen alter Telefonbücher oder Kataloge, Tastsäckchen und Massagen mit Händen, Federn, Frotteetuch oder Igelball sind geeignete Spiele. Das Schmusetuch oder der Teddybär sollten immer greifbar sein. Unruhige Kinder vertragen es nicht, wenn sie eine Aufgabe schnell erledigen sollen. Sie sind aber selbst sehr schnell: Ruckzuck ist die Tube mit Zahnpasta leer gedrückt und auf der Wand verteilt!

Erzieherische Besonderheiten

Ist das Kind unruhig, schwer zu bändigen, unordentlich, unfolgsam oder trotzig, so bedeutet das keinesfalls, dass der Erzieher versagt hat. Es bedeutet auch nicht, dass der kleine Chaot den Erzieher bewusst ärgern will. Sein Verhalten ist vielmehr Ausdruck seines überstarken inneren Antriebs. Das Kind kann gar nicht anders handeln. Seine Frechheiten und Streiche richten sich nicht gegen die Person des Erziehers, sondern gegen Grenzen und Ordnungen, die es noch nicht angenommen hat. Seine Worte und Handlungen sollen daher auch nicht als persönliche Verletzung angesehen werden. Das gleiche Kind kann in einer anderen Stunde herzerfrischend, fantasievoll und liebenswürdig sein. Der Umgang mit solchen Kindern ist ungemein spannend und voller Überraschungen.

Die magischen Gs

Das unruhige Kind braucht die magischen drei Gs:

1. So viel *G*leichmäßigkeit wie möglich
2. So viel *G*eduld wie möglich
3. So viel *G*elassenheit wie möglich

Konsequenz

Das Verhalten von Eltern und Erziehern muss für das Kind immer vorhersehbar und einschätzbar sein. Beispiel: Ist die Spielzeit zu Ende, wird aufgeräumt. Das ist Tag für Tag das gleiche Ritual, es gibt keine Ausnahme. Das bedeutet hartnäckige Konsequenz, auch in Kleinigkeiten. Allerdings sollte man dabei niemals die Ruhe verlieren.

Stimmlage

Will der Erzieher beim unruhigen Kind etwas erreichen, nimmt er den Blickkontakt weg und senkt die Stimmlage. Die hohe Kopfstimme löst meistens Abwehr aus. Die Anweisung wird in knappen, kurzen, stets gleichlautenden Sätzen ausgesprochen, aber nicht mehr als drei Mal wiederholt. Die Aufforderung wird durch einen festen Griff an die Schultern verstärkt. Wird die Anweisung auch nach der dritten Wiederholung nicht befolgt, gibt es eine vorher vereinbarte Konsequenz. Günstig sind die positive Verstärkung und die direkte Bestrafung.

Beruhigungszeit

Das Kind bewegt sich stets auf einer höheren Erregungsstufe als der Erwachsene. Regt sich der Erwachsene auf, weil das Kind dies oder jenes nicht tut oder falsch macht, klettert das Kind sofort eine Erregungsstufe höher. Der Erwachsene regt sich noch mehr auf, weil seine Worte nicht befolgt werden. Inzwischen ist das Kind schon wieder eine Erregungsstufe weiter. Der Erwachsene und das Kind schrauben sich auf diese Weise immer weiter in die Höhe, kommen aber niemals auf eine gemeinsame Plattform. Der Erwachsene schafft es nicht, das Kind in der Erregung einzuholen. Eine Verständigung kann daher in der Erregung nicht gelingen. Jetzt ist eine Beruhigungszeit angesagt. Die Auseinandersetzung wird abgebrochen, eine Pause von 15–20 Minuten mit räumlicher Trennung ist die einzige Möglichkeit, wieder zu einer angemessenen Beziehung zu kommen.

Kinesiologie

Die Methode

Die Kinesiologie wurde 1960 von dem amerikanischen Chiropraktiker George Joseph Goodheart entwickelt. Er nahm an, dass sich Gesundheitsstörungen als Schwäche bestimmter Muskelgruppen ausdrücken. Er folgerte daraus, dass die Muskelschwäche den »Energiefluss« im Körper stört. »Die angewandte Kinesiologie ist ein alternativmedizinisches Verfahren. Sie ist nicht durch naturwissenschaftliche und medizinische Erkenntnisse begründet, ein Wirksamkeitsnachweis existiert nicht.« Die Kinesiologie darf nicht verwechselt werden mit der Kinesiotherapie, die als Bewegungstherapie zahkreiche Verfahren der Physiotherapie zur Wiederherstellung normaler Körperfunktionen und zur Steigerung der Leistungsfähigkeit des Körpers umfaßt (Pschyrembel 2012, S. 265).

Durch kinesiologische Übungen (z. B. »Die liegende Acht«) soll der Energiefluss wiederhergestellt und das Zusammenwirken der beiden Hirnhälften verbessert werden.

In Deutschland werden außer dem Begriff Kinesiologie noch andere Bezeichnungen verwendet:

- Edu-Kinesthetik
- Brain-Gym
- Angewandte Kinesiologie (AK)

Diagnostik

Zur Diagnostik werden einfache manuelle Muskelprüfungen eingesetzt.

Anwendungen

Häufige Anwendung bei:

- Allergien
- Unverträglichkeiten
- Verhaltensstörungen
- Lernstörungen

Beurteilungen

1. Berufsverband Deutscher Psychologen (BDP):
   »Die Annahmen der Kinesiologen über die Hirnfunktion sind wissenschaftlich nicht haltbar. Die versprochene Hilfe bei Lern- und Verhaltensstörungen ist unnütz, teuer und manchmal sogar schädlich. Sie verzögert oft den Zugang zu angemessener Hilfe durch Kinder- und Jugendärzte, Kinder- und Jugendpsychiater und Psychologen.« (Leben und Erziehen (Hrsg.) 1999)
2. »Diagnostik mit Kinesiologie bringt das Risiko mit sich, dass Gesunde krank, Kranke gesund erklärt werden.« (Kajdi 1999)
3. Samac K, Edu-Kinesthetik fördert Schulleistungen nicht. Zusammenfassung bei der Österreichischen Gesellschaft für Forschung und Ent-

wicklng im Bildungswesen 1996.« (Allergie und Asthma aktuell (Hrsg.) 2005)
4. »US-Chiropraktiker führten an 68 Studenten einen Muskeltest durch. Die Trefferquote hinsichtlich Allergien und Unverträglichkeiten entsprach dem Zufallsergebnis.« (Ernst 2005)

Klartext reden – was kann ich tun, damit das Kind meine Anweisungen befolgt?

Ist-Stand

Alle Kinder schalten gerne auf Durchzug, wenn unbequeme oder anstrengende Arbeiten verlangt werden. ADHS-Kinder können das besonders gut. Eltern, Erzieher und Lehrer müssen also erreichen, dass ihre Anweisungen tatsächlich beim Kind ankommen.

Nicht hilfreich

1. Sie rufen ohne Sichtkontakt aus einem anderen Zimmer dem Kind etwas zu.
2. Sie geben allgemeine und unscharfe Wünsche bekannt wie:
   »Sei lieb!« oder »Benimm Dich!« oder »Mach jetzt endlich was!«
3. Sie schimpfen oder schreien, Sie schütteln oder Sie schlagen das Kind.
4. Sie erzählen mit Vorwurf in der Stimme, was Sie selbst alles von früh bis spät im Hause arbeiten müssen und sagen dann: »Da musst Du doch auch etwas tun!«
5. Sie benutzen abwertende Wendungen wie:
   »Dir kann man sagen, was man will, Du tust es ja doch nicht!« oder
   »Du tust immer nur das, wozu Du Lust hast!«

Hilfreich

1. *Klare, kurze* Anweisungen statt langatmiger Erklärungen.
2. *Positive* Wortwahl statt Verbote. Betonen Sie, *wie wichtig* Ihnen die Anweisung ist.

3. *Neutrale, entschlossene* Stimmlage, nicht leise, unsicher, weinerlich, zornig oder mit hoher Stimme sprechen.
4. Gehen Sie *in die Hocke,* um auf gleicher Augenhöhe mit dem Kind zu sprechen.
5. Greifen Sie das Kind *an der Schulter, um* seine Aufmerksamkeit zu erreichen.
6. Verwenden Sie *Ich-Botschaften.*

Beispiele

Falsch ***Unscharfe, wortreiche Aufforderung wie***	**Richtig** ***Kurze, klare Anweisung***
»Schon wieder hängst du Du stundenlang vor dieser dummen Comic-Sendung herum. Mach doch endlich einmal etwas Vernünftiges!«	»Ich möchte, dass Du jetzt den Fernseher ausschaltest!«
»Wie oft habe ich Dir schon gesagt, dass Du Deine kleine Schwester nicht ärgern sollst!«	»Hör sofort auf, Deine Schwester zu ärgern! Geh bitte in Dein Zimmer!«
»Hier sieht es aus, als hätte eine Bombe eingeschlagen. Wenn Du doch endlich einmal Dein Zimmer aufräumen würdest!«	»Ich möchte, dass Du bis heute Abend 18.00 Uhr alle Spielsachen in die Kiste geräumt hast!«
»Lass doch nicht immer alles herumliegen!«	»Häng bitte Deine Jacke auf den Haken und bring den Ranzen in Dein Zimmer!«
»Schrei nicht so laut! Ich höre gut!«	»Sprich bitte leiser!«
»Gestern hast Du den Müll nicht rausgetragen. Heute gibt es schon wieder Theater. Bringst Du denn gar nichts fertig?«	»Max, nimm bitte sofort den Mülleimer in die Hand und leere ihn in die Mülltonne aus!«
Konjunktiv: »Könntest Du ...« »Würdest Du ...?«	»Komm bitte zu Tisch!« »Fang jetzt bitte an!«

Kleinkind mit ADHS

Das *Kind*

- hat tausend Einfälle,
- will früh selbst bestimmen,
- ist erlebnishungrig,
- ist risikofreudig,
- redet viel oder immer,
- gibt laute Geräusche von sich,
- missachtet Gebote, Verbote und Regeln,
- lernt wenig aus Erfahrung,
- ist manchmal auch ängstlich und unsicher.

Die *Eltern*

- sind ständig beschäftigt,
  erklären dauernd und
  reden auf das Kind ein
- mahnen, bitten, betteln,
  schimpfen,
  sind immer wieder überrascht
  oder irritiert und ratlos
- schreien
  schütteln,
  schlagen,
  sind erschöpft, genervt
  oder wütend und häufig
- am Ende ihrer Kraft

Die *Partner oder andere Personen*:

- »Buben sind halt wild!«
- »Ganz der Opa!«
- »Du musst eben besser aufpassen!«
- »Du wolltest ja unbedingt ein Kind!«
- »Du bist viel zu nachgiebig!«
- »Du bist viel zu streng!«
- »So schwer kann das doch nicht sein, dem Kind beizubringen, dass ...«

- »Denk mal an die Nachbarn!«

Das *Kind* ist

- überempfindlich
- stark personenbezogen
- affektlabil

Das *Kind*

tobt am liebsten herum	oder	zeigt große Trennungsängste
hört nicht zu		träumt
bleibt nicht sitzen		wirkt oft wie abwesend
kann nicht abwarten		ist rasch beleidigt
bleibt nicht bei der Sache		weint rasch
malt ungerne		

Folge: Ständig *Kollisionen*

Das *Kind* entwickelt

angepasstes Verhalten	oder	irritierten Rückzug
Beispiel: Fernsehen*		oppositionell-aggressives Verhalten

Beispiel: Fernsehen
Mutter: »Ich habe meinem Sohn beigebracht, dass er nur dann fernsehen darf, wenn er brav ist.«
Sohn (heimlich zum Freund): »Ich habe meine Mutter so weit gebracht, dass ich nur dann brav bin, wenn ich fernsehen darf.«

Das *Kind*

miss-versteht	1/3 aller Aufforderungen
miss-deutet	entsprechend bisheriger Erfahrung
miss-handelt	trödelt, verliert, zerstört

K

Elternreaktionen

Zugewandt	überrascht	harsche Kritik,
	irritiert	schreien, Schläge
	ängstlich	ärgerlich
	hilflos	hilflos
	Strafandrohung	Strafandrohung
	Strafe	Strafe
	Nachgeben	Liebesentzug

Kleinkind: Hilfen für das unruhige Kleinkind

Allgemeine Gesichtspunkte

1. Jedes Kind darf anders sein als andere Kinder – das Kind mit ADHS ist *deutlich* anders als andere Kinder!
2. Das Kind mit ADHS steht unter einem so hohen inneren Antriebsdruck, dass es gar nicht anders kann: Es *muss* unentwegt rennen, klettern, zappeln und lärmen. Es hat keine andere Wahl!
3. Viele wichtige Hirnfunktionen des ADHS-Kindes sind zwar vorhanden, jedoch reifungsverzögert. Das bedeutet, dass sein Verhalten nur begrenzt mit dem Verhalten gleichaltriger Kinder verglichen werden kann.
4. Intelligenz und körperliche Entwicklung des ADHS-Kindes sind *nicht* reifungsverzögert!

Schreien

1. Wenn Ihr Kind jenseits des dritten Monats noch laut und anhaltend schreit, so heißt das keinesfalls: »Mutter, Du kümmerst Dich nicht genug um mich!« Das Schreien ist vielmehr Folge der ungewöhnlich hohen Reizbarkeit Ihres Kindes und daher unvermeidlich!

2. Das anhaltende Schreien ist nur beschränkt beeinflussbar. Immerhin: Die Nähe der geliebten Mutter hilft viel. Das Kinderbett im Elternschlafzimmer senkt die Erregungsbereitschaft.
3. Das ADHS-Kind braucht von Anfang an weniger Schlaf als das Durchschnittskind.
   Die üblichen Angaben zur Schlafdauer gelten für das ADHS-Kind nicht!

Spielen

1. Die Hirnreifungsverzögerung hindert das ADHS-Kind, Erfahrungen aus einem Sinnesgebiet in ein anderes zu übertragen. Das Kind hantiert mit irgendeinem Spielzeug, schaut es aber gar nicht an. Es verbindet also Berührung und Betasten nicht mit dem Sehvorgang (mangelhafte intermodale Umsetzung).
2. Das ADHS-Kleinkind hat Schwierigkeiten, Handlungsabläufe in der richtigen Reihenfolge zu erfassen und nachzuahmen. Es nimmt daher wie ein Säugling Gegenstände immer wieder in die Hand, wirft sie dann aber achtlos wieder weg. Es räumt mit rasender Geschwindigkeit Schubladen aus, weiß aber mit den Dingen darin nichts anzufangen (seriale Störung).
3. Wählen Sie für die Spielförderung möglichst viele Zugangskanäle: Sehen, Hören, Berühren, Tasten, Schmecken, Riechen, Bewegung (multimodale Spielförderung).
4. Hantiert das Kind nur oberflächlich und unbeteiligt mit einem Gegenstand, so führen Sie seine Hand langsam und behutsam über die Kanten und Flächen.
5. Berücksichtigen Sie die geringe Ausdauer des ADHS-Kindes. Bevorzugen Sie Gesellschaftsspiele mit kurzer Spieldauer und geringer Teilnehmerzahl.
6. Das Spiel in der Zweierbeziehung gelingt besser als in der großen Gruppe. Es fördert Ausdauer, Konzentration, Regelbeachtung, Rücksicht und Geduld.
7. Nicht ständig neues und teures Spielzeug, sondern *Anregen und Mitspielen* verhelfen dem unstet und stereotyp spielenden Kind zu einem sinnvollen und beglückenden Spielerlebnis.
8. Im Vorschulalter *hemmen* Videospiele die geistige, sprachliche und soziale Entwicklung!
9. ADHS-Kinder beobachten scharf und denken in Bildern. Das Fernsehprogramm bedient diese Eigenschaften. Sie neigen daher zu wahllosem

Konsum. Läßt man sie gewähren, werden sie schon vor der Einschulung fernsehsüchtig. Viele motorische, soziale und geistige Erfahrungen entgehen ihnen auf diese Weise. Die Fernsehzeit soll daher bis zum 6. Geburtstag nur 10, danach nur 30 Minuten betragen. Immer sollte ein Elternteil anwesend sein.

Soziale Regeln

1. Die soziale Entwicklung des ADHS-Kindes ist bis zu 30 % gegenüber der Altersnorm verzögert. Eigenschaften, die mit der Silbe »*-sicht*« enden, sind nicht altersentsprechend entwickelt. In diesen Bereichen darf kein Verhalten erwartet werden, das gleichaltrigen Kindern entspricht:
   Vor -sicht
   Rück -sicht
   Um -sicht
   Ein -sicht
   Weit -sicht
2. Das ADHS-Kind bringt die Eltern durch sein impulsives, unangepasstes Verhalten häufig in eine peinliche Lage. Das Kind, das die sozialen Regeln aufgrund seiner verzögerten seelischen Reife nicht einhält, schadet sich selbst und seiner Familie. Keine Mutter und kein Vater hören gern, dass sie ihr Kind nicht gut erzogen hätten. Soziale *Regeln* müssen daher wieder und wieder eingeübt werden, ohne dass Verständnis hierfür beim Kind erwartet werden darf.
3. Das ADHS-Kind kann sein eigenes Verhalten nicht richtig einschätzen und steuern. Die Eltern müssen daher rechtzeitig eingreifen, wenn das Spiel aus dem Ruder läuft.
4. Beginnt das Kind bei einem Spiel mit anderen Kindern, bei einer Geburtstagsfeier oder bei Verwandtenbesuch zu kaspern oder zu toben, wird es zu seinem eigenen Schutz sofort aus der Gruppe herausgenommen, auch gegen Widerstand. Läßt man das Kind weiter gewähren, gerät es rasch in den Ruf des »ewigen Störenfrieds«. Dieser Ruf haftet wie Fliegendreck an ihm – vom Kindergarten über die Grundschule bis in die weiterführende Schule!
5. Wutausbrüche werden nicht beachtet. Zureden, Mahnen, Schimpfen oder Schreien sind zwecklose Bemühungen. Das Kind ist während des Ausbruchs nicht ansprechbar!
6. Unmittelbar nach Ende des Ausbruchs darf nicht nachgeharkt werden. Das Kind weiß gar nicht richtig, was eigentlich geschehen ist.

7. Viel später, in einer ruhigen Minute und unter vier Augen, machen Sie dem Kind in knappen und immer gleichlautenden Sätzen klar, was Sache ist. Keine Moralpredigt!
   »Andere Leute mögen es nicht, wenn Du ihnen ins Wort fällst!«
   »Andere Leute mögen es nicht, wenn Du sie betatscht!«
   »Andere Kinder werden nicht mehr mit Dir spielen, wenn Du ihnen die Spielsachen wegnimmst!«
   »Andere Kinder wollen nicht mit Dir spielen, wenn Du sie haust!«

Ordnung

1. Das Kind soll frühzeitig an Ordnung herangeführt werden. Beginnen Sie am *2. Geburtstag.*
2. Mit elterlicher Hilfe wird regelmäßig aufgeräumt. Nicht Sie alleine räumen auf!
3. Leistet das Kind beim Aufräumen einen guten Beitrag, ist das sofortige Lob ganz wichtig!
4. Knappe und klare Anweisungen erleichtern die Mitwirkung des Kindes.
   – Falsch:
     »Räum endlich einmal auf!«
     »Immer muss ich dich mahnen!«
   – Richtig:
     »Ich will, dass Du bis zum Abendessen den Schrank (oder den Schreibtisch oder die Fensterecke) aufräumst!«
5. Vertrauen ist gut, Kontrolle ist besser!
6. Ihr *Vorbild* ist wichtig. Verlangen Sie nur so viel Ordnung, wie Sie selbst aufbringen können!
7. Hat man nicht am 2. Geburtstag mit der Ordnungserziehung begonnen, sondern erst zwei oder drei Jahre später, dann setzen Sie zunächst die Maßnahmen ein, die einem *zweijährigen* Kind angemessen sind. Steigern Sie dann die Ansprüche in kleinen Stufen.

Konsequenz

Merke
Konsequenz wirkt nur …

- wenn das Kind einen *zeitlichen* Zusammenhang zu seinem Verhalten erkennt;
- wenn die Konsequenz *regelmäßig* (das heißt: Immer)
- und wenn die Konsequenz *regelhaft* (das heißt: Immer gleich) auf ein bestimmtes Verhalten folgt.

Kontrollverlust

Ausgangslage

»Wenn Ihr mir Grenzen setzt, bricht bei mir der Vulkan aus!« – klassische Äußerung einer jungen Frau mit hyperkinetischem Syndrom, dem Aufmerksamkeitsdefizitsyndrom mit Hyperaktivität (ADHS).

Die Impulssteuerungsschwäche mit Kontrollverlust ist eines der Kernsymptome des ADHS. Hierzu gehören eine ungenügende Kontrolle des inneren Antriebs, Distanzlosigkeit, Kritikschwäche und die mangelhafte Fähigkeit, aus Fehlern zu lernen. Der betroffene Mensch kann sich selbst und seine Wirkung auf andere nicht richtig einschätzen. Es fehlt ihm der *Rückspiegel*, mit dem soziales Verhalten überwacht wird. Die innere Zensur fällt aus, der Mensch rutscht mit seinen Gefühlen in den Hyperfokus, empfindet nur noch Wut und Trauer. Bei mildem Verlauf wechselt er unvermittelt das Thema. Im härteren Fall brechen Ärger und Wut aus den tiefen Schichten des Althirns mit Urgewalt ins Großhirn ein. Er rastet aus, wird aggressiv und feuert ungezielte Schnellschüsse ab.

Neurophysiologische Grundlagen

Im Gehirn des Menschen mit ADHS funktionieren Stirnhirn, hintere Zentralwindung und Kleinhirn anders als bei der übrigen Menschheit. Die

Stoffwechselbesonderheit des Stirnhirns führt zu Schwächen bei der Steuerung von Aufmerksamkeit, Planung, Verantwortung, Pflichtgefühl und Gefühlswelt. Die Gefühlsregulation bricht zusammen, wenn im Verbindungskanal zwischen dem Ort der Gefühlsentstehung, dem limbischen System, und dem Stirnhirn die Schleusen fehlen. Der betroffene Mensch handelt stürmischer als der nichtbetroffene Mensch. In seiner Erregung nimmt er die Realität entweder gar nicht oder nur durch einen Nebel wahr.

Hilfreich für den Betroffenen

1. Fenster öffnen, tief durchatmen. Damit gelangt mehr Sauerstoff ins Gehirn. Das erleichtert die Rückgewinnung der Kontrolle über die Gefühle.
2. Sich selbst die Stopp-Karte zeigen und sich die drei Zauberworte vorsprechen:
   Stopp – denken – handeln.
3. Notfallbeutel: Er enthält zwei Kieselsteine oder eine kleine, harte Bürste oder eine Chilischote. Bei überschießender Erregung drücken Sie die Steine oder Bürste fest zusammen oder Sie beißen in die Chilischote.
4. Beruhigungszeit: Verlassen Sie den Raum für mindestens 15 Minuten.
5. Boxsack: Hauen Sie in Ihrem Zorn mit aller Kraft auf den Boxsack ein.
6. Progressive Muskelentspannung nach Jacobson
7. Neurotransmitterersatz

Hilfreich für die Umgebung

1. Auf Motzen nicht eingehen.
2. Wortreiche Beschwichtigungen und Erklärungen bremsen die Erregung nicht, sondern verstärken sie. Versuchen Sie also nicht, »die Sache jetzt klären« zu wollen.
3. Zu Bremssignalen werden eine erhobene und gespreizte Hand, eine tiefe Stimme und ein entschlossener Gesichtsausdruck.
4. Senken Sie die Stimmlage. Sprechen Sie mit tiefer »Bärenstimme« betont langsam und deutlich.
5. Sprechen Sie nur wenige Worte, die am besten mit »Halt!« oder »Stopp!« beginnen. Sie können das »Halt!« oder das »Stopp!« auch auf ein Plakat malen und dieses Plakat bei Bedarf vorzeigen.
6. Schauen Sie Ihrem zornigen Gegenüber nicht starr in die Augen. Wenden Sie den Blick ab. Sehen Sie am Kopf Ihres Gegenübers vorbei mit

dem »Colomboblick«. Sie laufen sonst Gefahr, sich in der negativen Stimmung des anderen zu verhaken und selber negativ zu werden.
7. Keine Vergangenheitsbewältigung wie »Immer willst Du ...«, Nie machst Du ...«, »Ständig hast Du ...«
8. Zur Beruhigungszeit auffordern.
9. Klärungsgegenstand auf einem Zettel festhalten und zu einem späteren, ruhigen Zeitpunkt ansprechen.

Konzentrationstraining

Programme

Etliche meiner kleinen und großen Patienten wurden irgendwann einmal zu einem Konzentrationstraining geschickt. Seit Jahren werden Programme mit recht unterschiedlicher Ausrichtung angeboten. Eine Auswahl:

1. Despina Muth-Seidel, Multimodale Aufmerksamkeits- und Gedächtnistrainings für Kinder von 4–10 Jahren, 2. Auflage 2012, Verlag Modernes Lernen, 40,- Euro
2. Lumosity-Programm
3. Konzentrationstraining nach Prof. Schlottke, Stuttgart und Tübingen
4. Marburger Konzentrationstraining (MKT) nach Krowatschek et al. für Kindergarten, Schulkinder und Jugendliche, Verlag Modernes Lernen, jeweils Bestseller, jeweils 40,- Euro
5. Konzentrationstraining der Pädagogisch-Therapeutischen Einrichtung (PTE)
6. Konzentrationstraining mittels Kinesiologie
7. ›Alm statt Ritalin‹ nach dem Göttinger Neurobiologen Prof. Dr. Gerald Hüther: Zwei Monate harter Arbeit auf einer südtiroler Berghütte in 2 400 m Höhe.

Erfolge

Die Erfolge waren durchweg schwach, welches Programm auch immer eingesetzt wurde. In keinem Falle konnte ich mithilfe einer altersüblichen Aufmerksamkeitsbelastung eine Verbesserung der Konzentrationsleistung messen.

Dies ist meine persönliche Erkenntnis. Der aktuelle Forschungsstand bestätigt (leider) meine Erfahrung! In einer Studie mit über 11 000 Teilnehmern trainierte die eine Gruppe Aufmerksamkeit, die andere Logik, die dritte gar nichts. Gab man anschließend den Teilnehmern eine neue, fremde Aufgabe, zum Beispiel ein Gedächtnisspiel, schnitten alle drei Gruppen gleich gut bzw. gleich schlecht ab (Owen 2010).

Das ADHS-Kind lernt, was es lernt. Es lernt durch Wiederholung, wie man schnell aus einem Labyrinth den Ausgang findet. Das verbessert leider seine Aufmerksamkeit für andere Aufgaben überhaupt nicht. Daher leiden alle Trainingsprogramme unter der Schwäche, dass ihnen nicht gelingt, den Lernstoff aus den Kursen *in den Alltag* in der Schule und bei den Hausaufgaben zu übertragen.

Hilfreich

Um die Lernschwächen der aufmerksamkeitsschwachen Kinder aufzufangen, haben sich nur fünf Maßnahmen als brauchbar erwiesen:

1. Das Elterntraining
2. Leitlinien, Lernhilfen, Fahrpläne
3. Neurotransmitterersatz
4. Trainingsprogramm Nitro nach Liesa Maier, Universität Konstanz, kann als App installiert werden (z. B. im App Store oder Google Play Store verfügbar)
5. Konzentration in der Schule (KIDS), ein Programm zur Hausaufgabenbetreuung in der offenen Ganztagsschule nach Hanisch und Döpfner. Das Programm ist nur bei der Hausaufgaben*fremd*betreuung und nur bei ruhigem Umfeld einigermaßen wirksam!

Kreislaufstörung

Symptome

Die funktionelle Kreislaufstörung ist ein Symptomenkomplex, der im Zusammenhang mit Bewegungsmangel, Fehlernährung und psychosomatischen Beschwerden bei Kindern und Jugendlichen in der Präpubertät und

Pubertät immer häufiger beobachtet wird. Organische Ursachen werden keine gefunden. Eltern von ADHS-Kindern neigen dazu, die Symptome der Kreislaufstörung dem ADHS zuzuordnen. Kreislaufstörungen treten jedoch bei ADHS-Kindern nicht öfters auf als bei anderen Kindern.

Charakteristisch sind Müdigkeit, Lustlosigkeit, Misslaunigkeit und Blässe am Morgen, große Munterkeit am Abend und gelegentlich anfallsartig Schwindel, Kopfschmerzen, schwarz werden vor den Augen und Ohnmacht.

Behandlung

Vor dem Aufstehen isometrische Spannungsübungen:

1. Die Finger beider Hände werden ineinander verhakt und 5 Mal kräftig auseinandergezogen.
2. Auf dem Rücken liegend Rad fahren, 5 × 10 Umdrehungen.
3. Finger verhaken und Rad fahren gleichzeitig, 5 × 10 Umdrehungen.

Nach dem Aufstehen:

1. Freiübungen am offen Fenster
   - Arm kreiseln
   - Rumpfbeuge vorwärts
   - Aus Rückenlage zum Sitzen aufrichten
   - Rumpf kreiseln
   - Liegestütz
   - Kniebeuge
   - Schnelles Gehen im Stand
2. kalte Dusche
3. Zum Frühstück Kaffee oder grünen oder schwarzen Tee in einer Menge, die dem Alter angepasst ist.
4. Während des übrigen Tages reichlich Bewegung, nach Möglichkeit im Freien: Langlauf, Waldlauf, Wandern, Klettern, Schwimmen, Ballspiele, Radfahren, Rollschuhlauf

Kurkliniken mit der Indikation ADHS, Auswahl

1. **Bad Bramstedt**
   Schoen-Klinik, Birkenweg 10, 24576 Bad Bramstedt
   Behandlung von Erwachsenen mit ADHS
2. **Bevensen,** Lüneburger Heide
   Kurklinik Am Klaubusch 21, 29549 Bad Bevensen,
   Tel.: 05821-9600
3. **Berchtesgaden**, Oberbayern
   Klinik Schönsicht, Oberkälberstein 1–13, 83471 Berchtesgaden,
   Tel.: 08652-60040
4. **Dürmentingen**, Schwäbische Alb
   Klinik Schwabenland, Bussenstr. 46, 88525 Dürmentingen,
   Tel.: 07371-95920, Fax 07371-9592250, Klinik.Schwabenland@kur.org
5. **Feldberg**, Schwarzwald
   Caritashaus Feldberg GmbH, Passhöhe 5, 79868 Feldberg,
   Tel.: 07676-0300, Fax 07676-930605
6. **Gailingen**, Hochrhein
   Hegauer Jugendwerk GmbH, Neurologisches Krankenhaus und Rehabilitationszentrum, Kapellenstr. 31, 78262 Gailingen,
   Tel.: 07734-9390, Fax 07734-939277, info@hegau-jugendwerk.de
7. **Gaißach**, Oberbayern
   Rehabilitationszentrum,
   Tel.: 08041-798249, www.rehazentrum-gaissach.de,
8. **Hirschegg**, Kleinwalsertal
   Hochgebirgskindersanatorium, Oberseitestr. 31, 87568 Hirschegg,
   Tel.: 08329-5218, Fax 08329-52182
9. **Kandertal**, Schwarzwald
   Rehaklinik Kandertal, Malsburg-Marzell,
   Tel.: 07626-902200
10. **Murnau**, Oberbayern
    Kurklinik Hochried, 82418 Murnau am Staffelsee,
    Tel.: 08841474201, Fax 08841-474111
11. **Neuharlingersiel**, Nordsee
    Rehaklinik Neuharlingersiel, 26427 Neuharlingersiel,
    Tel.: 04974-9160, Fax 04974-788
12. **Saulgau**, Oberschwaben
    Haus Schönes Moos, Am schönen Moos 9, 88348 Bad Saulgau,
    Tel.: 07581-507275, Fax 07581-507211

13. **Wangen**, Allgäu
Fachkliniken Wangen, Am Vogelherd 14, 88239 Wangen,
Tel.: 07522-7971211, Fax 07522-7971119

Kurzzeitspeicher

Der Kurzzeitspeicher des Gehirns ist das Bindeglied zwischen dem

- Ultrakurzzeitspeicher (= Wahrnehmungsspeicher)
- und dem Langzeitgedächtnis.

Er ist durch je einen hochdurchlässigen Filter vom Wahrnehmungsspeicher und vom Langzeitgedächtnis getrennt.

Der Mensch kann fünf bis sechs verschiedene Nachrichten gleichzeitig in seinen Kurzzeitspeicher aufnehmen.

Der Mensch mit ADHS kann

- in seinen visuellen Kurzzeitspeicher *nur vier bis fünf,*
- in seinen akustischen Kurzzeitspeicher *nur drei bis vier*

Nachrichten gleichzeitig aufnehmen.

Vereinfacht ausgedrückt: Der Mensch mit ADHS hat *ein bis zwei Schubladen weniger* in seinem Kurzzeitgedächtnis als der Durchschnittsmensch.

Das bedeutet: Der Mensch mit ADHS kann sich umfangreiche und zusammengesetzte Nachrichten schlechter merken als der Durchschnittsmensch.

Merke
Biete dem ADHS-Menschen niemals mehr als *drei bis vier* Informationen gleichzeitig an!

L

Lebenslauf

- starke Symptome in der Kleinkind- und frühen Schulzeit
- leichte Beruhigung in der Präpubertät
- meist massive Zuspitzung in der Pubertät
- Nachreifung gegen den 20. Geburtstag

Lebensmittelzusatzstoffe

Wozu Zusatzstoffe?

Zusatzstoffe werden Lebensmitteln zugefügt, um sie haltbar zu machen oder zu färben. Andere Zusatzstoffe sollen den Geschmack verstärken oder die Konsistenz verbessern (Emulgatoren). Die Zusatzstoffe sind mit

E-Nummern gekennzeichnet. Auf der Verpackung des Lebensmittels muss die Nummer nicht angegeben werden. Es reicht der Name des Zusatzstoffs. Beispiel: Riboflavin = Vitamin B_2.

Konservierungsstoffe

- Sorbinsäure und deren Verbindungen
- pHB-Ester und deren Verbindungen
- Propionsäure E 280, Natriumpropionat E 281, Calciumpropionat E 282
- Benzoesäure und deren Verbindungen, vor allem Natriumbenzoat E 211.
- Phosphorsäure E 750 und deren Verbindungen
  Natriumbenzoat und/oder Phosphorsäure stecken in allen Fertigprodukten, Süßigkeiten, Cola-Getränken und anderen Limonaden.

Farbstoffe

Farbstoffe machen Süßes knallbunt:

- Allurarot E 129
- Amaranth E 123
- Brillantschwarz BN E 151
- Carmoisin/Azorubin E 122
- Chinolingelb E 104
- Chlorophyll A und B
- Cochenillerot (Ponceau 4 R) E 124
- Curcumin
- Echtes Karmin
- Erythrosin
- Gelborange S E 110
- Indihotin
- Lactoflavin
- Quinoningelb E 104
- Patentblau
- Riboflavin (Vitamin B_3)
- Tartrazin E 102

Pseudoallergische Reaktionen

Die künstlichen Helfer können Reaktionen wie Nesselsucht, Bindehautentzündung, Schnupfen oder Asthma auslösen. Die Reaktionen werden »pseudoallergisch« genannt, weil sie wie eine Allergie wirken. Im Gegensatz zur Allergie treten sie aber bereits beim ersten Kontakt mit dem Fremdstoff auf, benötigen also keinen Vorkontakt wie die echte Allergie.

Gewichtsregulierung

Zusatzstoffe stehen im Verdacht, das körpereigene System zur Gewichtsregulierung zu stören. Sie können dem Gehirn einen Mangel vortäuschen und Hunger hervorrufen, obwohl genügend Vorrat vorhanden ist.

Hyperaktivität

In einer englischen Studie wurde 2007 der Verdacht ausgesprochen, dass Natriumbenzoat und künstliche Lebensmittelfarbstoffe bei Kindern zu Hyperaktivität führen. Die Europäische Lebensmittelsicherheitsbehörde EFSA verneint einen solchen Zusammenhang.

Kennzeichnungspflicht

Seit dem 20.06.2010 gilt der Beschluss der Europäischen Union, dass bestimmte Zusatzstoffe in Lebensmitteln mit folgendem Text gekennzeichnet werden müssen: »*Kann die Aufmerksamkeit und Konzentration bei Kindern beeinträchtigen*«

Betroffen sind die Farbstoffe:

- Tartrazin E 102
- Chinolingelb E 104
- Gelborange S (Sunset Yellow) E 110
- Azorubin E 122
- Cochenillerot E 124
- Erythrosin E 127
- Allurarot E 129

Diese Farbstoffe sind vor allem in Erfrischungsgetränken, Süßwaren, Speiseeis und feinen Backwaren enthalten.

Das Gleiche gilt für die Konservierungsstoffe:

- Propionsäure E 280
- Natriumpropionat E 281
- Calciumpropionat E 282
- Kaliumpropionat E 283

Praxistipp
Lebensmittelzusatzstoffe sollen bei allen Kindern möglichst vermieden werden. Bei Kindern mit Aufmerksamkeitsstörung können sich die oben aufgeführten Konservierungs- und Farbstoffe besonders ungünstig auswirken.

Lernen mit ADHS

Neurophysiologische Grundlagen

Das menschliche Gehirn besitzt in Gestalt der Formatio reticularis ein zentrales Regelsystem, welches Erregungen sowie vegetative und motorische Abläufe steuert und die Großhirnrinde mit Informationen versorgt. Die Formatio reticularis hält das Gehirn auf »Betriebstemperatur«. Sie wird daher auch als »Betriebssystem des Gehirns« bezeichnet. Das Betriebssystem schafft eine leistungsangepasste Hirnaktivität (Vigilanz).

Bei MRT-Untersuchungen stellte sich heraus, dass bei Menschen mit ADHS das Betriebssystem in der Formatio reticularis *unterstimuliert* ist. Erst ADHS-typische Schlüsselreize aktivieren das Betriebssystem.

ADHS-typische Schlüsselreize

- hohes Autonomiebedürfnis (»Ich kann das alleine!« »Ich will selbst bestimmen!«)

- starker Drang nach Anerkennung durch die Gruppe
- will immer Erster, Bester, Gewinner, Sieger sein
- Helfer-Syndrom, »Retter in der Not«
- ungewöhnlich starker Gerechtigkeitssinn
- ausgeprägter Trieb zum Forschen und Entdecken
- sucht besondere Herausforderungen, Risikoverhalten
- Neigung zur Grenzüberschreitung

ADHS-typischer Arbeitsablauf

1. Voraktivierung des Betriebssystems durch einen ADHS-typischen Schlüsselreiz
   - schneller Anstieg der Aktivität
   - geringe Daueraktivität vor allem im unteren und mittleren Anforderungsbereich
   - mehr oder weniger rascher Abfall der Aktivierung
2. Defizite bei fehlendem Schlüsselreiz:
   - fehlende Voraktivierung
   - Starthemmung
   - schwache Aktivierung der Hirnleistung
   - rascher Abfall der Aktivierung
   - schnelle Verschiebung der Aufmerksamkeit
   - Fokussierung auf Ersatzziele

Wirksame Lernförderung für ADHS-Kinder

1. direkte Instruktion, kleine Schritte, viele Wiederholungen
2. sinnvolle Kategorisierung neuer Informationen
3. einschleifendes Üben, Wiederholungen (viel mehr als beim Durchschnitt!), Automatisierung. Automatisierte Vorgänge brauchen nur 1/10 der Energie nicht automatisierter Abläufe!
4. Lernstrategien, Planung
5. Voraktivierung
6. Holzwege vermeiden

Lernhilfen für ADHS-Kinder

1. Das Gehirn braucht Traubenzucker (Glukose) als Energiespender. Das darf jedoch nicht als Ausrede für einen erhöhten Verzehr von Süßigkeiten dienen. Jedenfalls: Ohne Zucker kann das Gehirn nicht denken. Daher *keine Schule ohne Frühstück!* Zum Frühstück nur komplexe Kohlenhydrate (z. B. Müsli, Brot, Joghurt, Apfel, Banane).
2. Feste Hausaufgabenzeit vereinbaren, am besten 30 Minuten nach dem Mittagessen.
   Dann und *nur dann* wird gelernt – dann aber immer!
3. Nicht diskutieren, *ob* gearbeitet, sondern nur *wann* und *wie lange* gearbeitet wird!
4. Auf Motzen und Verweigerung nicht eingehen.
5. Zuerst werden die vorgeschriebenen Hausaufgaben erledigt,
   erst danach wird geübt.
6. Zusätzliches Üben *vor Beginn* der Hausaufgaben vereinbaren.
7. Übungszeit auf 15 Minuten beschränken, die kurze Zeit *ankündigen!*
8. Nach der Lernzeit braucht das Gehirn 30 Minuten Pause, um den Lernstoff zu strukturieren und richtig abzuspeichern. Günstig sind dann Sport und Spiel, nicht aber Fernsehen, Tablet oder Videospiele!
9. *Anwesenheit eines Elternteils* auch bei Kindern in der Realschule oder im Gymnasium.
10. Hausaufgabenheft regelmäßig führen lassen.
11. Eltern müssen sich einen guten Überblick über den Lernstoff verschaffen.
12. Lernstoff auf die wesentlichen Hauptfächer beschränken: z. B. Deutsch und Mathematik.
13. Nebenfächer, wie z. B. Religion oder Textiles Werken, *dürfen ruhig zu kurz* kommen!
14. Kleine *Lerneinheiten.*
15. *Häufige Wiederholungen* (▶ Abb. 1).
16. Der *visuelle Kanal* leistet mehr als der akustische Kanal. Bevorzugen Sie daher bei Übungen in Rechtschreibung oder im Rechnen den visuellen Kanal!
17. Lernwege ohne Schreiben zulassen und fördern. Damit werden die Hemmungen bei der Auge-Hand-Koordination umgangen.
18. Anreize und Belohnungen mithilfe des Punkteplans einsetzen.
19. *Durchhalten* zahlt sich aus!
20. Den *Rückhalt* betonen: »Gemeinsam schaffen wir das!«

Wiederholung ist der Königsweg zum Gedächtnis

Die Grafik veranschaulicht den Lernerfolg durch Wiederholung (▶ Abb. 1).

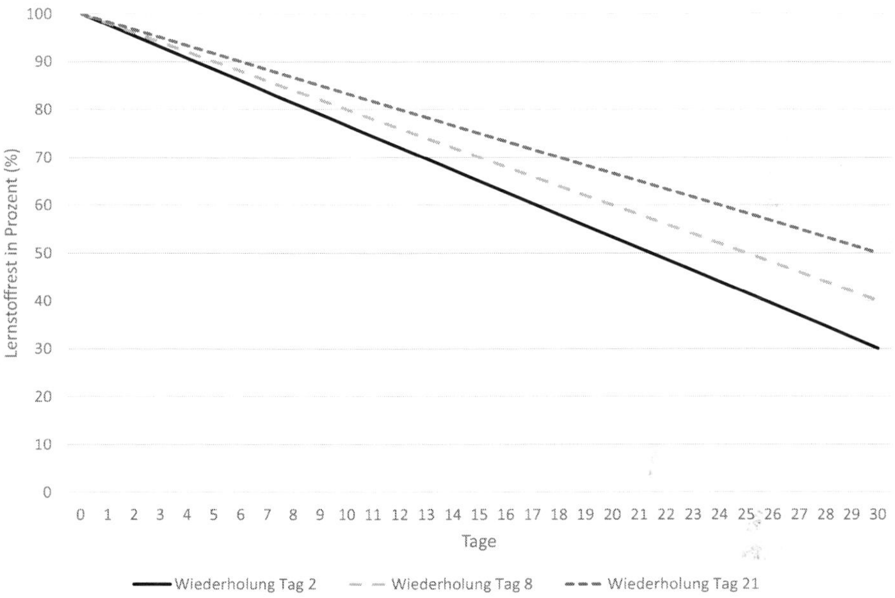

Abb. 1: Lernstoffrest nach 30 Tagen in % des Ausgangswertes bei Wiederholung am 2., 8. und 21. Tag

Lese-Rechtschreib-Schwäche (LRS)

Begriff

Die Lese-Rechtschreib-Schwäche (LRS) oder Legasthenie ist eine umschriebene Entwicklungsstörung des Zentralnervensystems. Sie ist die häufigste Teilleistungsstörung. Von Teilleistungsstörung spricht man dann, wenn das Gehirn insgesamt in Ordnung ist, in einem kleinen Teilbereich jedoch mangelhaft ausgebildet ist. Der Legastheniker kann nur eingeschränkt Wörter aus Buchstaben zusammenzusetzen oder in Buchstaben zerlegen. Seine Intelligenz ist normal bis überdurchschnittlich. Das Kind hat gute Leistungen in den meisten Schulfächern, ausgenommen im Fach

Deutsch. Später wird es auch in den Fremdsprachen und in Mathematik (Textaufgaben!) eng.

Mögliche weitere Teilleistungsstörungen

- Aufmerksamkeitsstörung (ADHS) – sehr häufig!
  Eine Aufmerksamkeitsstörung kann sowohl Ursache wie Folge einer Lese-Rechtschreib-Störung sein!
- auditive oder visuelle Wahrnehmungsstörung
- Störung der visuomotorischen Koordination
- Dyskalkulie (Rechenstörung)

Ursache

Der Höreindruck des gesprochenen Wortes wird im Zwischenhirn langsamer als bei anderen Menschen zum Hörzentrum weitergeleitet. Die zuständigen Nervenzellen sind kleiner als üblich. Die um 1970 geäußerte Vermutung, die LRS sei eine soziale oder umweltbedingte Störung, hat sich nicht bewahrheitet. Die Lese-Rechtschreib-Störung ist hirnorganisch bedingt und wird ererbt. Fast die Hälfte aller LRS-Kinder hat eine Aufmerksamkeitsschwäche. Diese muss in der Behandlung unbedingt berücksichtigt werden!

Häufigkeit

Ungefähr 7 % der Kinder eines Jahrgangs haben irgendeine Form der LRS. Jungen sind häufiger betroffen als Mädchen. In den Gymnasien liegt die Zahl der LRS-Schüler nur bei 3 %. Viele Legastheniker schaffen trotz guter Begabung den Sprung in die höhere Schule nicht!

Behandlung

Leider gilt noch immer der Grundsatz: Legasthenie ist *nicht heilbar*!

Aber: Frühzeitige und langdauernde Förderung mit Lerntherapie bringt eine erhebliche Verbesserung. Das Zeitfenster für den Erwerb der Lese- und Schreibfähigkeit ist zwischen dem 5. und 12. Lebensjahr geöffnet. In dieser Zeit sollte mit der Behandlung begonnen werden. Unbedingt ist bei jeder Form von Legasthenie ein Aufmerksamkeitsdefizitsyndrom (ADHS) zu erkennen oder auszuschließen. Liegt ein solches Syndrom vor, muss dieses behandelt werden. Ergotherapie, Psychotherapie, Medikamente oder alternative Behandlungen verbessern die Lese-Rechtschreib-Leistung nicht!

In erster Linie ist es Aufgabe der Schule, das LRS-Kind durch schuleigene Lehrkräfte in schuleigenen Räumen zu fördern. Noch stehen nicht in allen Schulen Lehrer mit LRS-Zusatzausbildung zur Verfügung. In solchen Fällen sollten die Eltern frühzeitig eine lerntherapeutische Einrichtung aufsuchen, auch wenn die Kosten für eine Behandlung dort hoch sind.

Selbsthilfegruppe

Der BUNDESVERBAND LEGASTHENIE E.V. (Königstr. 32, 30157 Hannover, Tel.: 0511–318738) nennt die Anschriften seriöser Einrichtungen.

Lese-Rechtschreib-Schwäche (LRS) bei ADHS

Neurobiologische Grundlagen

Aus der neurobiologischen Forschung wissen wir, dass bei Menschen mit Lese-Rechtschreib-Schwäche (LRS) die neuronalen Verbindungen zwischen den Hirnregionen, die für das Schreiben und Lesen zuständig sind, mangelhaft entwickelt sind. Ferner wissen wir, dass diese Hirnregionen kleiner angelegt sind als bei Nichtbetroffenen. Beide Nachteile erschweren die Speicherung von Informationen im Langzeitgedächtnis und den Zugriff darauf.

Die gleichen Entwicklungsstörungen liegen auch beim Menschen mit Aufmerksamkeitsdefizitsyndrom ohne oder mit Hyperaktivität (ADHS) und LRS vor. Außerdem leiden sie an einer Unterfunktion des Stirnhirns, verursacht durch eine geringere Zahl und Güte des neuronalen Netzwerks im Stirnhirn sowie einem Mangel am Botenstoff Dopamin. Diese Umstände bedingen die ungenügende Filterleistung des ADHS-Gehirns. Der schlechte Filter lässt zu viele Informationen, wichtige und unwichtige, in das Arbeitsgedächtnis eindringen. Ständig werden in großer Zahl neue Spuren gelegt. Allerdings sind das zumeist Nebenstraßen, die ins Nichts führen. Die breiten Erinnerungs-Autobahnen, auf denen sich Denken und

Handeln automatisieren können, kommen nicht zustande. Außerdem wird das Arbeitsgedächtnis von der Informationsflut überfordert. Wichtige Informationen werden nicht weitergeleitet und gehen verloren. Die Folge ist, dass der Lernerfolg des ADHS-Kindes zumeist unterhalb der Begabungsebene liegt.

Diagnostik

Neben der üblichen ADHS-Diagnostik mit biographischer Anamnese, körperlicher und neurologische Untersuchung, Eltern- und Lehrer-Beurteilung, Begabungs-, Wahrnehmungs- und Aufmerksamkeitstest, werden altersentsprechende Lese- und Rechtschreibprüfungen eingesetzt.

Im Diktat finden sich Auffälligkeiten, die für eine Lese-Rechtschreib-Schwäche durch Aufmerksamkeitsstörung typisch sind:

- einfache Wörter werden immer wieder verkehrt geschrieben, z. B. dier, vil, user, hus
- schwierige Wörter, die Aufmerksamkeit erfordern, werden richtig geschrieben, z. B. Lokomotive
- ein Wort wird in ein- und demselben Text einmal richtig, einmal falsch geschrieben
- Groß- und Kleinschreibung wird großzügig gehandhabt
- das Wort am Satzanfang wird oft klein geschrieben
- geschrieben wird das Wort so, wie es gesprochen wird
- zu Hause werden weniger Fehler gesetzt als in der Schule
- die Anzahl der Fehler nimmt gegen Ende des Diktats zu
- Buchstaben und ganze Wörter werden ausgelassen
- das Schreiben am PC gelingt besser als mit der Hand

Therapie

Neben der individuell abgestimmten und multimodalen ADHS-Behandlung gelten folgende Empfehlungen:

- Läßt bei der Untersuchung der visuellen und auditiven Wahrnehmung das Ergebnis auf eine spätere LRS schließen (Schwäche in der visuomotorischen Koordination und/oder in der Figur-Grund-Unterscheidung), so soll schon vor der Einschulung mit Ergotherapie begonnen werden.

- Von Anfang an müssen die Rechtschreibregeln beachtet werden. Falsch geschriebene Wörter dürfen nicht eingespeichert werden.
- Jeden Tag soll ein altersentsprechendes Diktat von 5 Minuten Dauer geschrieben werden.
- Das Diktat soll möglichst immer zur gleichen Zeit und im gleichen Raum geschrieben werden.
- Das Kind wird aufgefordert, vor jedem Wort nachzudenken,
  - ob es groß oder klein geschrieben wird,
  - ob das Wort in der Einzahl oder Mehrzahl vorliegt,
  - wie der Wortstamm aussieht,
  - ob eine Vor- oder Nachsilbe zu beachten ist.
- Nach dem Diktat werden die Fehler aufgeschrieben und besprochen.
- Das gleiche Diktat wird an den nächsten Tagen so lange geschrieben, bis kein Fehler mehr darin vorkommt.
- Am Tag nach dem fehlerfreien Diktat wird ein neuer, schwierigerer Text vorgenommen.
- Lob und Anerkennung sind äußerst wichtig, auch schon für die Anstrengung!

Lernhilfe Abfotografieren

Die herkömmliche Lernmethode

Die Aufgliederung nach Lauten ist in der Grundschule die herkömmliche Empfehlung für das Erlernen des deutschen Wortschatzes. Die Wörter werden durch Nachsprechen, also über den akustischen Wahrnehmungskanal, gelernt. Die meisten Kinder können Lernstoff jedoch besser über den visuellen Wahrnehmungskanal aufnehmen.

Abfotografieren als Lernhilfe

Die Lernhilfe Abfotografieren nutzt den *hochleistungsfähigen visuellen* Wahrnehmungskanal aus. Durch das Buchstabieren vorwärts und rückwärts wird automatisch der visuelle Sinneskanal eingeschaltet. Der Betreuer muss das gar nicht eigens verlangen.

Trotzdem kann es vorkommen, dass der Schüler den unerwünschten akustischen Kanal benutzt. Sie erkennen das daran, dass er beim Buchstabieren nach unten oder zur Seite schaut. Jetzt ist ein kleiner Hinweis angebracht.

Schaltet der Schüler auf den richtigen Kanal um, also auf den visuellen Kanal, so schaut er nach oben.

Praxistipp

- Im ersten Schritt sieht der Schüler das Bild des einzelnen Wortes.
- Dann buchstabiert er das Wort vorwärts und rückwärts. Dabei hat er stets das Wortbild vor Augen. Das Wortbild bleibt also über längere Zeit in seinem Kurzzeitgedächtnis gegenwärtig. Die Aufmerksamkeit des Schülers ist nur auf dieses Wortbild ausgerichtet. Er wird durch keinen zusätzlichen Schreibvorgang abgelenkt. Auf diese Weise prägt sich das Wortbild tief in seinen Kurzzeitspeicher ein.
- Erst in einem letzten Schritt soll der Schüler das Wort ohne Vorlage wiederholen.

Einsatz

Das Abfotografieren ist für folgende Lernaufgaben geeignet:

- Erlernen des deutschen Grundwortschatzes
- Wörterlernen in Fremdsprachen
- Addition
- Subtraktion
- Multiplikation

Abfotografieren als Lernhilfe für die Rechtschreibung

1. Lernkasten mit 12 Fächern.
2. Lernkärtchen in der Größe DIN A7 (10,5 × 7,5 cm), weiß.
3. Die Wörter des deutschen Grundwortschatzes (700 Wörter) werden in schöner, großer Schrift mit schwarzem, dickem Filzschreiber auf die

Lernkärtchen geschrieben, ein Wort pro Karte. Natürlich können Sie die Kärtchen auch mithilfe eines Computers bedrucken.

4. Mutter oder Vater (Elter) sagt zum Kind: »Schau Dir das Wort auf dem Kärtchen genau an. Mach in Deinem Kopf ein Foto von diesem Wort.«
5. Elter: »Schau Dir das Wort noch einmal genau an.« – Lernwort bleibt sichtbar!
6. Elter: »Buchstabiere das Wort vorwärts.« – Lernwort bleibt sichtbar!
7. Elter: »Jetzt buchstabiere das Wort rückwärts.« – Lernwort bleibt sichtbar!
8. Elter dreht das Kärtchen um, zeigt dem Kind die leere Rückseite und fragt:
   »Weißt Du noch, wie das Wort aussieht?
   Buchstabiere das Wort noch einmal vorwärts und rückwärts!«
9. Übung während oder unmittelbar nach den Hausaufgaben *(1. Übungszeit)*
   Übungsdauer 10–15 Minuten.
10. *2. Übungszeit: Vor* dem Abendessen zeigen Sie die Kärtchen zum zweiten Mal und lassen das Kind die Wörter buchstabieren, vor- und rückwärts.
    Buchstabiert Ihr Kind die Wörter jetzt richtig, lassen Sie jedes Wort *einmal* schreiben.
11. *3. Übungszeit*: Wird ein Wort falsch erinnert, so wird das Kärtchen mit diesem Wort *vor* dem Schlafengehen noch einmal herausgezogen. Das Kind buchstabiert erneut.
    Ebenso werden die neuen Wörter des Tages vor dem Schlafengehen noch einmal durchgenommen.
12. Die Übungen werden an fünf Tagen in der Woche durchgeführt.
13. An diesen fünf Tagen werden jeweils 2–4 neue Lernwörter eingeübt. Die zugehörigen Lernkärtchen wandern jeweils ein Fach weiter.
14. Wiederholung der neuen Wörter am nächsten Tag, vier Tage lang (*Phase 1*)
15. *Phase 2*:
    Wiederholung im Zwei-Tages-Abstand. Die Abstände für die Wiederholungen können je nach Erinnerungsleistung Ihres Kindes vergrößert werden.
16. Wird bei der Wiederholung ein Fehler gemacht, wandert das Kärtchen im Lernkasten fünf Fächer zurück.
17. *Phase 3*:
    Im ersten breiten Fach werden die Kärtchen des bisherigen Lernpro-

L

gramms gesammelt und nach vier Wochen noch einmal überprüft. Macht das Kind beim Buchstabieren einen Fehler, so wandert das betreffende Kärtchen fünf Fächer zurück.

18. *Phase 4*:
    Im zweiten breiten Fach landet der bisher gelernte Wortschatz. Nach drei Monaten wird er überprüft.
19. Sie legen laut Muster ein Protokoll an. In dieses tragen Sie die Wörter ein, die bei der abendlichen Nachprüfung (*3. Übungszeit*) falsch buchstabiert werden.
20. Diese Lernwörter schreiben Sie mit schwarzem Filzstift auf *farbige* Lernkärtchen. Schwarze Schrift auf farbigem Grund erhöht die selektive Aufmerksamkeit!
21. Üben Sie mit diesen Kärtchen so lange, bis die richtige Schreibweise sitzt!

Mehrfach falsch erinnerte Lernwörter

1. Sie legen ein Protokoll an (▶ Abfotografieren, Protokoll).
   In das Protokoll tragen Sie diejenigen Wörter ein, die bei der abendlichen Nachprüfung *(3. Übungszeit)* immer noch falsch buchstabiert werden.
2. Die mehrfach falsch erinnerten Lernwörter schreiben Sie mit einem schwarzen Filzstift auf *farbige* Lernkärtchen. Günstig sind die Farben Gelb und Grün.
3. Schwarze Schrift auf farbigem Grund erhöht die selektive Aufmerksamkeit!
4. Diese Lernwörter, mit denen das Kind besondere Schwierigkeiten hat, müssen in den nächsten Tagen so oft wiederholt werden, bis die richtige Schreibweise sitzt.

Abfotografieren, Protokoll

	Neue Lernwörter	Erstmalig falsches Buchstabieren	Zum 2. Mal falsches Buchstabieren	Zum 3. Mal falsches Buchstabieren	4.–10. Mal falsches Buchstabieren
Mo					
Di					
Mi					
Do					
Fr					
Sa					
So					

L

Lernunterstützung durch die Eltern

Wie helfen Sie Ihrem Kind beim Lernen?

1. Treffen Sie im Voraus *Vereinbarungen* mit Ihrem Kind.
2. Vermeiden Sie endlose Diskussionen und Auseinandersetzungen. Es gilt: *Handeln statt reden!*
3. Seien Sie ruhig, gelassen wohlwollend, freundlich und geduldig – aber auch *hartnäckig strukturierend und kontrollierend.*
4. Würdigen Sie bereits den Umstand, dass Ihr Kind sich *bemüht,* dass es sich *anstrengt.*
5. Betonen Sie den Mannschaftsgedanken:
   Gemeinsam schaffen wir das!
6. Bauen Sie nach der Fremdinstruktion die *Selbstinstruktion* ein!
7. Betonen Sie der Schule gegenüber die *verzögerte* Persönlichkeitsreife Ihres Kindes:
   »Mein Kind wird später selbstständig und braucht daher länger Hilfe bei den Hausaufgaben als andere Kinder!«

M

Magnesium

Eigenschaften

Magnesium ist als Zentralatom des Chlorophylls ein wichtiger Bestandteil der Pflanzenwelt. Magnesium hat über die Photosynthese die Entstehung einer sauerstoffreichen Erdatmosphäre und damit das pflanzliche und tierische Leben erst ermöglicht. Magnesium findet sich in zahlreichen Gesteinen (Dolomit, Magnesit, Kieserit) sowie im Meerwasser. Talk, Magnesia alba und Bittersalz sind magnesiumhaltig und werden seit langem technisch und medizinisch genutzt.

Magnesium ist intrazellulär konzentriert. Nur etwa 1 % des Körperbestandes befindet sich im Serum. Besonders viel Magnesium sitzt im Muskel (Muskelkrämpfe bei Magnesiummangel) und im Knochen (nicht nur Kalzium ist für den Knochen wichtig!). Magnesium hat einen großen Einfluss auf die Erregbarkeit von Nerven und Muskeln.

Symptome

Magnesiummangel verursacht viele unspezifische Symptome, die den Symptomen bei ADHS gleichen. Magnesiummangel ist jedoch nicht die Ursache, sondern ein Verstärker von ADHS.

Zeichen von Magnesiummangel:

- Muskelkrämpfe
- Unruhe
- Übererregbarkeit
- vorzeitige körperliche und seelische Erschöpfung
- Konzentrationsschwäche
- Schlafstörungen
- Angstgefühle
- depressive Verstimmungen
- Bauchschmerzen
- Herzrhythmusstörungen
- Brüchige Fingernägel
- Haarausfall
- Zahnkaries
- Verstopfung

Praxistipp
Magnesiumarme Lebensmittel:

- Weißmehlprodukte
- Zucker
- Wurst
- Fleisch
- Fettige Lebensmittel

Magnesiumreiche Lebenmittel:

- Grünes Gemüse, Salat
- Magnesiumreiches Mineralwasser (> 50 mg/l)
- Nüsse, Kakao
- Hülsenfrüchte
- Vollkornprodukte

Behandlung

- Magnesiumreiche Kost
- Magnesium-Tabletten oder Magnesium-Brausetabletten
  - Empfohlene Zufuhr: 300–400 mg bei Erwachsenen, 200–300 mg bei Kindern
  - Therapeutische Zufuhr: 300–600(–900) mg

Bei ADHS-Patienten sind Magnesium-Gaben nur bei nachgewiesenem Magnesium-Mangel sinnvoll. Bei normalem Serumspiegel ist von Magnesium kein Erfolg zu erwarten, allenfalls kann Durchfall auftreten.

Märchen

Einführung

»Es war einmal ...« – so beginnen die alten deutschen Volksmärchen, welche die Brüder Grimm gesammelt haben. Sie entführen uns in eine Welt der Hexen, Zauberer, Riesen, Feen und Fabeltiere. Aber auch ganz normale und tüchtige Menschen betreten die Bühne. Kinder ziehen keine scharfe Grenze zwischen Wirklichkeit, Traum und Fantasie. Sie finden daher leichter als die Erwachsenen einen unmittelbaren Zugang zu den geheimnisvollen Symbolen und Kräften in den alten Geschichten. Kinder entdecken im Märchen ihre eigenen, zumeist unbewussten Ängste – und erleben, wie sie durch Schläue, Mut und Ausdauer bewältigt werden können.

Diese lebenstüchtige Botschaft tut allen Kindern gut, besonders aber denen, die von Kummer und Ängsten, von Unsicherheit und Verzagtheit geplagt werden und die sich zurückgesetzt und minderwertig fühlen. Viele ADHS-Kinder gehören zumindest zeitweilig zu dieser Gruppe. Für die Entwicklung von Selbstständigkeit, Selbstwertgefühl und Lebensfreude gibt es nichts Besseres als das Märchen!

Märchen für Anfänger (ab 3 Jahren)

- Der dicke, fette Pfannkuchen
- Der süße Brei
- Die Prinzessin auf der Erbse

- Frau Holle
- Sterntaler
- Der kleine Däumling

Für einen guten Start ins Märchenalter sorgen:

- Mein erster Märchenschatz, Ravensburger Buchverlag (ca. 9,95 Euro)
- Die schönsten Märchen der Brüder Grimm. Auswahl von Arnica Esterl, Esslinger Verlag (ca. 19,99 Euro)

Märchen, für Kinder ungeeignet

a) Aus den Grimm'schen Volksmärchen:
   Fitschers Vogel
   Die Räuberbraut
   Gevatter Tod
   Vom Machandelboom
b) Die Andersen-Märchen:
   Der tapfere Zinnsoldat
   Das Mädchen mit den Schwefelhölzern
   Die Märchen von Andersen folgen nicht den Gesetzen der Grimm'schen Volksmärchen!
c) Die Perrault-Märchen
   »Ritter Blaubart« ist kein altes Volksmärchen. Es ist 1697 von dem Franzosen Charles Perrault für den Hof Ludwigs XIV. in Versailles als moralische Epistel erdichtet worden[4]

Mediennutzung

1. Der Einsatz von elektronischen Medien (Fernsehen, PC, Tablet, Smartphone/Handy, Spielkonsole) vor dem 10. Geburtstag ist nach entwicklungspsychologischen Gesichtspunkten nicht sinnvoll und kann sich schädlich auf die gesamte Entwicklung auswirken.

4 Charles Perrault, Histoires ou Contes du temps passe avec des Moralitez, Paris 1697

2. Mutter und Vater sind und bleiben *Chef* bei der Nutzung der elektronischen Medien.
3. Sendungen werden gezielt mit den Eltern ausgewählt.
4. Die elektronischen Medien sind keine Kinderhüter und kein Ersatz für Spiel, Steckenpferd und Freunde.
5. Verhindern Sie, dass die Medien zur vorrangigen Freizeitbeschäftigung werden.
6. Fernsehgerät und Computer gehören *nicht* ins Kinderzimmer.
7. Das Fernsehprogramm läuft nicht während der Mahlzeit und während der Schulaufgaben.
8. *Vor* der Hausaufgabenzeit gibt es keine Fernsehzeit.
9. Jede Minute Vorlesen, Gespräch, Gesellschaftsspiel, Basteln oder Sport bringt *zehn Mal mehr* für die Persönlichkeitsentwicklung als Fernsehen, Computer oder Spielkonsole!
10. *Altersentsprechende* Medienzeiten nach hirnphysiologischen Erkenntnissen.
    Die Zeitangaben je Tag gelten für Fernsehgerät, Computer, Handy/ Smartphone und Spielkonsole *zusammen:*

0–3 Jahre	kein Fernsehen
3–6 Jahre	0–10 Minuten
7–10 Jahre	bis zu 30 Minuten
11–14 Jahre	bis zu 75 Minuten
15–18 Jahre	bis zu 90 Minuten

11. ADHS-Infoportal:
    Unter Leitung »zentrales adhs-netz« und mit Förderung des Bundesministeriums für Gesundheit finden Kinder eine gute Informationsplattform unter http://www.adhs.info/fuer-kinder.html
    Die beiden Zeichentrickfiguren Max und Lisa führen die Kinder durch ihren Alltag und erzählen von den typischen Problemen, die sie erleben. Max und Lisa berichten aber auch von den Dingen, die ihnen geholfen haben.
12. Eltern sollen über die Mediennutzung ihrer Kinder immer Bescheid wissen.
13. Video-Spiele haben nicht die günstigen Wirkungen von Brettspielen. Die Konzentration, die das Kind am Steuerknüppel oder an der Tastatur aufbringt, lässt sich *nicht* in den Alltag übertragen. Siehe auch Arbeitsblatt »Videospiele«!
14. Eltern müssen den Mut aufbringen, ungeeignete Spiele aus dem Verkehr zu ziehen.

Medikamente mit paradoxer Wirkung bei ADHS

Beruhigungsmittel und einige Psychopharmaka können bei Menschen mit ADHS eine paradoxe Wirkung entfalten.

Die Personen werden nach Einnahme solcher Mittel nicht, wie erwartet, ruhiger, sondern im Gegenteil unruhig, zappelig, aggressiv und unkonzentriert. Die paradoxe Wirkung entsteht wahrscheinlich dadurch, dass das Medikament die Grundstörung (Unterstimulierung im Stirnhirn und in der Formatio reticularis) ins Gegenteil verwandelt.

Medikamente mit möglicher Paradoxwirkung:

1. Mittel aus der Diazepamreihe, z B. Valium®
2. Neuroleptika, z. B. Haloperidol®
3. Barbiturate, z. B. Luminal® oder Luminaletten®
4. Narkosemittel

Zur paradoxen Wirkung von Narkosemitteln: Selten bei der Einleitung, meistens nach der Ausleitung von Allgemeinanästhesien (Vollnarkosen), geraten die Personen mit ADHS in einen Zustand hochgradiger Erregung mit motorischer und psychovegetativer Unruhe. Sie schreien, toben und schlagen wild um sich. Sie sind für eine ruhige Ansprache nicht mehr zugänglich. Nach Abklingen der Erregungsphase können sich die Patienten nicht mehr an diesen Ausnahmezustand erinnern.

Medikamentöse Behandlung

Wirkstoffe

Methylphenidat (MPH)

In seiner chemischen Struktur ist MPH mit den Botenstoffen Dopamin und Noradrenalin verwandt. Das MPH hemmt das Transportermolekül für Dopamin und Noradrenalin im Stirnhirn. Weniger Botenstoffe werden in die präsynaptische Endplatte zurückbefördert, ihre Konzentration im synaptischen Spalt steigt an, der Informationsfluss quer über den Spalt nimmt zu.

Drei Formen:

1. schnell freisetzende Form, IR = Immediate Release
2. verzögert freisetzende Form, SR = Sustained Release, Retard-Zubereitung
3. besonders langsam freisetzende Form. ER = Extended Release

D-/L-Amphetamin-HCl

Das Racemat setzt sich zu 75 % aus rechtsdrehendem (D-) und zu 25 % aus linksdrehendem
(L-)Amphetamin zusammen. Der Arzt verschreibt den Wirkstoff magistraliter. Das bedeutet, dass der Apotheker das Medikament nach den Angaben des Arztes selbst herstellen muss.

Lisdexamfetamin (LDX)

LDX liegt nicht als aktiver Wirkstoff vor, sondern in einer Vorstufe (Prodrug). Der Wirkstoff Lisdexamfetamin wird erst durch enzymatische Spaltung in den roten Blutkörperchen (Erythrozyten) freigesetzt. Es gibt eine schnell freisetzende und eine verzögert freisetzende Form. Die Wirkdauer für die verzögert freisetzende Form beträgt 13 Stunden.

M

Atomoxetin (ATX)

Atomoxetin ist chemisch nicht mit Dopamin und Noradrenalin verwandt. Es hemmt den präsynaptischen Noradrenalin-Transporter und erhöht damit die Noradrenalin- und indirekt auch die Dopaminkonzentration im Stirnhirn und in der hinteren Zentralwindung.

MPH in Retardform

Concerta®, Kinecteen®

Der Wirkstoff wird aus der Kapsel auf osmotischem Wege freigegeben (OROS-Technologie). Die Wirksamkeit in den ersten 2(–3) Stunden ist schwach. Daher muss das Mittel häufig mit einem rasch freisetzenden Methylphenidat kombiniert werden. Concerta® und Kinecteen® wirken 8–10 Stunden. Der Wirkstoff aus der Kapsel kann wegen deren besonderer Technologie nicht zum Schnupfen oder Spritzen verwendet werden.

Equasym® retard

Pellet-Technologie. Eine Kapsel enthält 30 % unretardiertes und 70 % retardiertes MPH. Die Wirkung setzt rasch ein und hält etwas länger vor als bei Medikinet Retard®. Das Mittel wirkt unabhängig von der Nahrungsaufnahme (Frühstück).

Medikinet® Retard und Medkinet® adult

Pellet-Technologie. Eine Hartkapsel enthält 50 % unretardiertes und 50 % retardiertes MPH. Die Wirkung setzt rasch ein und hält 6–7 Stunden vor. Die Wirksamkeit ist von der Nahrungsaufnahme abhängig. Vor der Einnahme der Hartkapsel soll eine eiweißhaltige Mahlzeit verzehrt werden.

Ritalin® LA

Mikropellet-Technologie. Eine Kapsel enthält 50 % unretardierte und 50 % retardierte, mit Co-Polymer beschichtete Pellets. Das erste Wirkmaximum wird nach 2 Stunden, das zweite nach 6 Stunden erreicht. Die Wirkung hält 6–7 Stunden an. Sie tritt unabhängig von der Nahrungsaufnahme (Frühstück) ein.

Methylphenidathydrochlorid-neuraxpharm®

Retardtabletten zu 18 mg (nicht teilbar), zu 36 mg (teilbar) und zu 54 mg (teilbar)

Bedingungen für eine medikamentöse Behandlung

1. sichere Diagnose
2. Leidensdruck
3. nicht zu lange zögern, um Verhärtungen und sekundäre Schäden zu vermeiden
4. Bereitschaft und Verständnis für die medikamentöse Behandlung im Sinne eines Botenstoffersatzes (Neurotransmitterersatz)
5. Fortführung der Grundbehandlung (Bausteintherapie, multimodale Therapie)
6. regelmäßige Kontrollen

Wirkungen der Stimulantien

- Arbeitsvorgänge im Kurzzeitgedächtnis (Arbeitsgedächtnis) können besser geordnet werden.
- Die Verarbeitung visueller und auditiver Wahrnehmungen wird gesteigert.
- Der Übertritt von Informationen aus dem Kurzzeit- in das Langzeitgedächtnis wird begünstigt.
- Ausdauer und Selbstkontrolle nehmen zu.
- Flüchtigkeitsfehler werden durch bessere Impulssteuerung seltener.
- Hilfen werden angenommen und eingesetzt.

Hirnreifung unter Stimulantien

In einer Metaanalyse wurde nachgewiesen, dass die Stimulantienbehandlung bei ADHS-Patienten zu einer Vergrößerung und damit Normalisierung der Basalganglien führt (Nakao et al. 2011). Die Basalganglien liegen unterhalb des Großhirns. Sie regeln motorische und kognitive Abläufe. In einer zweiten Metaanalyse wurde eine Verbesserung der Netzwerke in den motorischen und kognitiven Hirnarealen gefunden (Hart et al. 2013). Stimulantien haben also einen günstigen Einfluss auf die Hirnreifung.

Methylphenidat-Trägersubstanzen

Einleitung

Pharmazeutische Präparate mit dem gleichen Wirkstoff sind nach dem Verständnis der Krankenkassen beliebig untereinander austauschbar. Der Kassenarzt ist verpflichtet, das billigste Medikament auszuwählen. Die Austauschbarkeit mag für viele Präparate richtig sein. Für Präparate mit dem Wirkstoff Methylphenidat (MPH) trifft dies indessen nicht zu. Je nach Trägersubstanz gibt es Unterschiede

- in der Verträglichkeit,
- in der Wirkung und
- in der Wirkdauer.

Die Unterschiede können bis zur Wirkungslosigkeit eines Präparates führen.

Trägersubstanzen

Firmenname, Hersteller	Trägersubstanz
Ritalin® 10 mg (Novartis)	Weizenstärke
Medikinet® (Medice)	Maisstärke
Methylphenidat (1 A Pharma)	Maisstärke
MethylpheniTAD (TAD)	Maisstärke
Equasym® (Shire)	Kartoffelstärke
Medikinet® adult (Medice)	Pellets, zur Hälfte mit Lack beschichtet
Medikinet® Ret. (Medice)	Pellets, zur Hälfte mit Lack beschichtet
Ritalin® LA (Novartis)	Pellets, zur Hälfte mit Polymer beschichtet
Concerta® (Janssen-Cilag)	Retard-Anteil in Gel eingebettet, freisetzungosmotisch
Equasym® ret. (Shire)	Pellets, Retardanteil (70 %), ummantelt mit Membran
Kinecteen® (Medice)	erodierbare Tablette mit hypoallergenem Farbüberzug, Lactose-Monohydrat, Hypromellose, Retardanteil 75 %

Unterschiedliche Eigenschaften

- Wirkdauer: Medikinet® Ret. und Medikinet® adult wirken im Regelfall 6 Stunden, Ritalin® LA wirkt 8 Stunden
- Rückschlagphänomen: Concerta®, Kinecteen® und Equasym® ret. lösen seltener als die anderen MPH-Medikamente einen Rückschlag aus (Verstärkung der ursprünglichen Symptome nach Abklingen der Medikamentenwirkung)
- Appetitlosigkeit: Bei Concerta®, Kinecteen® und Equasym® seltener als bei den anderen MPH-Präparaten
- Tics: Bei Concerta®, Kinecteen® und Equasym® seltener als bei den anderen MPH-Präparaten
- Begleiterkrankungen: Die Präparate mit gleichbleibendem Wirkstoffspiegel (Equasym® ret., Concerta®) sind in diesen Fällen besser geeignet als andere Präparate

Methylphenidat-Verordnung

Namen der Arzneimittel

1. Concerta® 18, 36, 54 mg
2. Equasym® Retard 10, 20, 30 mg
3. Medikinet® 5, 10, 20 mg
4. Medikinet® adult 5, 10, 20, 30, 40 mg
5. Medikinet® Retard 5, 10, 20, 30, 40, 50, 60 mg
6. Methylphenidathydrochlorid-neuraxpharm® 18, 36, 54 mg Retard-Tabletten
7. MethylpheniTAD® 5, 10, 20 mg
8. Ritalin® 10 mg
9. Ritalin® LA 10, 20, 30, 40 mg
10. Ritalin® Adult 10, 20, 30, 40 mg

Dosierung

Grundsatz: So wenig wie möglich, so viel wie nötig!

Medikament	Nr. 1–4 und Nr. 6–10			Medikament Nr. 5 (Medikinet® Ret. 5 mg)		
	morgens	mittags	abends	morgens	mittags	abends
1. Woche	½	0	0	1	0	0
2. Woche	½	½	0	1	1	0
3. Woche	1	½	0	2	1	0
ab 4. Woche	1	1	0	2	2	0

Einnahme

Die Tablette oder Kapsel wird *nach* der Mahlzeit unzerkaut eingenommen. Die Wirkung des Medikaments wird abgeschwächt, wenn es auf leeren Magen eingenommen wird. Das Mittel soll an *allen* Tagen der Woche geschluckt werden, also auch am Samstag, Sonntag und Feiertag. Die Menschen sprechen unterschiedlich auf den Wirkstoff Methylphenidat an. Daher kann es geschehen, dass die Dosis nach der Erprobungszeit (min-

M

destens sechs Wochen!) erhöht oder gesenkt werden muss. Ab der 7. Behandlungswoche ist eine Dosisminderung an den Wochenenden und in den Ferien möglich. Dies müssen Arzt und Eltern nach der ersten Kontrolluntersuchung entscheiden.

Kontrolle

6 Wochen nach Behandlungsbeginn, Rücksprache mit den Eltern, Untersuchung von Aufmerksamkeit und Blut!

Apotheke

Beachten Sie bitte: Das Rezept muss innerhalb *einer* Woche nach Ausstellungsdatum in der Apotheke eingelöst werden!

Morgenstunde

1. Besprechen Sie in einer ruhigen Stunde mit Ihrem Kind die Einteilung des Alltags.
   Es gibt »*Muss*-Abläufe« und »*Darf*-Abläufe«.
   Die Muss-Abläufe sollen trotz Unlust schnell und ohne Theater bewältigt werden.
   Muss-Abläufe werden nicht verhandelt. Je eher die Muss-Abläufe erledigt werden, umso mehr Zeit bleibt für Darf-Abläufe und Lustprogramme.
   In den Darf-Abläufen darf Ihr Kind tun, was es will: Spielen, toben, basteln, lesen – aber nicht fernsehen, am PC oder mit der Spielekonsole spielen!
   Das Kind muss lernen, ob es einen Muss- oder einen Darf-Ablauf vor sich hat.
2. Aufstehen, Waschen, Anziehen, Frühstücken und Zähneputzen am Morgen sind *Muss*-Abläufe, die zügig abgewickelt werden. Gute Worte, Predigten und Drohungen nimmt das Kind nicht wahr, sind daher zwecklos.

3. *Morgenmuffeluhr* hilft bei der Strukturierung des morgendlichen Ablaufs (Jako-o, 39,95 Euro, www.jako-o.de)
4. Anfangs *begleiten* Sie den Ablauf ohne viele Worte – Sie helfen mehr, wenn Sie wenig reden, dafür aber ruhig und sicher handeln!
5. Das Kind zieht sich *nicht* im Kinderzimmer an. Dort gibt es zu viele Ablenkungen durch Spielzeug.
6. Sie legen schon am Abend zuvor die Kleider in der richtigen Reihenfolge bereit.
7. Sie geben unterschiedliche Benutzungszeiten des Badezimmers für die Geschwister vor.
8. Sie führen einen einfachen *Punkteplan* ein.
9. Sie besprechen *im Voraus*, in einer ruhigen Stunde, nicht am Morgen, den Punkteplan mit Vergabe der Punkte und Belohnung.
10. Sie tragen die Punkte am Morgen *sofort* in den Plan ein.

Punkteplan für die Morgenstunde, Angaben in Minuten

Tätigkeit	Mo	Di	Mi	Do	Fr
Aufstehen					
Toilette, Bad					
Frühstück					
Aufbruch					

M

Motorische Störungen bei ADHS

Charakteristisch für das ADHS-Kind ist die Verzögerung der Hirnreifung. Dadurch ist das Zusammenspiel von Bewegung, Tonusregulation, Gleichgewichtsempfindung, visueller und taktiler Wahrnehmung, Reizverarbeitung und Impulssteuerung häufig gestört.

Nicht nur das Großhirn, sondern auch das Kleinhirn ist reifungsverzögert. Das hat zur Folge, dass die normale Spannung der Skelettmuskulatur, die Gleichgewichtsbeherrschung, die Kraftdosierung und die Zusammenfassung komplexer Bewegungsabläufe schlechter gelingen als beim nicht betroffenen Kind.

Im Vorschulalter werden demzufolge häufig Verzögerungen der psychomotorischen Entwicklung beobachtet.

Die Reifungsverzögerung übergeordneter motorischer Zentren führt zu mangelhaft unterdrückten tonischen Reflexen, allerdings nur in geringer Ausprägung. Die Muskeln, die der Erdanziehung entgegenwirken, sind stärker tonisiert als ihre Gegenspieler: Die Armbeuger und die Beinstrecker. Insgesamt ist die Muskulatur hypoton, die Haltung schlaff. Die Gesichtsmimik erscheint in Ruhe unbewegt, der Mund steht häufig offen. Im Gegensatz dazu ist der Blick lebhaft und sprechend. Bei Anregung entstehen überschießende, teilweise grimassierende Gesichtsbewegungen. Die Körperbewegungen sind schlaksig, teils überschießend und ungenau.

Die Psychomotorik nach Ernst J. Kiphard, die meist in der Gruppe durchgeführt wird, macht den Kindern viel Spaß und fördert die Bewegungssteuerung deutlich.

Die Krankengymnastik auf neurophysiologischer Grundlage, in aller Regel als Einzeltherapie durchgeführt, verbessert gleichfalls das Bewegungsverhalten.

Die Kernsymptome von ADHS (verkürze Aufmerksamkeit, Hyperaktivität und mangelhafte Impulssteuerung) werden durch beide Behandlungsmethoden nicht verbessert!

Multimodale Behandlung, Bausteine

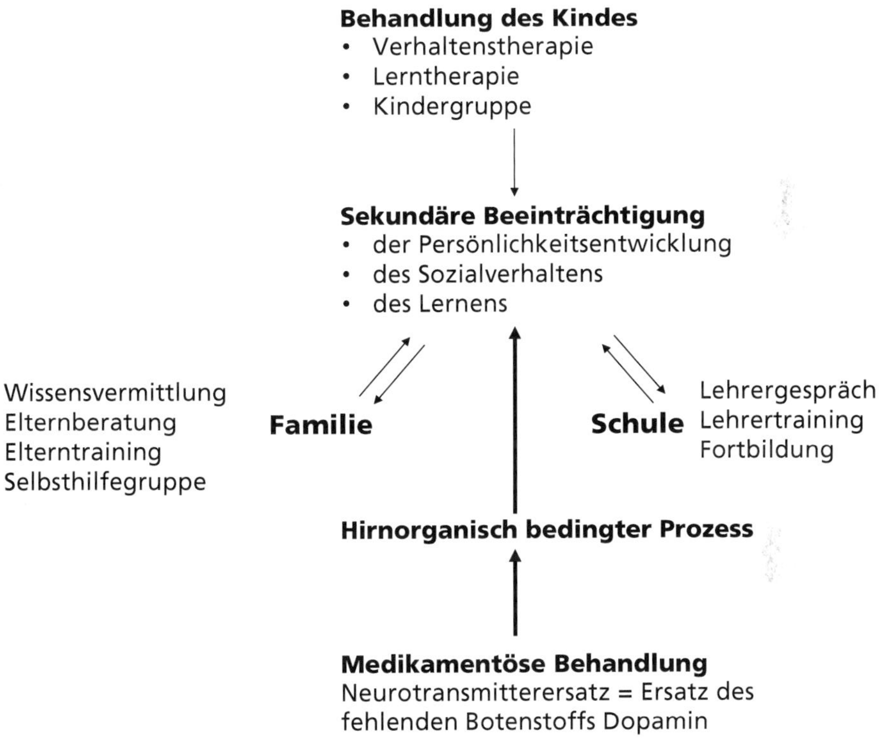

Musik bei ADHS

Das Verhaltensprogramm des ADHS-Kindes

ADHS-Kinder brauchen Tätigkeiten, die sie aus der Menge herausheben. Sie brauchen reizintensive, abenteuerliche, grenzgängerische, überschäumende Spitzenerfahrungen, die mit Bewegungslust einhergehen. Sie suchen nach dem Kribbeln im Bauch und erzeugen es durch Schaukeln, Schwingen, Drehen und Stampfen. Musik und Tanz kommen dieser Neigung entgegen.

Was sagt die Hirnforschung?

Singen

Kinder, die zu Hause viel singen, waren im Alter von sechs Jahren in einer Studie der Universität Münster zu 88 % regelschulfähig. Die Wenig-Singer waren es nur zu 44 %. Der Unterschied blieb auch dann bestehen, wenn man die soziale Schicht und die sportlichen Aktivitäten der Kinder statistisch berücksichtigte (Blank 2010).

Singen fördert die Stimmung, die Hirn- und Persönlichkeitsentwicklung und das Gemeinschaftsgefühl. »Heute besteht die Herausforderung darin, das klassische Volkslied wieder zu entdecken«, erklärte der Soziologe Thomas Blank, der zusammen mit den Medizinern der Universität Münster diese Studie an 500 Kindern durchführte (Blank 2010).

Musikinstrument

In einer Studie der Universität Ulm (Hille 2011) wurden 194 Schüler der 3. Klasse untersucht. Gemessen wurde

- die Lesefähigkeit,
- die Buchstabierfähigkeit und
- die nonverbale Intelligenz.

Die Eltern wurden über die musikalischen Aktivitäten ihrer Kinder befragt. 53 % der Kinder spielten ein Instrument.

In der Gruppe der Musikanten wurde ein signifikant höherer IQ gefunden als in der Gruppe der Nichtspieler (108 zu 101). Beim Buchstabieren machten die Musikanten deutlich weniger Fehler als die Nichtspieler (9 zu 15).

Tanz

Im Tanz verbinden sich Musik und Bewegung. Hinzu kommt eine bedeutsame soziale Komponente im Sinne kooperativen Verhaltens. Vom Tanz ist bekannt, dass er die geistige Leistungsfähigkeit langfristig fördert und sogar lebensverlängernd wirkt (Spitzer 2011).

Welche Instrumente?

Ab dem 1. Lebensjahr:

- Singen

Vorschulalter:

- Singen
- Tanzen
- Xylophon
- Blockflöte
- Trommel

Ab 6 Jahren:

- Singen
- Tanzen
- Trommel
- Schlagzeug
- Trompete
- Gitarre
- Keyboard
- Klavier

N

Neurobiologische Grundlagen des ADHS

Anatomische, physiologische und psychologische Befunde

1. Das Hirnvolumen von ADHS-Personen ist geringer als beim altersentsprechenden Durchschnitt. Insbesondere ist das Kleinhirn betroffen. Das geringere Volumen bedeutet nicht geringere Intelligenz!
2. Die Rinde des Stirnhirns von ADHS-Kindern reift im Alter von 7 bis 13 Jahren langsamer als bei nicht betroffenen Kindern.
3. Die Herzfrequenz von ADHS-Menschen ist am Nachmittag und in der Nacht höher als beim Durchschnitt – eine Folge der mangelhaften Hemmung des Nervus sympathicus.
4. Die Durchblutung des Stirn- und Kleinhirns ist verringert, in der sensomotorischen Hirnrinde dagegen erhöht.
5. Im Elektroenzephalogramm (EEG) sind die Frequenzspektren für Thetawellen erhöht, für Betawellen erniedrigt. Thetawellen sind mit Schläf-

rigkeit und herabgesetzter Aufmerksamkeit verbunden. Betawellen sind typisch für einen wachen, aufmerksamen Zustand. Ferner ist die »Aufmerksamkeitswelle« nach einem Ereignis im Hirnstrombild schwächer ausgeprägt.
6. Arbeitsgedächtnis, Sinneswahrnehmung und Aufmerksamkeit sind beeinträchtigt.
7. Die Fehlerwahrnehmung ist verändert. Menschen mit ADHS erkennen zwar einen Fehler, können ihn aber schlecht berichtigen. Die Berichtigung braucht Zeit. Die aber hat der ADHS-Mensch nicht: Nach 20 Sekunden lässt seine Aufmerksamkeit kurz nach. Dann setzt er schon den nächsten Fehler!
8. Die Zeitwahrnehmung ist verändert: Menschen mit ADHS empfinden eine bestimmte Zeitspanne länger als andere Menschen.

Das vordere und hintere Aufmerksamkeitszentrum

Im Stirnhirn sitzt das vordere Aufmerksamkeitszentrum. Es arbeitet mit dem Botenstoff *Dopamin*. Dopamin wird in den Hirnzellen selbst hergestellt. Dopamin wird bei Eintreffen eines Impulses in der Präsynapse freigesetzt, wandert durch den synaptischen Spalt, löst an der Postsynapse eine Depolarisation der Membran aus und leitet damit den Impuls in die nächste Nervenzelle weiter.

Der Genort 5 p 13 ist bei ADHS-Personen verändert. Die Veränderung bewirkt eine *erhöhte* Produktion des Dopamintransporters DAT 1. Die Transporter im synaptischen Spalt sind also im *Überfluss* vorhanden. Dadurch wird die Rückführung des Botenstoffes Dopamin in die Präsynapse beschleunigt. Der synaptische Spalt verarmt an Dopamin. Impulse können nur in verminderter Zahl von einer Nervenzelle in die andere weitergeleitet werden. Alle Leistungen, die mithilfe des Botenstoffs Dopamin erbracht werden, erlahmen. Betroffen sind die Leistungen

- Aufmerksamkeitssteuerung,
- Impulssteuerung und
- Planung.

Das hintere Aufmerksamkeitszentrum sitzt im Scheitel- und Hinterhauptshirn und arbeitet mit dem Botenstoff Noradrenalin. Es wird daher das *noradrenerge* System genannt.

Neurophysiologie der Aufmerksamkeit

Das vordere und hintere Aufmerksamkeitszentrum arbeiten wie alle anderen Teile des Gehirns nach dem Grundsatz der *Reizschwellenanpassung.* Die Reizschwelle wird herabgesetzt für Reize, die für eine Leistung besonders wichtig sind. Damit kann der Reiz verstärkt und beschleunigt weitergeleitet werden. Bei Reizen, die für die augenblickliche Leistung keine Bedeutung haben, wird die Reizschwelle angehoben. Solche Reize werden also herausgefiltert. Die Reizschwellenanpassung vollbringt das Gehirn mithilfe von *Botenstoffen* oder Neurotransmittern.

Dem Menschen mit ADHS stehen in den beiden Aufmerksamkeitszentren nicht genügend Botenstoffe zur Verfügung. Seine Filterleistung ist dadurch geschwächt. Die Reizschwelle bleibt für *alle* Umweltreize, Assoziationen und Emotionen auf niedriger Stufe eingestellt. Viel zu viele Informationen schwappen deshalb über die Schwelle. Die Nervenzelle kann nicht mehr nach wichtig und unwichtig unterscheiden. Sie muss auf alle eintreffenden Reize gleichwertig antworten. Sie kann nicht mehr ordnen und bei einer Sache bleiben. Damit erscheint der betroffene Mensch für seine Mitmenschen extrem reizoffen, reizbar, sprunghaft, unkonzentriert und ablenkbar.

Wirkung der Stimulanzien

Methylphenidat (MPH) und *DL-Amphetamin (AMPH)* hemmen den Dopamintransporter im vorderen Aufmerksamkeitszentrum und den Noradrenalintransporter im hinteren Aufmerksamkeitszentrum. Dadurch steigt die Konzentration von Dopamin und Noradrenalin im synaptischen Spalt an. Die Leistungen, die diese beiden Botenstoffe erbringen, verbessern sich.

Atomoxetin (ATX) hemmt den Noradrenalintransporter im hinteren Aufmerksamkeitszentrum. Dadurch erhöht sich der Noradrenalinspiegel in der Synapse. Indirekt erhöht Atomoxetin aber auch den Dopaminspiegel in den Synapsen des Stirnhirns. Dopamin benutzt nämlich neben seinem eigenen Transporter zusätzlich den Noradrenalintransporter. Wird dieser durch Atomoxetin besetzt, steht mehr Dopamin im vorderen Aufmerksamkeitszentrum zur Verfügung.

O

Osteopathie

O

Die Geschichte der Osteopathie begann vor 130 Jahren. Der amerikanische Arzt Dr. Andrew Taylor Still (1828–1917) beobachtete, dass schon geringfügige Veränderungen an Knochen, Gelenken oder Muskeln den gesamten Organismus beeinträchtigen können. Der amerikanische Chiropraktiker Dr. William Sutherland hat den Gedanken aufgegriffen und 1930 geschrieben:

»Der menschliche Körper besteht aus drei Systemen, [...] die sich gegenseitig beeinflussen: Dem kraniosakralen System (Schädel-Kreuzbein-Wirbelsäule), dem Bewegungsapparat und der Wirbelsäule als Verbindungsstück. [...] Innerhalb des Schädels und des Wirbelkanals existiert ein regelmäßiger Pumpmechanismus, dessen Energie im Schädel zentriert ist. [...] Osteopathen können diesen kranialen, rhythmischen Impuls (CRI), der eine Frequenz von acht bis zwölf Zyklen pro Minute aufweist und ohne Zeitverzögerung oder Amplitudenverlust die Peripherie erreicht, mit ihren bloßen Händen an verschiedenen kranialen Nahtstellen tasten. [...] Durch subtile Berührungen und Mobilisationsbewegungen der kraniosakralen Strukturen

> können Blockierungen – am ganzen Körper – gelöst werden. […] Diese Befreiung fördert die Selbstheilungskraft des gesamten Organismus.« (Much 2013)

Osteopathen des 21. Jahrhunderts beschreiben ihre Fähigkeiten folgendermaßen:

> »Es ist möglich, diverse Erkrankungen wie etwa Allergie, Migräne, Ohrensausen, Hyperaktivität von Kindern, hormonelle Störungen, Gleichgewichtsstörungen, unklare Schmerzen und vieles mehr mit dieser Therapieform zu heilen.« (Abehsera 2001)

In Deutschland sind gegenwärtig die Bezeichnungen »Osteopath« und »Osteopathie« rechtlich nicht geschützt. Mit anderen Worten: Osteopathie kann jeder betreiben, der sich dazu befähigt glaubt.

Ein kraniosakraler Impuls ist bisher durch kein wissenschaftliches Verfahren nachgewiesen worden. Selbst dann, wenn es ihn gäbe, ist es unwahrscheinlich, dass ein Heiler einen solchen Impuls ertasten könnte. Nach den Gesetzen der Physik und der Physiologie gibt es keinen Impuls, der ohne Zeitverzögerung, also mit Überlichtgeschwindigkeit, und ohne Amplitudenverlust die Körperperipherie erreicht.

1999 hat die Universität von British Columbia, Kanada, eine Metanalyse von 34 Studien zum Thema Osteopathie vorgenommen. Das Ergebnis: »Es existieren nur ungenügende wissenschaftliche Hinweise, die eine Empfehlung der osteopathischen Aktivität rechtfertigen würden.« (Much 2013, S. 229).

Positive Wirkungen auf ADHS sind bisher nicht nachgewiesen worden.

Gegen die Einführung eines eigenständigen Berufs des Osteopathen haben sich im Februar 2015 die deutschen Orthopäden und Unfallchirurgen ausgesprochen. Osteopathische Verfahren sollen nicht ohne ärztliche Diagnose angewandt werden (Gerst 2015).

P

Paarbeziehungen bei ADHS

Beobachtungen, die in der Beziehung eine Rolle spielen

1. Stimmungsschwankungen
2. Ungeduld, z. B. beim Autofahren
3. Reden ohne Nachdenken
4. Unterbricht die Rede des Partners
5. Kontrollzwang
6. Emotionale Überreaktionen (fühlt sich rasch genervt, gerät in Wut, wird verstimmt oder traurig)
7. Am Anfang brennt ein wildes Feuer. Später kann es Brandwunden geben.
8. Abrupte Aufnahme oder Beendigung von Beziehungen (mehrere Ehen, Trennungen, Scheidungen)
9. Unglückliche Partnerwahl

10. Man ist überzeugt: Immer ist der andere schuld!
11. Jeder denkt in seiner eigenen Sprache. Auch dann, wenn man genau zu wissen meint, wie der andere tickt.

Empfehlungen

1. Die Beziehung gelingt nur, wenn beide Partner es schaffen, ihre unterschiedlichen Rhythmen einigermaßen anzugleichen.
2. Versuchen Sie nicht, den anderen zu erziehen.
3. Kündigen Sie alles an, was Sie vorhaben, mit knappen, klaren Worten.
4. Sprechen Sie aus, was Sie vom Gegenüber erwarten. Setzen Sie nicht voraus, dass der andere das genau weiß. Andernfalls entsteht eine Kette von Missverständnissen.
5. Wirksam ist nur, was beim anderen ankommt, gleichgültig, wie Sie es gemeint haben.
6. Vermeiden Sie Gedankenlesen. Hinterfragen Sie vielmehr jede Unklarheit.
7. Persönliche Kommunikation ist nur medienfrei möglich.
8. Vermeiden Sie Ihre Neigung, beim anderen sofort jeden Fehler zu erkennen und anzumahnen, aber das eigene Fehlverhalten zu übersehen.
9. Bei negativen Ereignissen sollten Sie nicht sogleich in heftigen Ärger ausbrechen oder in tiefe Trauer versinken. Negative Ereignisse sind unvermeidbar.
10. Halten Sie Sachebene und Gefühl unbedingt auseinander. Das gelingt allerdings nur mit Wissen und Annahme des Störungsbildes.
11. Verbannen Sie Unwörter und Unsätze aus Ihrem Sprachschatz: »Nie, immer, ständig, müssen, sollen, endlich«. »Wie oft muss ich dir noch sagen?« »Warum tust du nie ...?«
12. Gönnen Sie dem anderen genügend Freiraum.
13. Achten Sie unbedingt die Privatsphäre des anderen. Geben Sie Ihrem Kontrollzwang nicht nach.
14. Wenn Ihr Partner beim Sport oder bei anderen Tätigkeiten nicht mitkommt, akzeptieren Sie das. Sagen Sie nicht: »Streng dich an!« oder »Sei nicht so ängstlich!«

Phosphat

Biologische Bedeutung

Phosphat spielt eine bedeutende Rolle im Mineralstoffwechsel des Körpers, vor allem in der Muskulatur und im Knochen.

Der Phosphorsäureester der Aminosäure Adenosin ist das Adenosintriphosphat, abgekürzt ATP. Er ist der wichtigste Energielieferant für den Zellstoffwechsel.

Die Knochenzelle bildet aus Calcium und Phosphat die Knochenhartsubstanz (phosphorsaurer und kohlensaurer Kalk). Nur dann, wenn Calcium und Phosphat im Serum in einem bestimmten Verhältnis zueinander vorliegen, können sie in den Knochen eingelagert werden.

Phosphat als Lebensmittelzusatzstoff

Phosphat, zum Beispiel Calciumphosphat (E 341), wird als Lebensmittelzusatzstoff in großer Menge bei der industriellen Herstellung von Nahrungsmitteln verwendet. Die Kennzeichnungspflicht verlangt bisher nur eine qualitative, keine quantitative Angabe. Phosphat dient als Säureregulator, Stabilisator, Emulgator oder Verstärker von Antioxidantien. Phosphate werden Wurstwaren, Schmelzkäsezubereitungen und Limonaden (ausgenommen Bio-Limonaden) zugesetzt.

Phosphatüberschuss: Folgen

1. Zu viel Phosphat in der Nahrung, vor allem durch Lebensmittelzusatzstoffe, führt bei gleichzeitigem Calciummangel zur Entkalkung des Knochens. Folge: Vermehrt Knochenbrüche! Als Ursachen für die steigende Zahl von Unterarmbrüchen bei Kindern werden angenommen:
   - wenig Milchverzehr (Calciummangel)
   - wenig Bewegung (mangelhafte Festigkeit des Knochens)
   - Viele Cola-Getränke, Fast Food und Fertigprodukte (Phosphatüberschuss)
2. Erhöhte Phosphatspiegel im Serum schädigen schon bei jungen Menschen die Gefäßwand durch Kalkeinlagerung. Insbesondere die Herzkranzgefäße (Koronararterien) sind davon betroffen (»Koronarkalk«).
3. Bei Patienten mit Nierenkrankheiten gilt ein hoher Phosphatspiegel als potenter Risikofaktor für eine hohe Sterblichkeit.

4. Phosphat im Übermaß beschleunigt Alterungsvorgänge: Muskel- und Hautatrophie, Nierenversagen, Gefäßverkalkung.
5. Ein Phosphatüberschuss kann die Symptome eines Aufmerksamkeitsdefizitsyndroms (ADHS) verstärken, wenn gleichzeitig ein Enzymdefekt vorliegt. Überhöhte Phosphatwerte im Blut beeinträchtigen den Katecholaminstoffwechsel. Die Botenstoffe Dopamin und Noradrenalin, deren Mangel beim Aufmerksamkeitsdefizitsyndrom nachgewiesen ist, zählen zu den Katecholaminen. Sie üben im Stirnhirn eine Kontrollfunktion aus. Wird diese Kontrollfunktion durch Phosphat im Übermaß ausgebremst, entstehen überschießende Handlungen, Unruhe und Aufmerksamkeitsstörungen.

Phosphatüberempfindlichkeit

Beobachtung

Vereinzelt berichten Eltern, dass bei ihrem Kind mit ADHS die Symptome verstärkt werden, wenn es ein Nahrungsmittel mit hohem Phosphatgehalt zu sich nimmt, z. B. Cola. Umgekehrt kommt es zu einer Abmilderung des Krankheitsbildes, wenn die Phosphatzufuhr eingeschränkt wird. Diese Erscheinung wird als Phosphatüberempfindlichkeit bezeichnet. Ihre Ursache wird in der wissenschaftlichen Literatur bislang unterschiedlich beurteilt.

Denkmodell

Folgendes Denkmodell hat eine gewisse Wahrscheinlichkeit für sich:

Im Liquor cerebrospinalis (Hirnwasser) von Menschen mit ADHS ist die Konzentration des Botenstoffes *Dopamin* niedriger als bei anderen Menschen. Dopamin ist der Vorläufer des Botenstoffs Noradrenalin. Beide Substanzen gehören zum Katecholamin-Stoffwechsel. Die Katecholamine üben in Stirn- und Stammhirn eine Kontrollfunktion aus. Nachweislich wird diese Kontrollfunktion herabgesetzt, wenn der Mensch folgende Substanzen aufnimmt:

- Alkohol
- viele Sedativa (Beruhigungsmittel, z. B. Barbiturate)
- Phosphat

Stoffwechsel

Wie Phosphat aus der Nahrung in den Katecholamin-Stoffwechsel eingreift, ist noch ungeklärt. Sicher ist jedoch, dass die Hemmung der Kontrollfunktion in Stirn- und Stammhirn Hyperaktivität, aggressive und sittliche Entgleisungen fördert. Ferner kann es zu einer Verschlechterung der Aufmerksamkeit kommen. Aus diesen und anderen Gründen (phosphathaltige Lebensmittel sind zumeist auch zuckerreich!) ist es sinnvoll, die übermäßige Zufuhr von phosphathaltigen Lebensmitteln, wie zum Beispiel Cola, zu vermindern.

Nachweis

Der Phosphat-Spiegel kann sowohl im Serum wie im Vollblut untersucht werden. Sicherer als im Serum ist die Bestimmung im Vollblut. Der Phosphatspiegel im Blut schwankt sehr stark. Eine mehrmalige Blutuntersuchung ist daher empfehlenswert.

Phosphat- und zuckerreduzierte Kost

Erlaubt	Nicht erlaubt
Fleisch	
Frischfleisch (Geflügel, Wild, Rind, Schwein, Kalb) Hartwurst (Salami, Cervelatwurst, Katenwurst, Peitschenstecken) Rauchfleisch Roher Schinken Speck	Wurst mit Phosphatzusatz Frischwurst (Bratwurst, Rote Wurst) Gekochter Schinken Fleisch- und Leberkäse, Hackbraten, gefüllter Braten Paniertes Fleisch, Fertigsuppen mit Fleischeinlage
Fisch	
Frischfisch Schalentiere Ölsardinen	Fischstäbchen, tiefgefroren oder paniert Fischkonserven Räucherfisch
Milch, Eier, Honig	
Milch (bis 500 ml täglich) Butter, Sahne, pflanzliche Öle Hartkäse und Quark (wenig) Eis, selbst hergestellt aus Schlagsahne und	Schmelz- und Kochkäse, Weichkäse Magermilchpulver Margarine Fertigeis

P

Erlaubt	Nicht erlaubt
Obst Ei, 3 x pro Woche Honig, Süßstoff aller Art	
Obst und Gemüse	
Salat, Kräuter, Zwiebeln, Knoblauch, Kohl, Kraut, Kohlrabi	Alle Sorten von Nüssen, Spinat, Tomaten, Paprika
Gelbe Rüben, Gurken, Radieschen, Rettich, Spargel	Sojabohnen und Sojaprodukte
Frische Pilze (geringe Menge)	Getrocknete Pilze
Kartoffeln	
Erbsen, Bohnen, Linsen in geringen Mengen	Erbsen, Bohnen, Linsen in großen Mengen
Obstkonserven ohne Zuckerzusatz	
Birnen, Äpfel, Wassermelonen	
Trockenfrüchte	Zitrusfrüchte, Ananas
Feigen, Dattteln	Trauben, Rosinen, Johannisbeeren
Marmelade (außer Orangen- und Johannisbeermarmelade)	
Getreideprodukte	
Reis, Grieß, Sago	Mais
Weizen- und Roggenmehl	
Mais-, Kartoffel- und Reisstärke	Instant-Stärke-Pulver (kaltlösliche und phosphathaltige Stärke)
Fruchtzucker (Fruktose)	
Puddingpulver zum Kochen	Traubenzucker (Glukose)
Rohr- und Rübenzucker (wenig)	Kaltlösliche Puddingpulver Schokolade, Marzipan, Kakao, Nougat, Gummibärchen Nusshaltige Brotaufstriche Ketchup
Getränke	
Leitungswasser	Saft von Zitrusfrüchten
Mineralwasser	Limonaden, Erfrischungsgetränke (Coca-Cola®, Fanta®, Bluna®, Sprite®, Red Bull®)
Kräutertee ohne Kochzucker (Saccharose)	
Apfel-, Birnen- und Kirschsaft, mit Wasser verdünnt	Fruchtsaftkonzentrate Malzkaffee, Instantgetränke, Eistee
Bohnenkaffee, Schwarzer Tee ab 14 Jahren	Alkohol (auch Malzbier), »alkoholfreies« Bier
Backwaren	
Grau-, Schwarz- und Weißbrot, Sauerteigbrot	Mit Backpulver hergestellte Backwaren
Mit Weinsteinpulver oder Hefe hergestellte Backwaren	Tiefkühlteig Kuchenfertigmehl
Mürbe-, Brand- und Strudelteig	

Progressive Muskelentspannung nach Jacobson

Einleitung

Der amerikanische Arzt Edmund Jacobson hat 1935 eine Methode entwickelt, um Muskelverspannungen bei seelischen und körperlichen Krankheiten zu lösen. Er hat beobachtet, dass willentlich herbeigeführte An- und Entspannung der Muskulatur zur Verminderung des Herzschlags, Vertiefung der Atmung, Entkrampfung der Stimmung, Angstlösung und Gelassenheit führen. Ferner wird dabei der eigene Körper besser wahrgenommen.

Wann hilft die Muskelentspannung?

- Kopfschmerzen
- Nackenschmerzen
- Rückenschmerzen
- Übererregung
- Konzentrationsschwäche
- Unruhe
- traurige Verstimmung
- Angst

Durchführung

Die Übung beginnt mit einer beruhigenden *Einstimmung* von 1 bis 3 Minuten Dauer: Ruhiger, geschlossener Raum, Fernsprechgerät abstellen, bequeme Haltung einnehmen, Augen schließen, tief ein- und ausatmen.

Übungen: Die rechte Hand beginnt, mit dem linken Fuß wird die Übung beendet. Nacheinander werden die einzelnen Körperteile so stark wie möglich angespannt, dann entspannt. Je nach Zahl der einbezogenen Körperteile gibt es eine Zehner- und eine Siebzehnerrunde.
Die Übungen schließen mit der *Rücknahme*:
Hände zum Gesicht führen, mehrmals mit den Händen über Gesicht und Haare streichen, Augen öffnen, sich recken und strecken.

P

Ablauf (Zehnerrunde)

Spannung jeweils für ca. 10 Sekunden halten, dann loslassen und mit der nächsten Übung beginnen.

1. Rechte Hand zur Faust schließen. Auf 10 zählen. (Auch bei den folgenden Übungen wird immer auf 10 gezählt.) Loslassen.
2. Rechten Unterarm anwinkeln. Unter- und Oberarm gegen den Brustkorb drücken – halten – loslassen.
3. Linke Hand zur Faust schließen – halten – loslassen.
4. Linken Unterarm anwinkeln. Unter- und Oberarm gegen den Brustkorb drücken – halten – loslassen.
5. Rechtes Knie gegen Tischbein oder Wand drücken – halten – loslassen.
6. Rechtes Bein im Kniegelenk strecken, Zehen nach oben ziehen – halten – loslassen.
7. Rechten Fuß strecken, Fußspitze nach innen drehen, Zehen beugen (einkrallen) – halten – loslassen.
8. Linkes Knie gegen Tischbein oder Wand drücken – halten – loslassen.
9. Linkes Bein im Kniegelenk strecken, Zehen nach oben ziehen – halten – loslassen.
10. Linken Fuß strecken, nach innen drehen, Zehen beugen (einkrallen) – halten – loslassen.

Pseudo-ADHS oder Syndrom des »Bösen Friederich«

Der Nervenarzt Dr. Heinrich Hoffmann hat vor 170 Jahren für seine Kinder das Buch »Der Struwwelpeter« geschrieben und gemalt. In diesem Buch kommt auch »Der böse Friederich« vor. Von ihm heißt es:

> »Der Friederich, der Friederich, das war ein arger Wüterich!
> Er fing die Fliegen in dem Haus
> und riß ihnen die Flügel aus.
> Er schlug die Stühl' und Vögel tot,
> die Katzen litten große Not [...]«

Hoffmann beschreibt hier eine Verhaltensstörung, die durch folgende Eigenschaften gekennzeichnet ist:

- Wutausbrüche
- Ungeduld
- Impulssteuerungsschwäche
- Tierquälerei

In der Kinderheilkunde des 21. Jahrhunderts sprechen wir vom Syndrom des bösen Friederich oder vom Pseudo-ADHS und finden darin manche der Eigenschaften wieder, die schon Heinrich Hoffmann im Zappelphilipp beschrieben hat:

- Ungeduld
- Hyperaktivität
- Zornanfälle
- Verkürzte Aufmerksamkeit
- Anspruchshaltung
- Leistungsunlust
- Störung des Sozialverhaltens

Der »böse Friederich« zeigt also Symptome, die denen beim Aufmerksamkeitsdefizitsyndrom mit Hyperaktivität (ADHS), dem Zappelphilipp-Syndrom, recht ähnlich sind.

Während die Zahl der Menschen mit echtem ADHS seit Jahrhunderten gleichbleibend bei 3–5 % der Gesamtbevölkerung liegt, nahm die Zahl der Kinder und Jugendlichen mit Pseudo-ADHS in den letzten 20 Jahren deutlich zu. Das ist zumindest der Eindruck der Kinder- und Jugendärzte, die mit der Betreuung von ADHS-Patienten Erfahrung haben. Eine Studie dazu ist allerdings bisher nicht durchgeführt worden.

Wie ist die Zunahme des Pseudo-ADHS zu erklären? In den letzten 30 Jahren sind drei neue »Kinderkrankheiten« aufgekommen:

1. Medienmissbrauch
2. Bewegungsmangel
3. Erziehungsverzicht

Die drei neuen »Kinderkrankheiten« treten in den meisten Fällen gemeinsam und geballt auf. Sie führen genau zu den Symptomen, die ich eben als charakteristisch für das Pseudo-ADHS aufgezählt habe.

Während das echte ADHS zu 80 % auf Erbfaktoren und zu 20 % auf Umwelteinflüsse zurückgeführt wird, sind die Verhältnisse beim Pseudo-ADHS genau umgekehrt: Zu 80 % sind Umwelteinflüsse, zu 20 % Erbfak-

P

toren verantwortlich. Die Umwelteinflüsse sind eben jene drei neuen »Kinderkrankheiten«, die ich oben vorgestellt habe.

Wegen des zunehmend häufigeren Pseudo-ADHS muss der Arzt heute bei Hinweisen auf eine Aufmerksamkeitsstörung sehr genau prüfen, ob ein echtes Aufmerksamkeitsdefizitsyndrom oder ein Pseudo-ADHS vorliegt.

Viele Behandlungsansätze sind für beide Verhaltensstörungen gleich:

- Beschränkung der Mediennutzung auf das altersentsprechende Maß
- Vermehrt Bewegung, vor allem Sport
- Liebevolle, aber strukturierte, konsequente Erziehung.

Der Neurotransmitterersatz, der beim echten und stark ausgeprägten ADHS hilfreich ist, nützt beim Pseudo-ADHS nichts.

Pubertät und ADHS

Die normale Pubertät

Die Pubertät ist für alle Jugendlichen und ihre Eltern eine aufregende Zeit. Die hormonellen Veränderungen dieser Entwicklungsphase bringen starke Stimmungsschwankungen und überschießende Reaktionen mit sich. Mädchen und Jungen sind stundenlang auf den Baustellen »Haare«, »Pickel«, »Busen« und »Penis« beschäftigt. Ab dem 11. Lebensjahr gehen die Kinder durchschnittlich 50 Minuten später zu Bett und schlafen 37 Minuten weniger je Nacht. Die Mädchen sind betrübt, wenn sie feststellen, dass sich ihre Figur allmählich dem birnenförmigen Vorbild der Mutter annähert. Die Jungen schlurfen betont schlaksig zur Schule und setzen eine krampfhaft lässige Miene auf.

Die bisherigen Vorbilder Mutter und Vater werden in Frage gestellt oder brutal vom Thron gestoßen. Eigene Meinungen werden als Probiermeinung ohne ernsthafte Begründung überheblich und ätzend vorgetragen. Unabhängigkeit wird aggressiv eingefordert. Das Verhaltensprogramm wird zum Missfallen der Eltern erweitert: Widerspruch, Respektlosigkeit, Intoleranz und Frechheit werden täglich neu geprobt. Die Bezugsgruppe der Gleichaltrigen wird wichtiger als die Familie. Die Gruppe bestimmt jetzt, wie gefühlt, gedacht und gehandelt wird.

Die Superpubertät bei ADHS und der fehlende Rückspiegel

Alle diese Veränderungen treten auch beim ADHS-Jugendlichen ein – nur um einige Grade stärker! Das ADHS-Kind lernt, wie andere Kinder auch, ab dem 11. Geburtstag formal-logisch zu denken. Doch es fehlt ihm die Kontrolle über sein Verhalten. Es besitzt keinen Rückspiegel, in dem es sein eigenes Benehmen beobachten kann. Daher ist es nicht in der Lage, seine Wirkung auf andere Menschen richtig einzuschätzen. Er glaubt daher stets, dass andere Menschen an seinen zahlreichen Missgeschicken schuld sind.

Die egozentrische Weltschau

Bis zum 12. Lebensjahr sieht das Kind die Welt ausschließlich aus seiner Sicht: Die Welt ist so, wie ich sie sehe. Diese röhrenförmige Weltschau macht in den folgenden Jahren einer breiteren Sicht der Dinge Platz. Nicht so bei der ADHS-Persönlichkeit: Sie sieht weiterhin die Welt wie durch eine Röhre.

Nur die eigene Perspektive gilt. Ich-Bezogenheit und Intoleranz bleiben bis ins Erwachsenenalter bedeutsame Verhaltensmerkmale. Der ADHS-Jugendliche ist fest davon überzeugt, dass er selbst am besten weiß, was gut für ihn ist. Mit Nachdruck und Zähigkeit versucht er, seinen Willen durchzusetzen: Ich und nur ich bestimme über mich selbst! Da der Abgleich mit der Wirklichkeit fehlt (kein Rückspiegel!), führt eine solche Einstellung immer wieder zu schlimmen Fehlentscheidungen.

Selbststeuerung

Ab dem 14. Lebensjahr entwickelt sich beim Jugendlichen eine verantwortungsbewusste Selbststeuerung. Beim ADHS-Jugendlichen stellt sich diese Selbststeuerung rund fünf Jahre später ein – wenn überhaupt! Die Fremdsteuerung macht ihn für Einflüsse von Personen anfällig, die er für Vorbilder hält. Ein Beispiel: Matthias hat ADHS. Er ist ein großer Handy-Nutzer. Die Eltern versorgen ihren »technisch hochbegabten Sohn« dafür überreichlich mit Geld. Sein Klassenkamerad Peter, ebenfalls ADHS, findet das toll und vertelefoniert in einem Monat eben mal 200,- Euro. Als sein Vater das nicht in Ordnung findet, schimpft der Sohn: »Du bist ja so was von engstirnig und verkalkt!«

Die Sucht nach dem Risiko

Mit zunehmendem Alter merkt der ADHS-Jugendliche immer deutlicher, dass er anders ist als der Durchschnitt. Das bringt ihn dazu, sich mit ähnlichen Exoten zusammenzutun. Gemeinsam wird das Hochrisiko gesucht: Ladendiebstahl, S-Bahn-Surfen, Würgespiele, Wasserpfeife rauchen oder der Substanzmissbrauch. Egozentrische Weltschau, Nachahmungstrieb und ungesteuerte Impulsivität führen dazu, dass sich der ADHS-Jugendliche nichts sagen und nicht helfen lassen *kann.*

Die immerwährende Krise

Der ADHS-Jugendliche lebt nur im Hier und Jetzt. Er kann nur schlecht aus Erfahrungen lernen. Er kann sich selbst nicht genügend steuern. Deshalb stolpert er von einer Krise in die nächste. Er ist dabei immer fest überzeugt, dass die anderen schuld daran sind. Auch gegenüber Menschen, die ihm wichtig sind (Freundin oder Freund, Trainer, Lehrer, Eltern), kann er sich nicht zusammennehmen. Ist aber der Wutanfall verraucht, befällt ihn Verlustangst. Er merkt, dass er sein Gegenüber wieder einmal durch seine Worte oder Taten verletzt hat. Rührend versucht er dann, dies mit ungeschickten Sätzen oder kleinen Zettelchen wieder gut zu machen. Eltern, Lehrer oder Lehrmeister sollten niemals zulassen, dass die Schuld auf andere Menschen geschoben wird. Auch der ADHS-Jugendliche macht Fehler, und das nicht zu knapp. Er muss lernen, dazu zu stehen.

Die schönen Seiten der Pubertät

- Groß ist die Begeisterung, die Mädchen und Jungen in dieser Zeit entwickeln.
- Mut und Optimismus überwiegen über die depressiven Phasen.
- Der Erfindungsreichtum, wenn es um die eigene Subkultur geht, ist nahezu unerschöpflich.
- Die Intensität, mit der geliebt und gelitten wird, ist einmalig.
- Staunenswert ist die Art, wie der Jugendliche sein neues Denken entdeckt und einsetzt.

14 eiserne Regeln für Eltern

1. ADHS-Jugendliche brauchen konsequente, zuverlässige Bezugspersonen mit viel Verständnis.
2. Ständige Vorhaltungen und Ermahnungen nützen gar nichts. Sie schaffen nur Abwehr.
3. Geben Sie Ihre eigene Meinung nicht auf. Versuchen Sie aber nicht, Ihre Meinung dem Jugendlichen aufzunötigen. Fordern Sie ihn nur auf: »Denk darüber nach!«
4. Klare, knappe Ansagen in freundlichem Ton. Nie ironisch oder sarkastisch werden!
5. Das elterliche Vorbild ist weiterhin auch ohne Worte wichtig.
6. Eltern müssen den Jugendschutz beachten. Sie haben ein »Aufenthaltsbestimmungsrecht«. Es muss klar sein, dass die Eltern bis zum 18. Geburtstag wissen müssen, wo sich der Sprössling aufhält und wann er heimzukehren gedenkt. Als Begründung genügt: »Wir müssen das wissen, für den Fall, dass etwas passiert.«
7. Seien Sie jederzeit bereit, über alles zu sprechen, auch über absonderliche Themen.
8. Gehen Sie auf Motzen nicht ein. Fordern Sie aber sofortige Rückmeldung.
9. Bei Erregung nehmen Sie den Blickkontakt weg und senken die Stimme.
10. Geben Sie keine »guten Ratschläge«. Legen Sie vielmehr die Möglichkeiten offen.
11. Jeder Jugendliche fühlt sich einzigartig. Stellen Sie heraus, dass auch jeder andere Mensch einzig in seiner Art ist!
12. Der Angriff des jungen Menschen richtet sich gegen die Einrichtung »Elternhaus«, nicht gegen Mutter oder Vater als Person.
    Nehmen Sie also scharfe Kritik nicht persönlich!
13. Ab und zu darf der Jugendliche hören, dass man von ihm einen ordentlichen Schulabschluss und eine erfolgreiche Berufsausbildung erwartet.
14. Alles geht einmal vorüber!

Punkteplan: ein Belohnungssystem zur Motivation

Darf- und Muss-Abläufe

In unserem Alltag gibt es Darf- und Muss-Abläufe. ADHS-Kinder entscheiden stets nach dem Lustprinzip und haben daher Schwierigkeiten, Muss-Abläufe zu bewältigen. Muss-Abläufe oder Pflichtaufgaben werden aufgeschoben oder verweigert. Die Folgen haben sie nicht im Blick. Alle Kinder, natürlich auch ADHS-Kinder, müssen lernen, Muss-Abläufe durchzuführen:

- Unbequeme Arbeiten müssen erledigt werden.
- Ich muss auf andere Rücksicht nehmen.
- Ich muss mir Ziele selbst erarbeiten.

Es gibt außer Gewalt nur eine Möglichkeit, Muss-Abläufe bei ADHS-Kindern zu erreichen: Sie müssen *eingeübt* werden. Zur Einübung, zur Automatisierung, eignet sich besonders gut ein positiver Verstärker: Der Punkteplan.

Der Punkteplan

Der Punkteplan ist ein individuell gestaltetes Papier, auf dem die Leistungen des Kindes aufgezeichnet werden. Für jede Leistung wird eine bestimmte Anzahl von Punkten vergeben. Die Punkte werden täglich, nach einer oder nach drei Wochen zusammengezählt. Hat das Kind eine vorher festgelegte Punktzahl erreicht, hat es sich eine Belohnung verdient.

Der Punkteplan hilft, häufig wiederkehrende Pflichten zu bewältigen. Er stellt eine stark motivierende Möglichkeit dar, ungünstiges Verhalten zu verändern. Ein Punkteplan ist auch dann noch brauchbar, wenn sich ein Problemverhalten bereits tief eingeschliffen hat. Er ist in solchen Fällen sogar besonders nützlich!

Nicht hilfreich ist ein Punkteplan,

- wenn er zu umfangreich ist und zu einem großen Wunschzettel der Eltern wird,

- wenn verwaschene, allgemeine Ziele genannt werden, wie zum Beispiel: »Lieb sein!«,
- wenn der Zeitrahmen nicht festgelegt wird, wie zum Beispiel: »Für die Englisch-Klassenarbeit lernen!«,
- wenn die Punkte nicht sofort eingetragen werden,
- wenn die Belohnung nicht reizt, wie zum Beispiel Süßigkeiten: »Die kriege ich sowieso von der Oma!«

Hilfreich für den Punkteplan sind:

- klare, knappe Anweisungen
- Eingrenzung des Zeitfensters
- Beginn mit ein oder zwei Übungsrunden
- die Belohnung muss reizvoll sein
- die Belohnung muss in einem überschaubaren Zeitraum erreichbar sein

Punkteplan

Wie gehe ich vor?

1. Auswahl des Problemverhaltens.
2. Sorgfältige Beobachtung und Beschreibung des Problemverhaltens.
3. Auswahl und genaue Beschreibung des Ziels, z. B. Beendigung der Hausaufgaben innerhalb einer bestimmten Zeit.
4. Auswahl der Belohnung aus einer Liste positiver Verstärker.
5. Bestimmung und Art der Symbole. Symbole sind Objekte mit Tauschwert, zum Beispiel Punkte, Sternchen, fröhliche Gesichter, erhobene Daumen.
6. Vereinbarung: Wie viele Symbole braucht es für eine Belohnung bzw. für einen positiven Verstärker?
7. Niederschrift der Ziele und Symbole in einem Plan oder Kalender.

Was muss ich noch beachten?

1. Eltern und Kind besprechen *gemeinsam* das angestrebte Verhalten und die Belohnung, die erreicht werden kann.
2. Einsatz des Punkteplans zunächst nur für *drei* Wochen.
3. Bevorzugen Sie *soziale* Verstärker.

Schriftlicher Vertrag

Eltern und Kind schließen miteinander einen Vertrag in schriftlicher Form ab.

In diesem werden festgelegt:

1. das Ziel
2. problematische Verhaltensweisen
3. Aufgaben des Kindes
4. Aufgaben der Eltern
5. Wie viele Symbole sind zum Erreichen des Zieles nötig?

Variante: Punktabzug

1. Symbole, die schon gewonnen waren, werden wieder entzogen, wenn sich das Kind unangemessen verhält.
2. Vorteil: Die Methode hat nicht die Nebenwirkungen der direkten Bestrafung.
   Nachteil: Die Methode fördert Mutlosigkeit, daher nur ausnahmsweise einsetzen.
3. Die Regeln für Punktabzug müssen vorher klar festgelegt werden.
4. Das Symbol muss gleich nach dem unerwünschten Verhalten abgezogen werden.

Variante: Wechselnde Belohnungen

Der Punkteplan kann nach Ablauf der ersten drei Wochen verändert werden:

- Die Zeiten für positives Verhalten werden verlängert.
- Die Zahl der Punkte, für die es einen positiven Verstärker gibt, wird erhöht.

Punkteplan Morgenstunde

Musterplan 1

Tätigkeit	bis (Uhrzeit)	Mo	Di	Mi	Do	Fr
Punkte						

Musterplan 2

Tätigkeit	bis (Uhrzeit)	Mo	Di	Mi	Do	Fr
Aufstehen zügig						
Waschen						
Anziehen						
Frühstück rechtzeitig, ohne Streit						
Zähne putzen						
Punkte						

P

Punkteplan, Vertrag

1. Problemlage, Ist-Stand
z. B. Morgenstunde,
Mittagessen,
Hausaufgaben,
Verwandtenbesuch

2. Erreichbares Ziel, Realziel
Was genau,
wie oft,
wie lange,
wie stark ...

3. Erfassung der Punkte
Kalender
Wochenplan
Eigenentwurf

4. Vergabe der Punkte
Wie viele Punkte für welche Leistung?

5. Eintausch der Punkte
Wie viele Punkte sind für
eine Belohnung nötig?
Welche Belohnung?

Datum ______________________________

Unterschrift Kind ______________________________

Unterschrift Erwachsener ______________________________

R

Rechenstörung – Dyskalkulie

Begriff

Ausgeprägte Schwierigkeiten beim Erwerb der Grundrechenarten, die nicht durch eine Intelligenzminderung erklärt werden können. Beim betroffenen Kind entwickeln sich die basisnumerischen Vorläuferfertigkeiten nicht altersentsprechend: Vor dem ersten Geburtstag kann das Kind zwei verschiedene Mengen nicht unterscheiden und Mengen bis zu fünf Bestandteilen nicht abschätzen. Im Vorschulalter hat es Schwierigkeiten beim Zählen, beim Umgang mit Mengen und beim Erkennen einstelliger arabischer Zahlen.

Mögliche weitere Teilleistungsstörungen

- Sprachentwicklungsstörung

- Wahrnehmungsstörung (Störung der visuomotorischen Koordination und des Raumlagebewusstseins)
- Störung des Arbeitsgedächtnisses
- Lese-Rechtschreib-Störung (LRS)
- ADHS
- Rechenangst
- Schulangst

Ursachen

Erblich, Frühgeburtlichkeit, Epilepsie

Häufigkeit

5 % aller Grundschulkinder, 22 % der jungen Erwachsenen

Behandlung

Individuell ausgerichtete und frühzeitig einsetzende Lerntherapie. Eltern sind keine guten Rechentherapeuten! Ohne Behandlung bleibt die Rechenstörung bis ins Erwachsenenalter bestehen.

Regeln einführen

1. Bewährt hat sich folgender Anfang:
   - »Wir wollen heute etwas Neues versuchen …«
   - »Wir wollen ein *Experiment* machen, damit wir
     - beim Frühstück,
     - bei den Hausaufgaben,
     - beim Zubettgehen usw.

     weniger Streit miteinander haben.«
2. Wählen Sie für die Vorbesprechung eine *ruhige*, entspannte Stunde aus.
3. Halten Sie die Regel so *einfach* wie möglich.

4. Beziehen Sie die Vorschläge Ihres Kindes ein. Nehmen Sie seine *Beiträge ernst.*
5. Überlegen Sie ein *Teilziel* oder mehrere Teilziele, wenn sich das Ziel nicht auf einmal erreichen läßt.
6. Erläutern Sie die *Konsequenz* für das Erreichen oder Nichterreichen des Ziels, des Teilziels oder der Teilziele, zum Beispiel:
   - Positive Verstärkung (beste Konsequenz!), Punkte im Punkteplan
   - Direkte Bestrafung
   - Indirekte Bestrafung
7. Bieten Sie *Wahlmöglichkeiten zur Ausführung,* jedoch nicht zum Inhalt Ihrer Botschaft an, zum Beispiel:
   - »Willst Du den Lernstoff gleich nach den Hausaufgaben oder vor dem Abendessen üben?«
   - »Willst Du zuerst die Zähne putzen oder zuerst den Schlafanzug anziehen?«
8. Lassen Sie *keine Ausnahme* zu.
9. Führen Sie ein *Signalwort* ein, zum Beispiel:
   - »Ich rufe laut und langsam Deinen Namen, dann ...«
   - »Ich zähle bis 3, dann ...«
10. *Üben* Sie jede Regel wieder und wieder ein.
11. *Sie allein,* nur Sie allein sind für das Einschleifen und Durchhalten der Regeln verantwortlich! Diese Verantwortlichkeit können Sie nicht delegieren.
12. Machen Sie am Schluss der Woche eine *Wochenschau* mit Ihrem Kind: »Wir setzen uns am Wochenende zusammen und schauen uns die erste Woche mit der neuen Regel an.
    - Wie ist es gelaufen?
    - Sollen wir es in der nächsten Woche genauso machen?
    - Oder sollen wir etwas verändern?«

Regulationsstörungen

Begriff

Unter einer Regulationsstörung versteht man die mangelhafte Fähigkeit des Kindes im ersten Lebensjahr zur Selbststeuerung

- bei der Nahrungsaufnahme,
- beim Schlafen,
- beim Schreien.

Regulationsstörungen im ersten Lebensjahr sind oft – aber nicht immer – Hinweise auf ein Aufmerksamkeitsdefizitsyndrom ohne oder mit Hyperaktivität (ADHS).

Frühzeichen

Das Kind mit Regulationsstörungen fällt der Mutter durch besonders heftiges Strampeln im Mutterleib auf. Die Geburt setzt häufig erst 8–12 Tage jenseits des errechneten Termins ein. Kaum ist das Kind auf der Welt, reißt es die Augen weit auf, wirkt hellwach und beginnt alsbald anhaltend zu brüllen.

Das Schreikind

Das Kind ist sehr unruhig, schreit viel und schläft wenig. Nun schreien alle Kinder in den ersten drei Lebensjahren. Durchschnittlich raubt ein gesundes Kind seinen Eltern im ersten Lebensjahr zwischen 400 und 750 Stunden Schlaf (Broschart 2017)! Im 3. Monat beträgt die durchschnittliche Schreidauer 3 Stunden. Ab dem 4. Monat geht das tägliche Geschrei auf 1–1,5 Stunden zurück.

Von übermäßigem Schreien wird dann gesprochen, wenn es länger als 3 Stunden täglich andauert, wenn es an mehr als 3 Tagen je Woche auftritt und wenn es mehr als 3 Wochen anhält. Das ist die wissenschaftliche, objektive Begriffsbestimmung. Einfacher ist die subjektive Begriffsbestimmung: Das ist Kind ist dann ein Schreikind, wenn es für die Eltern zum Problem geworden ist und wenn die Eltern an einem Punkt angekommen sind, an dem sie nicht mehr weiterkommen.

Weitere Eigenschaften

Das Kind mit Regulationsstörungen trinkt zumeist sehr gierig, unterbricht oft, weil es abgelenkt wird, schluckt reichlich Luft und spuckt immer wieder vor sich hin, ohne dabei krank zu wirken. Es mag Schmusen nicht besonders, es ist weniger an Babyspielzeug als vielmehr an Dingen aus der Erwachsenenwelt interessiert: Uhr, Halskette, Haare, Brille, Tasse, Löffel. Es kann lange den Blick fixieren auf Menschen oder Gegenstände, die es fesseln. Diesen Vorgang nennt man Hyperfokussierung. Es wirkt aufgeweckt und wird deshalb von allen Großen bewundert. Es spürt sehr fein den Gefühlszustand der Erwachsenen. Ihre Misslaunigkeit, Müdigkeit oder Lustlosigkeit erregt sofort Quengeln oder Schreien. Auf plötzliche Veränderungen reagiert es heftig, alles Neue wird zunächst abgelehnt – ein Leitsymptom auch in späteren Jahren.

Das Kind mit Regulationsstörungen sträubt sich gegen das Baden, das Haarewaschen, die Hautpflege, das Zähneputzen, den Windelwechsel und das Anziehen. Seine statomotorische Entwicklung ist oft beschleunigt: Es hebt früh den Kopf, es zieht sich früh in die Höhe, es läuft oft schon vor dem ersten Geburtstag und klettert dann überall hinauf. Das Krabbeln wird gern übersprungen.

Rehabilitation, Kur

Stellenwert im Behandlungsplan von ADHS

Verhaltensbeobachtung

In der Kurklinik lernen Fachleute aus verschiedenen Berufsgruppen das Kind oder den Jugendlichen kennen. Sie alle steuern ihre Beobachtungen zu einem Gesamtbild bei. Meistens verwenden die Mitarbeiter der Klinik einen standardisierten Fragebogen, z. B.

Verhaltensbeobachtungsbogen für Aufmerksamkeitsstörungen, VBA-2010 plus (Gießler und Fichtner, Rehabilitationszentrum Gaißach)

Ziele der Verhaltensbeobachtung:

1. Diagnosesicherung
   Diagnoseausschluss oder Diagnoseeinschluss sind wegen der Kürze des Kuraufenthaltes (drei, selten sechs Wochen) nur begrenzt möglich.
2. Beobachtung der Wirkungen und allenfalls der Nebenwirkungen des Medikaments.
   Die Verhaltensbeobachtung durch verschiedene Personen und zu verschiedenen Tageszeiten und Anlässen verbessern die Beurteilung.

3. Empfehlungen
   für das weitere Vorgehen am Heimatort ergeben sich aus der Beobachtung.

Programm in der Kur

1. Strategietraining
   nach Lauth und Schlottke (1997). Erfolg fraglich (▸ Konzentrationstraining).
2. Konzentrationsförderung
   mit dem Marburger Konzentrationstraining nach Krowatschek (1994). Erfolg fraglich (▸ Konzentrationstraining).
3. Trennung vom heimatlichen Spannungsfeld
   Allein schon die andere Umgebung vermag die Stimmung zu heben und das Verhalten zu bessern.
4. Struktur
   Der klar gegliederte Tageslauf in der Kurklinik ist Teil des Lernprogramms. Das Kind lernt dabei, sich selbst zu organisieren und längere Zeit bei einer Sache zu bleiben.
5. Entspannung
   Die Gespräche mit dem Kinderpsychologen verringern den Leidensdruck und die psychosozialen Spannungen.
6. Medikamentöse Behandlung
   Die Behandlung mit Psychostimulantien wird fortgeführt und kontrolliert.
7. Antidepressiva
   Der Einsatz solcher Mittel in der Kurklinik scheidet aus, weil Antidepressiva erst nach sechs Wochen wirken, die Reha-Maßnahme aber nur drei, selten sechs Wochen dauert.
8. Änderungen der medikamentösen Behandlung
   Dosisveränderungen und Auslassversuche sollen in der Kurklinik nur in Absprache mit dem betreuenden Arzt am Heimatort und den Eltern vorgenommen werden.
9. Mitaufnahme der Bezugsperson
   In den meisten Kurkliniken ist die Mitaufnahme von Mutter, Vater oder Geschwistern möglich. Der Begleitpersonen wird in der Klinik ein präventives Erziehungsprogramm angeboten. So können schon in der Klinik neue Strategien für den Alltag zu Hause erprobt werden.
10. Nachsorge
    Manche Kliniken bieten nach Ende des stationären Aufenthaltes fern-

mündliche Nachsorgekontakte an, zum Beispiel die Kurklinik Gaißach/Oberbayern.

11. Schulunterricht
    In der Kurklinik findet Unterricht statt. Die kleinen Klassen und die erfahrenen Lehrkräfte in der Klinik sichern eine gute schulische Leistung und bessern das Verhalten des Kindes.
12. Bewegung
    In allen Kliniken steht reichlich Sport auf dem Programm. Sport ist für ADHS-Kinder überaus wichtig. Körperliche Bewegung steigert das Körperbewusstsein und das Selbstwertgefühl.

Erfahrungen

1. Kurzfristige Aufnahme
   In den meisten Kurkliniken ist bei *Notfällen* eine kurzfristige Aufnahme möglich. Damit kann eine Krise in der Familie rasch entlastet werden. Die Behandlung kann frühzeitig einsetzen. Ein Untersuchungstermin bei einem sachkundigen Kinder- und Jugendarzt oder bei einem Kinder- und Jugendpsychiater in der Nähe des Wohnortes ist oft erst nach längerer Wartezeit zu bekommen.
2. Elterntraining
   Die Mitaufnahme und Schulung der Bezugsperson in einem Kurzprogramm verbessern den Behandlungserfolg.
3. Entlastung der Familie
   Die *Entlastung* und Erholung der daheimgebliebenen Familie ist in der Regel das *wichtigste Ergebnis* des Kuraufenthaltes des ADHS-Kindes. Die Familienatmosphäre entspannt sich in der Zeit seiner Abwesenheit. Nach Ende der Kur ist das Tor zu einem Neuanfang offen.

Reiten – Hippotherapie

Indikationen

1. zentrale Koordinationsstörung
2. neuromuskuläre Erkrankungen
3. infantile Zerebralparese
4. Multiple Sklerose

5. Amyotrophe Lateralsklerose
6. Schlaganfall, Zustand nach
7. Schädel-Hirn-Trauma, Zustand nach
8. Arthrose
9. depressive oder aggressive Verhaltensstörung
10. Psychose
11. Autismus
12. Asperger-Syndrom
13. Aufmerksamkeitsdefizitsyndrom ohne oder mit Hyperaktivität (ADHS)

Behandlungsinhalt

Die dreidimensionalen, rhythmischen, gleichmäßigen Bewegungen des menschlichen Körpers auf dem Pferd fördern:

1. Rumpfkoordination
2. allgemeine Motorik
3. Gleichgewicht
4. sensomotorische Fertigkeiten
5. Körpergefühl
6. soziale Kompetenz
7. Ruhe, Ausgeglichenheit, Wohlbefinden

Behandlungserfolg

Der Behandlungserfolg ist zumeist erstaunlich groß. Der Patient genießt den Kontakt mit dem Pferd. Er sollte stets in die Pflege des Pferdes und die Reinigung des Stalls eingebunden werden!

Reizfilterschwäche

Reizfiltersystem Gehirn

Dauernd treffen Nachrichten in großer Zahl im Gehirn ein. Nicht alle diese Nachrichten sind wichtig. Das Gehirn braucht also einen Filter, um die jeweils wichtigen Nachrichten von den unwichtigen zu trennen. Ein solcher Filter sitzt im Stirnhirn. Er wird als *Reizfiltersystem* bezeichnet. Die Grundausrüstung hierfür ist angeboren. Im Laufe des Lebens verfeinert sich das System durch Erfahrungen.

Wie arbeitet das Reizfiltersystem?

Trifft auf die Nervenzelle ein Reiz, der für die jeweilige Handlung oder Überlegung bedeutungslos ist, wird die Eingangsschwelle angehoben. Der unwichtige Gast bleibt draußen vor der Tür. Umgekehrt senkt die Nervenzelle die Eingangsschwelle ab, wenn ein wichtiger Reiz ankommt. Mit dem Reizfiltersystem schafft es die Nervenzelle, wichtige Informationen bevorzugt aufzunehmen, zu verstärken und weiterzuleiten. Nebenher schützt das System die Nervenzelle davor, mit unwichtigen Daten zugemüllt zu werden.

Reizfilterschwäche bei ADHS

Das Stirnhirn benötigt wie jeder andere Hirnanteil für seine Arbeit Energie und Botenstoffe. An Energie mangelt es dem Menschen mit ADHS nicht – im Gegenteil! Aber der Botenstoff *Dopamin*, der wichtigste Botenstoff des Stirnhirns, steht dem Menschen mit ADHS aufgrund einer erblich bedingten Besonderheit nicht in ausreichender Menge zur Verfügung. Die Folge: Das Reizfiltersystem arbeitet anders als beim Durchschnittsmenschen. Zu vergleichen ist dieser Arbeitsstil mit einer *Schleuse*, deren Tore nicht richtig schließen. Ständig strömt Wasser in die Schleusenkammer hinein, aber auch ebenso schnell wieder hinaus. Der Wasserspiegel in der Kammer steigt nicht richtig an. Auf das ADHS-Gehirn umgesetzt heißt das: Da die Reizschwelle für unwichtige Nachrichten nicht angehoben werden kann, strömen ständig und unbegrenzt Nachrichten herein, wichtige und unwichtige. Die Nachrichten fließen aber auch ebenso schnell wieder ab, ehe sie bleibende Spuren hinterlassen können.

Das bedeutet, dass der Mensch mit ADHS auf jeden noch so unwichtigen Reiz antworten *muss*. Er hat gar keine andere Wahl. Er kann seine Aufmerksamkeit nicht zielsicher und ausreichend lange auf einen bestimmten Gegenstand ausrichten. Dauernd kommt ein neuer Reiz dazwischen.

Lernschwierigkeiten

Wie wirkt sich die Reizfilterschwäche in der Schulstunde aus?

Da jede Nachricht für das ADHS-Kind gleich wichtig oder unwichtig ist, wird es in ein- und demselben Augenblick

- Männchen in sein Heft malen,
- die trockenen Blumen auf dem Fensterbrett bedauern,
- die Unordnung im Bücherregal erkennen,
- dem Nebenmann ins Heft schauen,
- einen Blick auf die Tafel werfen,
- das Röhren eines Autos auf der Straße als Porsche-Motor einordnen,
- die Fliege an der Wand mit den Augen verfolgen und
- zwei oder drei Worte der Lehrerin aufschnappen.

Auf den Punkt gebracht: Die Fliege an der Wand ist dem ADHS-Kind genauso wichtig oder unwichtig wie die Rede der Lehrerin. Ganz klar: Für den Schulerfolg ist aber die Rede der Lehrerin wichtiger als die Fliege an der Wand!

Der Arbeitsstil des ADHS-Kindes ist deshalb

- extrem reizoffen,
- oberflächlich,
- dem Hier und Jetzt verhaftet,
- hüpfend und unsystematisch.

Es leuchtet ein, dass ein solcher Arbeitsstil die Lernleistung begrenzt. Vor allem komplexe Aufgaben, wie zum Beispiel Textaufgaben, können nur schlecht erfasst und gelöst werden. Da außerdem die Geduld fehlt, gibt das Kind rasch auf und erklärt: »Kann ich nicht!«.

Impulssteuerungsschwäche

Erschwerend tritt die überschießende Impulsivität des ADHS-Kindes hinzu:

Rasch schießt die Erregung hoch. Rasch fällt sie wieder ab. Gering ist die Fähigkeit, bei der Sache zu bleiben. Ebenso gering ist die Fähigkeit, einen Misserfolg zu verkraften.

Kurzzeitgedächtnis

Kinder mit ADHS haben aufgrund ihrer Reizfilterschwäche ein *schlechtes Kurzzeitgedächtnis*. Informationen werden nur unvollständig verarbeitet. Wissenslücken entstehen. Die Negativspirale dreht sich nach unten:

- Ich kann vieles (scheinbar) nicht.
- Also vermeide ich Anforderungen.
- Also verweigere ich zusätzliches Üben.
- Also blocke ich ab.
- Also vergesse oder unterschlage ich einfach meine Hausaufgaben.

Leistungsabfall

Das Ergebnis: Der Notenschnitt sinkt und, viel schlimmer, die Wissenslücken werden größer.

Der Leistungsabfall ist nicht in allen Fächern gleich: Viele Kinder mit ADHS haben Schwierigkeiten beim Lesen, beim Schreiben von Aufsätzen und in der Rechtschreibung. Die Leistungen in Mathematik sind dagegen meistens besser, sofern keine Textaufgaben gefordert werden. Und in Sport sind sie oft die Besten in der Klasse!

Kinder mit ADHS können ihren Vorrat an Begabung nur unvollkommen ausnutzen. Es fehlen ihnen die Werkzeuge Aufmerksamkeit, Impulssteuerung und Planung. Der Misserfolg ist damit vorprogrammiert. Manche Lehrer sagen dann zu den Eltern: »Das Kind könnte viel mehr leisten, wenn es nur wollte!« Dabei ist es genau umgekehrt: Das Kind will etwas leisten, kann aber nicht!

Rückkoppelung (Neurofeedback)

Neurophysiologie

Als Rückkoppelung (Neurofeedback) wird die Rückmeldung von Körpersignalen an den Menschen selbst über Ton oder Bildschirm bezeichnet. Der Mensch kann dadurch lernen, sein eigenes Verhalten zu kontrollieren.

Im Elektroenzephalogramm von Menschen mit ADHS sind die Frequenzspektren von 1–4 Hertz (Thetawellen) überdurchschnittlich stark, die Spektren von 13–18 Hertz (Betawellen) hingegen schwach vertreten. Thetawellen zeigen Schläfrigkeit und herabgesetzte Aufmerksamkeit an, Betawellen weisen auf wache Aufmerksamkeit hin. Wird das Kind belohnt, wenn es die Thetawellen abtrainiert und die Betawellen auftrainiert, verbessern sich Aufmerksamkeit und Ausdauer. Durch häufige Wiederholung wird der Lernerfolg automatisiert, sodass er auch außerhalb der Trainingsstunde abgerufen werden kann.

Training

Das Rückkoppelungstraining ist ein Baustein im Rahmen der multimodalen Behandlung des Aufmerksamkeitsdefizitsyndroms ohne oder mit Hyperaktivität (ADHS). Beim Training sitzt das Kind oder der Erwachsene vor dem Bildschirm eines Computers. Seine Hirnströme werden über Elektroden abgeleitet, die zuvor am Kopf aufgeklebt wurden. Über die Elektroden kann das Kind oder der Erwachsene mit seinen Gedanken das Programm auf dem Bildschirm steuern. Gezeigt wird zum Beispiel ein virtuelles Fußballspiel mit einem Elfmeterschuss. Je nach Konzentration kann das Kind mit seinen Gedanken den Schuss halten oder verfehlen. Das Kind beeinflusst also gezielt seine eigene Hirnstromaktivität.

Bedingungen

Wichtigste Voraussetzung für eine erfolgreiche Behandlung ist die gute Motivation des Kindes von der ersten bis zur letzten Sitzung und seine Bereitschaft, zu Hause zu üben. 25–40 Sitzungen sind für einen Erfolg nötig. Die Sitzungen müssen von einem verhaltens-therapeutisch ausgebildeten Trainer begleitet werden. Die Behandlung kommt für Kinder ab 8 Jahren, Jugendliche und Erwachsene in Frage. Eine Sitzung dauert 60–75 Minuten.

Erfolge

Die Kernsymptome des ADHS (Impulsivität, Hyperaktivität und Aufmerksamkeitsschwäche) werden bei jedem zweiten Patienten durch die

Rückkoppelung günstig beeinflusst. Sowohl im Eltern- wie im Lehrerurteil schneidet die Rückkoppelung besser ab als das herkömmliche Aufmerksamkeitstraining. Die Symptomatik wird um 25–30 % vermindert. Das entspricht einer Effektstärke von 0,6. Die Wirksamkeit der Rückkoppelung liegt allerdings deutlich unter der von Stimulanzien. Deren Effektstärke beträgt 0,9–1,0. Damit wird klar, dass die Rückkoppelung eine medikamentöse Behandlung nicht ersetzen, wohl aber ergänzen kann. Zu bedenken ist, dass das Rückkoppelungstraining zeit- und kostenintensiv ist.

Langzeitwirkung

Studien zur Langzeitwirkung des Rückkoppelungstrainings fehlen noch. Dazu ist die Methode noch zu jung. Zur Kurzzeitwirkung gibt es zwei Untersuchungen:

Gevensleben et al. (2010) konnten eine Wirkung von mindestens sechs Monaten belegen, Strehl et al. (2006) fanden das Neurofeedback bis zu einem Jahr wirksam.

S

Schuld der Eltern?

Die Grundlagenforschung zum ADHS hat in den letzten Jahren eindeutig nachgewiesen, dass diese Stoffwechselbesonderheit des Gehirns eine genetische, hirnorganische Ursache hat. Es ist die am stärksten vom Erbgut her bestimmte psychische Störung (75 %), lange vor Depression oder Schizophrenie. Sowohl die ärztliche Erfahrung wie die seriöse Fachliteratur geben an, dass keinesfalls, wie die Vertreter der Psychoanalyse behaupten, eine frühkindliche Traumatisierung, Gewalt in der Familie, Krankheit, Flucht, die psychische Erkrankung eines Elternteils oder mangelhafte Zuwendung als Ursachen in Frage kommen. Es trifft auch nicht zu, dass die heutige Schule die Kinder krankmacht. Wolfgang Amadeus Mozart, Albert Schweitzer und Albert Einstein waren mit Sicherheit einem strengeren Schulsystem ausgesetzt als die Kinder des 21. Jahrhunderts. Dennoch waren sie klassische ADHS-Persönlichkeiten: Neugierig, impulsiv, kreativ.

Welchen Sinn hat es, den Eltern heiße Kohlen aufs Haupt zu häufen, indem ihnen vorgehalten wird, dass sie selbst schuld sind an der Verhaltensstörung ihres Kindes? Die Schwierigkeiten, welche die Eltern seit Jahren mit ihrem ADHS-Kind erleben, haben ihre Nerven blank gerieben. Werden sie jetzt als erziehungsunfähig an den Pranger gestellt, verunsichert sie das noch mehr. Sie verlieren dadurch vollends die ruhige, konsequente Erziehungshaltung, die sie für die angemessene Führung ihres Kindes benötigen.

Eine überaus hilfreiche Maßnahme für ADHS-Kinder und ihre Familien ist das Elterntraining. Das verhaltenstherapeutisch ausgerichtete Elterntraining ist nach dem medikamentösen Stoffwechselausgleich die wirksamste Behandlungsform. Die bislang größte Studie weltweit zu dieser Frage, die MTA-Studie (Multimodal Treatment Assessment Study) mit 576 Kindern, hat genau dieses Ergebnis gezeigt (Swanson et al. 2007).

Schule und Pädagogik bei ADHS

Nachhilfe

Auch Lehrer brauchen bisweilen Nachhilfe! Warum?

1. Manche Lehrer sehen fälschlicherweise das ADHS als Folge von Erziehungsmängeln.
   Sie glauben: »Die Eltern haben versagt!«
2. Manche Lehrer lehnen in Unkenntnis des medizinischen Hintergrunds (Stoffwechselbesonderheit des ZNS, Mangel am Botenstoff Dopamin) den Neurotransmitterersatz ab. Sie sprechen abwertend von der »chemischen Keule«, der »medikamentösen Zwangsjacke« oder der »Ruhigstellung durch die Pille«.
3. Manche Lehrer fühlen sich nicht berufen, die Medikamentenwirkung zu beobachten.
4. Manche Lehrer versuchen, die mangelhafte schulische Leistung des ADHS-Kindes durch mehr Üben und mehr Hausaufgaben zu verbessern.
5. Manche Lehrer erklären den Eltern: »Das Kind könnte mehr leisten, wenn es nur wollte!«
6. Manche Lehrer würdigen die Anstrengungen des Kindes nicht ausreichend. Sie beachten zum Beispiel die Hausaufgaben nicht regelmäßig.

7. Manche Lehrer verweigern die Führung und Kontrolle eines Hausaufgabenheftes.
8. Manche Lehrer raten den Eltern ab, dem Kind bei den Hausaufgaben zu helfen.
   Sie vertreten den Standpunkt: »Das Kind muss Selbstständigkeit lernen!«

Hinweise zum Umgang mit Lehrern

1. Meistens ist es nützlich, wenn Sie mit dem Lehrer über das ärztlich diagnostizierte ADHS sprechen. Der Lehrer fühlt sich durch diese Bekanntgabe wahrscheinlich entlastet. Er weiß jetzt, dass das schulische Versagen oder das Störverhalten des ADHS-Kindes nicht Folge seines eigenen pädagogischen Unvermögens ist.
2. Gespräche mit allen Beteiligten (Eltern, Lehrer, Schulpsychologe, Arzt) sind in aller Regel hilfreich.
3. Das ADHS ist *nicht* eine Folge schlechter Erziehung. Das ADHS kann aber durch Erziehungsfehler, *auch in der Schule*, verstärkt werden!
4. Eltern als Anwalt ihres Kindes dürfen Lehrer darauf hinweisen, dass jedes Kind ein Anrecht auf *angemessene* Bildung hat. Das muss nicht immer das Gymnasium sein. Aber die Umschulung auf eine niedrigere Schulstufe ist auch nicht immer die beste Lösung!
5. Verweisen Sie den Lehrer auf die »Verwaltungsvorschrift des Kultusministeriums« vom 22.8.2008. Hier wird auch die Aufmerksamkeitsstörung angesprochen.
6. Eltern dürfen Lehrer auf ihr Berufsethos ansprechen:
   »Mein Kind hat Lernschwierigkeiten. Sie als Pädagoge können mir sicher helfen. Das ist doch eine richtige Herausforderung Ihrer pädagogischen Fähigkeiten!«
7. Machen Sie den Lehrer zu Ihrem Verbündeten. Lehrer können von Berufs wegen gut beobachten: Bitten Sie ihn um Verhaltensbeobachtung, vor allem bei Einsatz und bei Dosisänderung eines Medikaments.
8. Sachkundige Internetseiten für Lehrer:
   a) www.mehr-vom-tag.de
   b) www.adhs.info/fuer-paedagogen.html (mit Förderung des Gesundheitsministeriums)

Schule: Laufbahn des ADHS-Kindes

Welche Schule?

Nach wie vor gilt der Grundsatz: Jedes Kind soll die Schule besuchen, die seiner Begabung entspricht. Der Satz gilt selbstverständlich auch für das ADHS-Kind. Aber: Seine Aufmerksamkeitsschwäche nimmt das ADHS-Kind in jede Schule mit. Mag die Begabung auch für eine Realschule oder ein Gymnasium ausreichen, so können dennoch Schwierigkeiten auftreten: Das Handwerkszeug zur Umsetzung der Begabung, nämlich Aufmerksamkeit, Ausdauer, Impulssteuerung, Pflichtbewusstsein und Planung, ist beim ADHS-Kind weniger gut ausgeprägt als bei anderen Kindern. Daher ist es kein Fehler, den nächstniedrigeren Schultyp zu wählen.

Der zweite Bildungsweg

Jedes Kind braucht Erfolgserlebnisse. Bleiben solche Erlebnisse aus, schwindet die Freude am Lernen wie Schnee in der Frühlingssonne. Überlegen Sie also, ob nicht statt des Gymnasiums die Realschule oder statt der Realschule die Hauptschule für Ihr Kind *derzeit* der richtige Schultyp ist. Denken Sie an die Verzögerung der Persönlichkeitsreife bei Ihrem Kind. Diese Entwicklungsverzögerung betrifft nicht den Verstand, sondern Eigenschaften wie Pflichtgefühl, Planung, Ordnungssinn, Impulssteuerung, Weitsicht, Umsicht und Einsicht. Die Verzögerung beläuft sich auf drei bis fünf Jahre.

Erwarten Sie die *Nachreifung*, die auch Ihr Kind *jenseits* der schwierigen Pubertätsphase zwischen 11 und 17 Jahren erleben wird. Die hormonelle Umstellung und die Verstandesentwicklung in der Pubertät bringen diese Nachreifung zustande.

Ab dem 17. oder 18. Geburtstag fährt der Spätzünder auf der Überholspur. Von ganz alleine tritt er aufs Gas und legt mit dem Lernen los. Auch über den zweiten Bildungsweg ist heute fast jede berufliche Ausbildung zu erreichen!

Schule: Unterricht mit ADHS-Kindern

Was erlebt der Lehrer?

- Zappeln
- verbreitet Unruhe
- Zwischenrufe
- Sprechdurchfall
- Motzen
- passt nicht auf
- Träumen
- hohe Ablenkbarkeit
- hält Regeln nicht ein
- ordnet sich schlecht ein
- Klassenkasper
- Hausaufgaben unvollständig
- Leistungen unter Intelligenzniveau

Schulen für Kinder und Jugendliche mit ADHS

1. HEBO Privatschule
   Ergänzungsschule mit Hauptschul-, Realschul- und Gymnasium-Abschluss
   Am Büchel 100, 53173 Bonn-Bad-Godesberg
   Tel.: 0228–35 42 34
   Internet www.hebo-schule.de/info@hebo-schule.de
2. Privates Gymnasium Esslingen
   Rotenackerstr. 71, 73732 Esslingen
   Tel.: 0711–75 87 59 33, Fax 0711–75 87 59 34
   Internet www.privates-gymnasium.de/sekretariat@privates-gymnasium.de
3. Bodenwaldschule
   Grund-, Förder- und Werkrealschule, schulzweigoffen in den ersten 6 Schuljahren
   Friedrich-Jakob-Heim-Str. 44, 71364 Winnenden
   Tel.: 07195–695-700

4. Martinshaus
   Realschule mit gymnasialem Zweig und Internat
   Martinstr. 41, 88276 Berg-Kleintobel
   Tel.: 0751–8884-0
5. Johannes-Kuller-Schule
   Grund-, Förder- und Werkrealschule
   Zuffenhausener Str. 24, 70825 Korntal-Münchingen
   Tel.: 0711–83082-50 oder –83082-51
6. Kinder- und Jugendheim Baden-Baden
   Grund-, Förder-, Werkreal- und Realschule
   Eckbergstr. 8–10, 76534 Baden-Baden
   Tel.: 07221–975-0

Schwierige Eigenschaften der ADHS-Persönlichkeit

1. Überempfindlich
2. kann Kritik schlecht annehmen
3. stark personenbezogenes Verhalten
4. kommt mit Gleichaltrigen schlecht zurecht
5. starke Stimmungsschwankungen
6. starke Leistungsschwankungen
7. geringes Schlafbedürfnis
8. lebt im Hier und Jetzt
9. Kraftsteuerung mangelhaft
10. rastet schnell aus
11. »Sicht«-Fähigkeiten verzögert:
    - Einsicht
    - Weitsicht
    - Rücksicht
    - Umsicht

Seelische Folgen = Sekundärsymptome bei ADHS

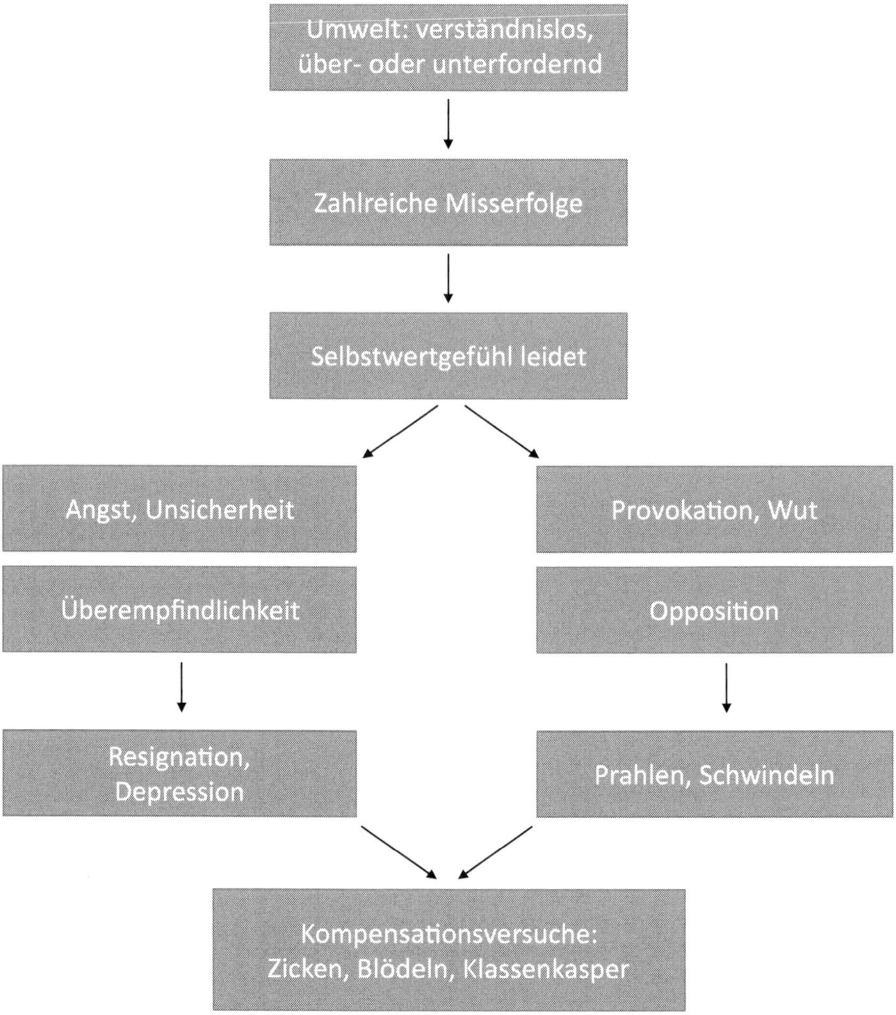

Abb. 3: Seelische Folgen von ADHS (Sekundärsymptome)

Selbstbewusstsein oder Selbstbeherrschung?

Das gestörte Selbstbewusstsein

Viele ADHS-Kinder leider unter einem Mangel an Selbstbewusstsein. Das ist kein Wunder, haben sie doch Zeit ihres Lebens immer wieder Misserfolge, Tadel und Ablehnung erlebt. Was liegt näher für Eltern, Erzieher und Lehrer als die Schlussfolgerung: Wenn fehlendes Selbstbewusstsein erfolglos macht, dann müssen wir dem ADHS-Kind eben Selbstbewusstsein einimpfen. Immer wieder sagen wir ihm, wie gut und großartig es ist, auch wenn wir selbst nicht immer davon überzeugt sind. Leider hat sich dieser Weg als Irrweg erwiesen – Wenn dem Kind immer wieder bestätigt wird, wie gut und großartig es ist, sieht es keinen Grund mehr, sich anzustrengen. Und ohne Anstrengung geht es nicht!

Das Marshmallow-Experiment

Verhaltensforscher sind der Frage nachgegangen, warum nicht Selbstbewusstsein, sondern *Selbstbeherrschung* der Schlüssel zum Erfolg ist.

An der Stanford-Universität in Kalifornien lehrte der Psychologe Professor Walter Mischel. In den Jahren 1968 und 1969 hat er 600 Kinder im Alter von vier Jahren vor eine beliebte Süßigkeit, das Marshmallow, gesetzt. Der Versuchsleiter erklärte dann dem Kind: »Wenn du 15 Minuten lang das Marshmallow nicht aufisst, bekommst du ein zweites Marshmallow! Ich komme nach 15 Minuten wieder ins Zimmer.«

30 % der Kinder schafften es, sich zu beherrschen und damit ein zweites Marshmallow zu gewinnen. Zehn Jahre später untersuchte Mischel den IQ der Kinder und befragte die Eltern und Lehrer nach deren Schulerfolg. Er stellte fest, dass diejenigen Kinder, die als Vierjährige nicht warten konnten, durchweg schlechtere Noten hatten und häufiger bei Lehrern und Mitschülern aneckten als die Kinder, die sich beherrschen konnten. Die IQ-Verteilung war in beiden Gruppen gleich.

Willenskraft

Willenskraft spielt also eine wichtige Rolle unserem Leben. Doch was genau ist Willenskraft?

Zum Verständnis stellen Sie sich eine Person vor, die auf einem wilden Pferd reiten will. Das Pferd verkörpert die impulsive Seite des menschlichen Verhaltens, der Reiter ist das steuernde System. Sie reiten an einem heißen Sommertag auf Ihrem Pferd an einer Eisdiele vorbei. Das impulsive System fordert bei diesem Anblick: »Jetzt ein Eis!« Das Steuerungssystem hält dagegen. »Halt, kein Eis! Du willst doch abnehmen!«

Das Arbeitsgedächtnis

Welches System jeweils den Sieg davonträgt, entscheidet sich in Ihrem Arbeitsgedächtnis. Das Arbeitsgedächtnis ist der Ort im Gehirn, in dem wir Wahrnehmungen und Empfindungen verarbeiten und Handlungen planen: »Ich spüre schon das kühle Eis auf der Zunge. Soll ich es kaufen oder soll ich weiterreiten? Dabei weiß ich: Zu viel Süßes verschlechtert meine Aufmerksamkeit.« Genau an diesem Punkt sitzt die Schwachstelle der ADHS-Persönlichkeit. Sie wird wahrscheinlich das Eis kaufen. Sie lässt sich nur allzu leicht vom impulsiven System lenken. Die Fähigkeit zur Selbstbeherrschung ist unterentwickelt.

»Oft geht der Gaul mit mir durch«, sagt der ADHS-Mensch über sich selbst.

Denken Sie daran, dass in unserer Zeit die Zahl der Reize und Ablenkungen um ein Vielfaches höher ist als vor 40 000 Jahren, als das menschliche Gehirn sein Handwerkszeug zur Selbstbeherrschung entwickelt hat. Ich nenne nur ein Beispiel: Die neuen Medien! Alle diese Reize aus der Umwelt zielen darauf ab, das wilde Pferd unter unserem Sattel einmal in diese, einmal in jene Richtung zu treiben. Häufig bleibt dabei das eigentliche Ziel, das Wesentliche, auf der Strecke. Der ADHS-Mensch kann oft das Wesentliche vom Unwesentlichen nicht unterscheiden!

Es gilt also, auf dem Umweg über die Selbstbeherrschung Erfolge einzufahren und erst damit das Selbstbewusstsein aufzubauen. Im Gruppentraining für Kinder, Jugendliche und Erwachsene werden Möglichkeiten aufgezeigt, mit deren Hilfe Willenskraft und Selbstbeherrschung gestärkt werden können.

Selbstbildnis

Ausgangslage

Selbstbewusstsein und Selbstwertgefühl des ADHS-Kindes sind durch Misserfolge und Kritik, die es erleidet, oft ernsthaft beeinträchtigt. Es fallen dann Äußerungen wie:

- »Ich bin dumm!«
- »Ich kann mir gar nichts merken!«
- »Ich kann überhaupt nichts!«
- »Warum sind die anderen immer besser als ich?«
- »Warum geht bei mir immer alles schief?«

Abhilfe

Jetzt ist es höchste Zeit, das Selbstwertgefühl Ihres Kindes wieder aufzubauen!

Eine wertvolle Hilfe dazu ist das *Selbstbildnis*. Das Bild soll auf Pack- oder Tapetenpapier großflächig und bunt gemalt oder geklebt werden, möglichst so groß wie das Kind selbst. Das Kind soll seiner Fantasie dabei freien Lauf lassen.

Selbstkontrolle

Definition Selbstkontrolle

Selbstkontrolle ist die Fähigkeit, willentlich das eigene Verhalten zu steuern. Nur mit Selbstkontrolle erreichen wir die Ziele, die wir uns selber vorgeben. Erfolg im Leben setzt Selbstkontrolle voraus. Damit steigt die Aussicht, glücklich zu werden. Und glücklich sein wollen alle. Selbstkontrolle ist für das Lernen mindestens ebenso wichtig wie Intelligenz. Die Hirnforschung nimmt an, dass das Zentrum für die Selbstkontrolle im Stirnhirn sitzt. Das Stirnhirn lässt sich, ähnlich wie ein Muskel, trainieren. Wichtig ist, dass die Schwierigkeit der Übungen gesteigert wird. Der Erfolg ist umso größer, je früher man damit anfängt!

1. Übung: Zuhören

Das Kind sitzt am Tisch. Vor ihm liegt ein Blatt, auf dem ein Ohr abgebildet ist. Eine andere Person liest oder erzählt eine Geschichte. Das Kind nimmt das Blatt mit dem Ohr in die Hand. Es weiß, da es jetzt zuhören soll. Der Zettel in der Hand erinnert daran, dass jetzt Zuhören angesagt ist. Nach wenigen Minuten wird gewechselt. Die andere Person nimmt jetzt das Blatt mit dem Ohr in die Hand und hört zu, was das Kind erzählt.

2. Übung: Zählen

Malen Sie auf ein Blatt Papier die Zahlen 1–10, bei älteren Kindern die Zahlen bis 50. Die Übung geht am besten, wenn zwei Kinder etwa gleichen Alters teilnehmen. Ein Kind zählt, das andere prüft mithilfe der Zahlenreihe auf dem Papier, ob richtig gezählt wird. Dann wird abgewechselt.

3. Übung: Bewegung

Sie haben eine Anzahl roter und grüner Karten in der Hand. Legen Sie eine rote Karte auf den Tisch, soll das Kind in die Hände klatschen. Legen Sie eine grüne Karte auf den Tisch, soll das Kind einmal hüpfen. In der nächsten Stufe legen Sie zwei rote und zwei grüne Karten auf den Tisch. Das Kind soll die Zeichen in Bewegung umsetzen: »Klatsch-klatsch-hüpf-hüpf«. Weiter geht es mit »rot-grün-grün-rot-rot-grün« und »grün-rot-grün-rot-grün-grün«. Dann werden die Regeln geändert: Die rote Karte bedeutet jetzt »auf einem Bein hüpfen«, die grüne Karte bedeutet »am linken Ohr zupfen«.

4. Übung: Zeigen

Malen Sie auf ein Blatt Papier ein großes Herz, auf ein anderes Blatt eine große Blume. Malen Sie auf zwei weitere Blätter je einen großen, schwarzen Punkt. Legen Sie die vier Blätter auf den Tisch vor Ihnen, einer der Punkte soll rechts von Ihnen und ein Punkt links von Ihnen liegen. Zeigen Sie abwechselnd mit der rechten oder linken Hand auf das Herz und fordern Sie das Kind auf, jeweils auf den Punkt zu zeigen, der Ihrer Hand entspricht. Das Gleiche machen Sie mit der Blume. In einer zweiten Serie zeigen Sie wieder abwechselnd mit der rechten oder der linken Hand das Herz bzw. die Blume. Jetzt aber soll das Kind auf den Punkt zeigen, der auf der anderen Seite liegt. Noch schwieriger wird es, wenn das Kind bei Herz auf die gleiche Seite, bei Blume auf die andere Seite zeigen soll!

Selbstständigkeitsentwicklung des ADHS-Kindes

ADHS-Kinder sind anders

Viele Lehrer erklären den Eltern eindringlich, dass schon Grundschulkinder ihre Hausaufgaben selbstständig erledigen können und sollen. Die Anwesenheit eines Elternteils bei den Hausaufgaben oder beim Einüben von Lernstoff verzögere die Eigenverantwortlichkeit des Kindes, betont der Lehrer. Bei der Mehrzahl der Schüler hat der Lehrer mit dieser Forderung sicher Recht.

Das ADHS-Kind aber ist *anders*. Daher muss auch der Ansatz von Eltern und Lehrer anders sein: Wir holen das Kind dort ab, wo es von seiner Entwicklung her steht. Wir müssen einsehen und berücksichtigen, dass die Fähigkeiten des ADHS-Kindes nicht immer seinem chronologischen Alter entsprechen. Die Persönlichkeitsreife (nicht die Intelligenz!) des ADHS-Kindes *hinkt* in einigen Bereichen dem chronologischen Alter um *3–5 Jahre* hinterher. Das gilt für:

- Weitsicht
- Einsicht
- Umsicht
- Rücksicht
- Pflichtgefühl
- Planung

Zusammen schaffen wir das!

Der Satz: »Das musst Du alleine können, Du bist doch schon neun Jahre alt!« ist der reinste Energiefresser für Eltern und Kind. Er ruft immer nur Enttäuschung hervor! Für das Kind mit ADHS ist das Lernen *alleine* meistens

- zu viel,
- zu langweilig und
- zu anstrengend.

Die Lösung liegt im *Mannschaftsgedanken*: »Wir machen uns gemeinsam auf den Weg!« oder »zusammen schaffen wir das!«

Der Wunsch nach Selbstständigkeit

Früher oder später wird Ihnen Ihr Kind erklären: »Lass mich in Ruhe. Ich mache das alleine!« Solange das Kind zur Schule geht, wandern die Eltern auf einem schmalen Grat: Rechts liegt die Schlucht »Leistung mit Hilfestellung, aber Abwehr des Kindes«, links gähnt der Abgrund »Leistungsabfall ohne Hilfestellung«.

Sie tun gut daran, Ihr Kind nicht alleine in den Abgrund fallen zu lassen. Junge Erwachsene bestätigen, dass sie nachträglich die Führung der Eltern als richtig empfunden haben. Der Wunsch des Kindes nach mehr Selbstständigkeit ist verständlich. Doch beim ADHS-Kind sind die Grenzen enger. Entlassen Sie Ihren Schüler nicht auf einmal in die Selbstständigkeit, sondern schrittweise. Lassen Sie das Kind selbst seine Ziele setzen. Das kann ein langfristiges Ziel sein, zum Beispiel ein bestimmter Schulabschluss. Das kann aber auch ein naheliegendes Ziel sein, zum Beispiel Verbesserung in einem bestimmten Unterrichtsfach. Bieten Sie sich für Planung und Umsetzung des Zieles als *Partner* an.

Beispiel für eine *Vereinbarung*, am besten schriftlich in Form eines Vertrags: »Du lernst für das Fach Englisch alleine. Schreibst Du aber in der nächsten Klassenarbeit eine Note schlechter als bisher oder eine 5, dann werden die englischen Wörter wieder abgefragt!«

Sensorische Integration (SI)

Definition SI
Sensorisch = Empfindungen aufnehmend und weiterleitend
Integration = Herstellung einer Einheit

Sensorische Integration ist eine Hirnleistung, bei der die Sinneseindrücke, die aus der Umwelt und aus dem eigenen Körper stammen, zusammengeführt und geordnet werden, um eine zweckmäßige Handlung aufzubauen.

Sinnesphysiologie

Die Sinnesorgane des Menschen lassen sich nach ihrer Aufgabe in zwei Gruppen unterteilen:

1. Zur Propriozeption, zur Tiefensensibilität oder zu den basalen sensorischen Leistungen gehören:
   - Tastsinn
   - Lagesinn
   - Kraftsinn
   - Vibrationssinn
   - Temperatursinn
   - Gleichgewichtssinn
- Jean Ayres, die Begründerin der Sensorischen Integrationstherapie, betont die große Bedeutung der basalen Wahrnehmungs- und Verarbeitungsvorgänge für die Entwicklung des Zentralnervensystems. Sie sieht in der basalen Sensorik »Nahrung fürs Gehirn«.

2. Exterozeption oder Außenwahrnehmung läuft über die Sinnesleistungen:
   - Sehen
   - Hören
   - Riechen
   - Schmecken

Diese Sinnesleistungen bauen auf den basalen Sinnesleistungen auf und ermöglichen die höheren Funktionen des Zentralnervensystems wie Erkennen, Denken und Fantasie.

Sensorische Integrationstherapie (SI-Therapie)

Die Behandlung zielt auf eine günstige Beeinflussung der basalen sensorischen Vorgänge ab. Zum Programm gehören Wippen, Schaukeln, Springen und Rutschen, später unter Wahrung klarer Strukturen Loslaufen und Einbremsen, Körperschemaübungen und Ausagieren von Aggressionen. Die Behandlung macht den Kindern sehr viel Spaß. Sie erleben eine deutliche Steigerung ihrer Wahrnehmung, der Raum-Zeit-Orientierung und der Köperkontrolle. Die Grundstörung (die Unruhe, die verkürzte Aufmerksamkeit und die schlechte Impulssteuerung) wird dadurch allerdings nicht gebessert. Daher ist es nicht sinnvoll, die SI-Therapie einseitig und zu lange durchzuführen und andere Fördermöglichkeiten aus dem Auge zu verlieren.

Die Deutsche Gesellschaft für Neuropädiatrie e. V. sagt:

> »[...] Es ist bisher nicht gelungen, die Existenz solcher ›neurophysiologisch begründeter‹ Verarbeitungsstörungen sensorischer Informationen überzeugend nachzuweisen. [...] Evaluationsstudien konnten aber bisher keine spezifischen Effekte der SI-Therapie bei lern- und verhaltensgestörten Kindern nachweisen.« (Karch et al. 2001).

Serotonin

Beschreibung

Serotonin (5-Hydroxy-Tryptophan) ist ein Botenstoff (Neurotransmitter) wie Acetylcholin, Adrenalin, Noradrenalin, Dopamin und Prostaglandin. Botenstoffe überbringen Nachrichten von einer Zelle zur anderen. Einige Speziallabore (z. B. Labor Dr. Bayer, Leinfelden-Echterdingen) bestimmen die Serotoninkonzentration aus EDTA-Blut.

Stoffwechsel

Der Körper baut Serotonin aus der Aminosäure Tryptophan auf. Bisher ist unbekannt, in welchem Organ Serotonin hergestellt wird. Besonders hohe Konzentrationen von Serotonin finden sich in den Blutplättchen (Thrombozyten) und in den Nervenzellen des Magen-Darm-Traktes. Kleine Mengen sind im Gehirn, besonders im Hypothalamus und im Stirnhirn, nachweisbar. In der Zirbeldrüse (Epiphyse) wird das Serotonin in Melatonin umgewandelt. Melatonin ist das schlafanstoßende Hormon. Serotonin wird durch das Enzym Monoaminooxydase abgebaut.

Wirkungen

Normale Werte in Blut und Hirn bewirken:

- positive Grundstimmung
- Fähigkeit zu Führungsaufgaben
- langdauernde Aufmerksamkeit

Serotoninmangel verursacht

- Kopfschmerzen
- Konzentrationsschwäche
- Merkfähigkeitsschwäche
- mangelhafte Impulssteuerung
- Aggressivität
- depressive Verstimmung

Serotonin-Nachschub

1. Körperliche Bewegung im Freien
2. Fasten ab dem 3. oder 4. Fasttag
3. Stärke- und tryptophanhaltige Lebensmittel
   - Vollkornbrot, Vollkornnudeln
   - Gemüse: Kartoffeln, Spinat, Tomaten, Paprika, Auberginen, Hülsenfrüchte
   - Käse, Quark
   - Müsli mit Vollkorngetreideflocken, Nüssen und Milch
   - Bananen

Sinneskanäle des Menschen

Der Mensch verfügt zur Aufnahme von Außenreizen über drei Hauptkanäle und sechs Nebenkanäle.

Hauptkanäle

1. Visueller Kanal
2. Akustischer Kanal
3. Taktiler Kanal

Nebenkanäle

4. Geruch
5. Geschmack

6. Temperatursinn
7. Vibrationssinn
8. Schmerzsinn
9. Gleichgewichtssinn

Die meisten Nachrichten erhalten wir über die drei Hauptkanäle: Auge, Ohr und Tastsinn. Über den visuellen Kanal gelangen in der Sekunde *10 Millionen* Teilchen in den Wahrnehmungsspeicher. Der akustische Kanal dagegen lässt nur *1 Million* Teilchen durch, der Tastsinn sogar nur *400 000* Teilchen je Sekunde. Über die Kanäle 4–9 gelangen insgesamt nur *5 000* Teilchen je Sekunde in den Wahrnehmungsspeicher. Sie spielen also bei der Reizaufnahme nur eine Nebenrolle.

Von den Sinneskanälen ist der *visuelle* bei weitem der wichtigste Kanal. Auf ihn müssen wir uns bei der Förderung von Gedächtnisleistungen konzentrieren.

Spiele bei ADHS

Gesellschaftsspiel

Jedes Gesellschaftsspiel, auch Schach, ist für Kinder und Jugendliche mit ADHS wertvoll.

Das Gesellschaftsspiel fördert lebenswichtige Fähigkeiten:

1. Wahrnehmung des Mitmenschen
2. Aufmerksamkeit
3. Ausdauer
4. Regelbeachtung
5. Handlungsplanung
6. Impulskontrolle
7. Umgang mit Sieg und Niederlage

PC-Spiele

Videospiele haben nicht die günstigen Wirkungen von Brett- oder Kartenspielen. Die Konzentration, die das Kind am Steuerknüppel der Spielkonsole, an der Tastatur des Computers oder am Display des Smartphones aufbringt, lässt sich *nicht* in den Alltag übertragen! (Weitere Einzelheiten ▶ Videospiele).

Konzentrationsspiele

1. *Mitspielen*: Auch das beste Spielzeug verhilft dem spielunlustigen Kind nicht zu einem besseren Spielverhalten. Allein Anregung und Mitspielen ermöglichen ein gutes Spiel.
2. *Hand führen*: Ab dem sechsten Lebensmonat führen Sie mit Ihren Fingerspitzen die Hand des Kindes beim Betasten und Begreifen von Gegenständen.
3. *Symbolbildung*: Geben Sie dem ersten Kritzeln Ihres Kindes eine Bedeutung, zum Beispiel: »Oh, ein Müllauto!« Damit fördern Sie die Verbindung von Zeichnung und Inhalt.
4. *Auswahl*: Wählen Sie für das aufmerksamkeits- und ausdauerschwache Kind Spiele aus, die einer jüngeren Altersstufe entsprechen.
5. Die idealen *Mitspieler* sind älter oder jünger als das Kind selbst.
6. *Nachholspiel*: Lassen Sie, wenn Ihr Kind das offensichtlich braucht, Kleinkindspiele (Automobile, Playmobil, Legosteine, Puppen) bis in die Pubertät hinein zu.
7. *Koffer packen*: »Ich packe meinen Koffer und lege ein Paar Strümpfe hinein« »... und ein Taschentuch« »... und ein Bilderbuch« usw. Die Herausforderung des Spiels ist, die bisher genannten Begriffe bei jeder Runde aufzuzählen und einen neuen Gegenstand in den Koffer zu packen.
8. *Fantasiegeschichte*: Mutter oder Vater beginnen mit einer Geschichte: »Es klingelt an der Haustür. Draußen steht Tante Frieda. Sie trägt einen Hut mit Veilchenstrauß und hält in der Hand einen Korb mit einem frischgebackenen Gugelhupf ...« Das Kind setzt die Geschichte fort.
9. *Fingererlebnisse*: Dem Kind werden die Augen verbunden. Nun soll es Gegenstände mit den Fingern ertasten und benennen.
10. *Lieblingsspeisen*: Das Kind nennt zu jedem Buchstaben eine Speise, die ihm besonders gut schmeckt.

11. *Naturerlebnis*: Alle sitzen auf der Wiese. Das Kind schließt drei Minuten lang die Augen und erzählt danach, immer noch mit geschlossenen Augen, was es jetzt *hört*.
12. *Märchenspiel*: Ein Märchen, z. B. Rotkäppchen, wird erzählt oder vorgelesen. Dann soll das Kind das Märchen mit Handpuppen oder als Rollenspiel nachspielen.

Sport bei ADHS

Literatur

Schaut man die mittlerweile unermessliche ADHS-Literatur durch, so findet man zum Thema Sport nur äußerst spärliche Angaben. Dabei hat mit Sicherheit jeder Therapeut, der ADHS-Kinder und -Jugendliche betreut, im Laufe der Zeit erlebt, dass Sport eine der wichtigsten Hilfen für die ADHS-Persönlichkeit darstellt.

Und die Eltern der betroffenen Kinder wissen es auch: Hat sich der unruhige Sprössling am Nachmittag draußen an der frischen Luft beim Fußballspiel, Rennen, Radfahren oder Rollschuhlaufen so richtig ausgetobt, so ist er am Abend lammfromm, zugänglich und freundlich!

Kleinkinder

Bis zum Alter von etwa acht Jahren ist Psychomotorik die geeignete Bewegungsform. Viele Sportvereine und Frühförderstellen bieten Psychomotorik unter fachkundiger Leitung an. Den Kindern macht es riesigen Spaß, durch einen engen Tunnel zu kriechen oder auf einer schiefen Ebene hinab zu rutschen.

Schulkinder

Beim älteren Kind oder Jugendlichen ist organisierter Sport, nach Möglichkeit im Verein, angesagt. Die Erfahrung lehrt, dass viele ADHS-Kinder und ADHS-Jugendliche beim Mannschaftssport nach einer gewissen Anlaufzeit in Auseinandersetzungen mit dem Trainer oder mit den Sportskameraden geraten. Es ist daher für das Kind oder den Jugendlichen mit ADHS ratsam, eine Individualsportart zu wählen.

Geeignet sind:

- Judo
- Schwimmen
- Leichtathletik
- Radfahren
- Rudern
- Wandern
- Klettern
- Ringen
- Tischtennis
- Angeln

Stimulantien

Vorbemerkung

Methylphenidat (MPH) gilt als Goldstandard in der Behandlung des ADHS). Der Wirkstoff zählt zu den Stimulantien, ist also ein Anregungsmittel und damit das Gegenteil eines Beruhigungsmittels. *Er kann weder die Intelligenz steigern noch den Charakter verändern!* Er kann aber bei 80 % der betroffenen Menschen die Aufmerksamkeit verbessern. Er kann damit die Leistungen erreichen, die von seiner Begabung her angelegt sind. Die Behandlung des ADHS fußt auf dem neurobiologischen Modell des Wirkstoffersatzes. Der Botenstoff *Dopamin* steht dem ADHS-Gehirn nicht in ausreichender Menge zur Verfügung. Das Methylphenidat ähnelt in seiner chemischen Struktur dem Dopamin. Damit kann es das Dopamin ersetzen. Diese Art der Behandlung entspricht dem Vorgehen bei der Zuckerkrankheit: Dort wird die Stoffwechselstörung durch Ersatz des fehlenden Insulins ausgeglichen.

Wirkung

Stimulantien steigern den Stoffwechsel nur in einem begrenzten Bereich des Gehirns, im Stirnhirn. Stimulantien sind *keine* Beruhigungsmittel. Der verbesserte Stoffwechsel im Stirnhirn erhöht Aufmerksamkeit, Impulssteuerung und Planung. Da der Patient unter Stimulantienwirkung länger bei der Sache bleiben kann, wirkt er ruhiger und ausgeglichener als vorher, ohne schläfrig zu sein.

Rasch freisetzende Medikamente

Medikament	Wirkdauer
Methylphenidat (Ritalin®, Medikinet®, Equasym®, Methylphenidat Hexal®, MetylpheniTAD®)	4 Stunden
DL-Amphetamin. sulf.	5–6 Stunden
Attentin®	5–6 Stunden
Pemolin (Tradon®)	5–6 Stunden

Medikamente mit verlängerter Wirkung

Medikament	Wirkdauer
Ritalin® LA	6(–8) Stunden
Medikinet® Retard	6(–8) Stunden
Equasym® retard	6(–8) Stunden
Concerta®	8(–10) Stunden
Kinecteen®	12 Stunden
Methylphenidathydrochlorid-neuraxpharm®	8–10 Stunden
Medikinet® adult	6(–8) Stunden
Elvanse®	13 Stunden

Diese Präparate enthalten Methylphenidat oder Dexamfetamin in einer pharmakologischen Zubereitung, die den Wirkstoff über einen längeren Zeitraum freisetzt. Das hat Vorteile: Tageszeitliche Schwankungen werden ausgeglichen. Unerwünschte Wirkungen wie Übelkeit und Appetitminderung treten seltener auf (für weitere Informationen ▶ Medikamentöse Behandlung).

Dosierung

Die richtige Dosis wird einschleichend und individuell ermittelt. Alter und Gewicht werden berücksichtigt. Als Richtschnur gilt 0,1 mg/kg Körpergewicht.

Einnahme

Die Stimulantien werden nach der Mahlzeit eingenommen, keinesfalls auf nüchternen Magen. Das Frühstück ist ein Teil der Behandlung! Mindestens 100 ml Wasser, ungesüßter Tee oder verdünnter Fruchtsaft sollen nachgetrunken werden.

Wochenende, Feiertage und Ferien

In den ersten sechs Wochen der Behandlung soll das Medikament in unveränderter Dosis auch an den Samstagen, Sonntagen und Feiertagen eingenommen werden. An diesen Tagen sollen die Eltern zu Hause beobachten, ob und wie das Medikament wirkt. Ab der siebten Woche kann das Mittel am Wochenende und in den Ferien in halber Dosis und nur morgens eingenommen werden.

Nebenwirkungen

Schwerwiegende Nebenwirkungen sind bei bestimmungsgemäßem Gebrauch in 60 Jahren praktischer Anwendung *nicht* beobachtet worden, auch nicht beim Langzeiteinsatz.

Übelkeit und Appetitminderung kommen vor. Sie lassen sich mildern, wenn viel Flüssigkeit zu den Tabletten getrunken wird. Bei den Verzögerungspräparaten fallen diese Symptome schwächer aus. Fast immer verschwinden sie nach sechs bis acht Wochen. Gewichtsverlust und Wachstumsverzögerung treten auch auf lange Sicht nicht ein. Langzeitstudien haben dies belegt.

Verschreibung

Die Stimulantien werden auf gelb eingefärbten Rezepten in dreifacher Ausfertigung verschrieben. Mit den ungewöhnlich gestalteten Rezeptvordrucken soll Missbrauch vermieden werden. Ein Durchschlag des Rezeptes bleibt beim Arzt, der zweite Durchschlag beim Apotheker. Das Rezept muss *innerhalb einer* Woche nach Ausstellungsdatum in der Apotheke eingelöst werden. Andernfalls verfällt es. Tradon® wird auf einem rosafarbenen oder blauen Rezeptvordruck verordnet.

Kontrolluntersuchungen

Sechs Wochen nach Behandlungsbeginn und danach in Abständen von 6 Monaten sollen folgende Messwerte untersucht werden:

Körperlicher Befund, Größe, Gewicht, Blutdruck, Blutbild, Blutsenkung, Leberenzyme und Aufmerksamkeit.

Am Tag der Aufmerksamkeitsprüfung soll das Medikament so wie immer eingenommen werden.

Ernährung

Auch während der medikamentösen Behandlung soll eine ausgewogene Mischkost mit wenig Zucker und Phosphat bevorzugt werden. Nahrungsmittelzusatzstoffe und Konservierungsstoffe sollten vermieden werden. Auf Limonaden, wie z. B. Cola, soll verzichtet werden, ebenso auf Alkohol und Nikotin. Diese Produkte schwächen die Wirkung der Stimulantien.

Gesamtbehandlung

Das Medikament ersetzt *nicht* andere Behandlungsverfahren wie Verhaltenstherapie, Elterntraining, Krankengymnastik, Psychomotorik, Lerntherapie oder Psychotherapie. Alle diese Maßnahmen müssen, individuell angepasst, weiterlaufen. Diese Behandlung mit einzelnen Bausteinen je nach Bedarf wird *multimodal* genannt. Das ADHS kann als angeborene Stoffwechselbesonderheit nicht beseitigt, wohl aber gebessert werden. Das Medikament macht in vielen Fällen den Patienten erst für weitere Hilfen therapiefähig.

Dauer der Behandlung

Schlagen die Stimulantien an, so ist in der Regel eine jahrelange, ununterbrochene Behandlung nötig.

Abhängigkeit

Kein Mensch mit ADHS ist bisher von einem Stimulans abhängig geworden, weder körperlich noch seelisch. Das belegen Studien, die in den letzten Jahren durchgeführt worden sind. Weil das Medikament in aller Regel ungern genommen wird (es vermittelt keinen »Kick«!), kann damit keine Sucht gebahnt werden. Mehrere Untersuchungen haben sogar gezeigt, dass unter Stimulantienbehandlung die Sucht nach Rauschdrogen (Cannabis, Ecstasy, Kokain oder Heroin) deutlich erniedrigt ist gegenüber dem Durchschnitt der Bevölkerung. Der ADHS-Patient, der ein Stimulans einnimmt, hat einen ausgeglichenen Stoffwechsel. Er hat es daher nicht nötig, Suchtmittel zur Selbstbehandlung auszuprobieren!

Stimulantien als Saft

Es gibt Kinder und Jugendliche, die können weder Tabletten noch Kapseln schlucken. Sofern dies kein vorübergehender Zustand ist, muss das Medikament als gut schmeckender Saft verschrieben und verabreicht werden.

Methylphenidat (MPH)

S

1. Rp. (Abkürzung für lat. *recipe* = »nimm« am Beginn eines Rezeptes)

Methyplphenidat-HCL	0,5
Natriumbenzoat	0,375
Acidi citrici (wasserfrei)	0,25
Saccharose	62,5
Aquae purificatae ad	273,5

M. f. sol.
S. 2 × 5(!) ml nach der Mahlzeit
Haltbarkeit mind. 4 Monate

2. Rp.

Methylphenidat-HCl	0,5
Acidi citrici (wasserfrei)	0,5
Sirupus simpl	112,5
Aquae conserv. ad	250,0 ml

S. 2 × 5(!) ml nach der Mahlzeit
Haltbarkeit: 4 Monate bis 9 Jahre

DL-Amphetamin

1. Rp.

DL-Amphetamini sulf.	0,2
Acidi citrici	0,2
Acidi benzoici	0,1
Sorbiti liqu.	65,0
Aquae dest. ad	100,0

M. f. Sirupus
S. 2 × 5(!) ml nach der Mahlzeit

2. Rp.

DL-Amphetamini sulf.	0,2
Acidi citrici	0,2
Acidi benzoici	0,1
Sirupus Rubi Idaci	40,0
Aquae dest. ad	100,0

M. f. Sirupus
S. 2 × 5(!) ml nach der Mahlzeit

Stimulantien und Parkinson

Ausgangslage

Im Jahr 2001 hat der Neurobiologe Gerald Hüther, Göttingen, einen Tierversuch angestellt.

Er hat fünf Ratten vor der Geschlechtsreife 30 Tage lang mit dem Medikament Methylphenidat (MPH) gefüttert. Er hat mit 0,7 mg/kg Körpergewicht eine Dosis gewählt, die sieben Mal höher lag als die Dosis, die für die Behandlung des Menschen empfohlen wird (0,1 mg/kg Körpergewicht). Nach der Schlachtung der Tiere hat er ihre Gehirne mikroskopisch untersucht. Bei drei der Versuchsratten hat er im Striatum, dem Zentrum für das extrapyramidalmotorische System, Veränderungen gefunden und daraus den Schluss gezogen, dass diese Ratten später eine parkinsonähnliche Erkrankung entwickeln *könnten*. Hüther hat die Ergebnisse seiner Rattenstudie umgehend veröffentlicht. Sie sind vor allem von den Presseorganen der Sekte »Christian Scientology« aufgegriffen und weitergetragen worden.

Was steht noch in der Originalarbeit von Hüther?

> »[...] die Bedeutung dieser Tierbefunde für die Hirnentwicklung der ADHS-Kinder ist sehr schwer zu beurteilen.«
> Original: »[...] the significance of these animal findings for the developing brain of ADHD children is very difficult to access.« (Moll et al. 2004)

Warum Hüther dieses Gebot, das er sich selber gesetzt hat, missachtet hat, die Ergebnisse doch auf Kinder übertragen und den Weg in die Öffentlichkeit gesucht hat, ist nicht verständlich (Moll et al. 2004).

Hirnstoffwechsel bei ADHS

Der Mensch mit ADHS besitzt in den Synapsen des Stirnhirns eine höhere Dichte an Dopamin-Transportern als andere Menschen. Dadurch wird der Botenstoff Dopamin überdurchschnittlich rasch aus dem synaptischen Spalt entfernt, steht also nicht mehr für die Übermittlung von Nachrichten zur Verfügung. Methylphenidat blockiert den Dopamin-Transporter mit der Folge, dass die Dopamindichte im synaptischen Spalt ansteigt. Damit steigt auch die Leistung des Stirnhirns an, nämlich die Aufmerksamkeits- und Impulssteuerung.

Hirnstoffwechsel bei Morbus Parkinson

Der Parkinson-Krankheit liegt eine degenerative Veränderung dopaminabhängiger Zellen in der Substantia nigra zugrunde. Erbliche und Umweltfaktoren spielen hierbei eine Rolle. Die Substantia nigra liegt im Mittelhirn, das zum Stammhirn gehört.

Bei den Göttinger Rattenversuchen mit MPH blieb das Mittelhirn mit der Substantia nigra unauffällig. Veränderungen wurden hingegen im Corpus striatum gefunden. Das Corpus striatum ist nicht Teil des Mittelhirns, sondern des Endhirns oder Großhirns!

Langzeitbeobachtung

Seit 1937 werden Menschen mit ADHS erfolgreich mit Stimulantien behandelt, seit 1953 mit Methylphenidat. In all diesen Jahren ist nicht ein Fall von Parkinson als Folge der Behandlung gefunden worden.

Die Bereitschaft der US-Amerikaner, Schadenersatzprozesse gegen Ärzte und Pharmahersteller zu führen, ist bekannt. Längst wären in den Vereinigten Staaten hunderte von Prozessen angestrengt worden, wenn auch nur der mindeste Hinweis auf einen Zusammenhang zwischen Methylphenidat und Hirnschädigung einschließlich Morbus Parkinson vorhanden wäre.

Zusammenfassung
Seit Jahrzehnten werden Stimulantien bei Menschen mit ADHS eingesetzt. Damit gehören die Stimulantien zu den am besten dokumentierten und als sicher erkannten Substanzen in der Humanmedizin. In der Weltliteratur findet sich kein Nachweis einer Hirnschädigung durch Methylphenidat.

Süßigkeiten: Ratschläge zum Verzehr

1. Drosseln Sie bei Ihrem Kind von klein auf die Zufuhr von Zucker, Süßigkeiten, Schokolade und leeren Kohlenhydraten (Weißmehlbackwaren).
2. Verbieten Sie aber süße Lebensmittel nicht vollständig:
   Ein Riegel Schokolade am Tag ist erlaubt!
3. Ab dem siebten Lebensmonat geben Sie dem Kind eine Beikost, die mit wenig Süßkraft auskommt. Sie prägen damit eine Geschmacksrichtung, die nicht nach Süßigkeiten lechzt.

4. Nehmen Sie den natürlichen Geschmack der Speisen an!
   Das erspart Ihnen Gewissensbisse, überflüssige Kalorien und Fettpölsterchen. Zusätzliches Süßen oder Salzen der Speisen ist bei ausgewogener Mischkost überflüssig.
5. Denken Sie immer daran, dass sogenannte »Kindernahrungsmittel« viel zu viel Zucker und Fett enthalten und daher extrem ungesund sind!
6. Verwenden Sie Joghurt und Quark naturbelassen und nicht als Fruchtjoghurt oder Fruchtquark. Ergänzen Sie Joghurt oder Quark lieber mit frischen Früchten.
7. Nutzen Sie die Erfahrungstatsache aus: Reife und feingeteilte oder geriebene Früchte schmecken süßer als unreife und unzerkleinerte Früchte.
8. Trockenfrüchte, z. B. Äpfel, Birnen, Feigen, Aprikosen oder Feigen, sind ernährungsphysiologisch wertvoller als Zucker, Süßstoff oder Zuckeraustauschstoffe (Sorbit, Mannit).

Süßigkeiten-Gier

Ursachen

1. Die Vorliebe des Menschen für süße Nahrungsmittel hat einen biologischen Hintergrund: Süße Früchte, Beeren und Wurzeln sind niemals giftig. Das fanden unsere Vorfahren schon vor 40 000 Jahren heraus und hielten sich daran. Außerdem liefern süße Produkte *rasch verwertbare* Energie im Gegensatz zu Eiweiß und Fett. Im Gegensatz zu den Menschen des 21. Jahrhunderts hatten unsere Vorfahren in der Steinzeit nur wenige süße Nahrungsmittel zur Verfügung: Wildäpfel, Wildbirnen, Beeren. Übergewicht konnten sie sich damit bestimmt nicht anfuttern!
2. Fehlprägung in den ersten drei Lebensjahren durch überreichliche Zufuhr von leeren Kohlehydraten (Süßigkeiten).
3. Unregelmäßige Nahrungsaufnahme:
   a) Verzicht auf Frühstück – Unterblutzucker am Vormittag!
   b) Übermäßige Zufuhr rasch resorbierbarer, »leerer« Kohlenhydrate (Schokolade, Süßigkeiten, Weißmehlgebäck) mit der Folge starker Schwankungen des Blutzuckerspiegels.

4. Innere und äußere Unruhe, wie zum Beispiel bei ADHS, ist mit einem besonders lebhaften Stoffwechsel und einem hohen Energieverbrauch verbunden. Den Nachschub versucht der Körper durch rasch resorbierbare Kohlenhydrate zu decken.
5. Serotonin- und Dopaminmangel, wie zum Beispiel bei ADHS, erzeugt niedrige Blutzuckerspiegel.

Alternativen zu süßen Fertigprodukten

Süße Fertigprodukte enthalten übermäßig viel weißen Zucker, Fett, Konservierungsmittel und Farbstoffe. Damit der Heißhunger auf Süßes nicht heimlich mit gesundheitsschädlichen Fertigprodukten befriedigt wird, greifen Sie zu:

1. *Trockenfrüchten* (getrocknete Apfelschnitze, Birnenschnitze, Marillenschnitze – aber keine Rosinen!)
2. Vollkornbrot – Wasser und Brot sollten immer auf dem Tisch stehen!
3. Müsli
4. Hülsenfrüchte
5. Aussitzen – der Heißhunger auf Süßes verschwindet dann vielfach von selbst!
6. Essen Sie niemals aus der Hand – schon gar nicht vor dem Fernsehgerät! Essen aus der Hand führt häufig zu unkontrollierter Kalorienzufuhr
7. Legen Sie *keinen Vorrat* an Süßigkeiten an. Der freie Zugang zu Schokolade und Kartoffelchips lässt sogar den erwachsenen Menschen vergessen, was und wie viel er tatsächlich an Nahrung braucht!

T

Teilleistungsstörungen

Was ist eine Teilleistungsstörung?

Die fehlerhafte Lernstrategie des Kindes mit ADHS ist an sich schon eine Teilleistungsstörung. Misserfolge in der Schule stellen sich ein, obgleich es dem Kind nicht an Begabung fehlt.

Die Misserfolge häufen sich und werden schlimmer, wenn das Kind weitere Teilleistungsstörungen hat.

Von einer Teilleistungsstörung spricht man dann, wenn die Leistung des Gehirns insgesamt in Ordnung ist, in einem *begrenzten Teilbereich jedoch mangelhaft.*

Mehr als die Hälfte aller ADHS-Kinder hat außer der Aufmerksamkeitsstörung eine oder mehrere weitere Teilleistungsstörungen:

- Störung der visuomotorischen Koordination (Zusammenspiel Auge – Hand)
- Störung der visuellen Wahrnehmung, z. B. schlechte Figur-Grund-Unterscheidung
- Störung der auditiven Wahrnehmung (zentrale Hörstörung)
- Lese-Rechtschreib-Schwäche (Legasthenie)
- Rechenschwäche (Dyskalkulie)
- Zentrale Koordinationsstörung (ZKS)

Untersuchung und Behandlung

Teilleistungsstörungen sollten, sofern der Verdacht besteht, abgeklärt und gesondert behandelt werden. Leider scheitern Untersuchung und Behandlung für gesetzlich versicherte Personen heutzutage häufig an den Beschränkungen des Gesundheitswesens. Die Maßnahmen werden nicht als Bestandteil der gesetzlichen Krankenversicherung angesehen und können daher vom Arzt nur als individuelle Gesundheitsleistung (IGeL) durchgeführt werden.

Misserfolgsorientierung

Kommen Aufmerksamkeitsstörung und weitere Teilleistungsstörungen zusammen, so erwarten das ADHS-Kind ab der dritten Klasse eigentlich nur noch Misserfolge und schlechte Noten, sofern eine Behandlung ausbleibt. Diese negative Erwartungshaltung nennen wir *Misserfolgsorientierung.*

Hat die Misserfolgsorientierung einmal die Oberhand gewonnen, rutschen Lernbereitschaft und Mitarbeit im Unterricht in den Keller.

T.O.V.A® (Test of Variables of Attention)

Ausgangslage

Sie kennen alle das Problem: Eine schlechte Aufmerksamkeit und Selbststeuerung des Menschen können zwar aus vielen Hinweisen vermutet, aber nur begrenzt objektiv gemessen werden. Das wird uns sowohl bei der

Erstuntersuchung wie auch bei der Therapieüberwachung immer wieder bewusst. Die Berichte der Eltern, Lehrer oder Partner sind nicht in jedem Falle zuverlässig. Eine Serumspiegelbestimmung der eingesetzten Medikamente ist nicht sinnvoll, weil nur eine geringe Beziehung zwischen der Höhe des Serumspiegels und der tatsächlichen Wirkung besteht.

Goldstandard der Aufmerksamkeitsuntersuchung ist die Testbatterie zur Aufmerksamkeitsprüfung nach Zimmermann und Fimm (*TAP*, 1992 und 2012). Das Verfahren ist aufwendig und wird fast nur in der Klinik eingesetzt. Andere Messverfahren, wie zum Beispiel der Aufmerksamkeitsbelastungstest nach Brickenkamp, Test d2, zeigen große Schwankungen in den Ergebnissen. Hinzu kommt, dass oft bei der zweiten oder dritten Wiederholung eines Testverfahrens ein überraschend gutes Ergebnis zustande kommt, obwohl Aufmerksamkeit und Selbststeuerung nach dem Bericht der Eltern, Lehrer oder anderer Bezugspersonen gar nicht gut sind. Die Erklärung: Die intelligente ADHS-Persönlichkeit hat rasch gelernt, worauf es bei dem jeweiligen Test ankommt. Der Lerneffekt wirkt sich damit positiv auf das Ergebnis aus.

Der andere Fall ist eher selten: Das Kind oder der Jugendliche setzt absichtlich Fehler, um sich auf die »Ruhebank« zurückzuziehen: »Ich habe ADHS. Also brauche ich mich gar nicht so arg anstrengen!«

Der TOVA-Test

Als praktischer Ausweg aus der diagnostischen Zwickmühle hat sich der *TOVA-Test* erwiesen. T.O.V.A.® steht für: Test of Variables of Attention.

Im Test werden

- die Kurz- und Langzeitaufmerksamkeit und
- die Selbststeuerung

des Menschen gemessen. Wir erhalten also Auskunft über die beiden wichtigsten Eigenschaften des Aufmerksamkeitsdefizitsyndroms, die verkürzte Aufmerksamkeit und die Impulssteuerungsschwäche.

Den Test gibt es seit 2007. Seit 2010 wird er in unserer Praxis eingesetzt. Die Erfahrung zeigt, dass wir hier eine objektive, zuverlässige Methode gefunden haben, mithilfe eines Computers die wichtigsten Parameter des ADHS zu bestimmen oder auszuschließen.

Durchführung

Der Test kann bei Kindern ab 4 Jahren, bei Jugendlichen und bei Erwachsenen eingesetzt werden. Normalwerte für alle Altersstufen und für beide Geschlechter liegen vor. Benötigt werden die CD mit dem Programm und ein Laptop oder ein fest stehender PC. Das Hochfahren des Programms, die Einführung für den Probanden und der Probelauf dauern zusammen ungefähr 15 Minuten. Der Test selbst nimmt 22 Minuten in Anspruch. Kinder unter 6 Jahren arbeiten nur 11 Minuten. Für die Auswertung der Testergebnisse müssen nochmals 15 Minuten angesetzt werden.

Der Test wird in unserer Praxis von der ärztlichen Assistenz durchgeführt. Alle Mitarbeiterbeherrschen inzwischen das Verfahren. Den Test empfinden sie als angenehme Abwechslung vom täglichen Telefon- und Terminterror. Der Proband sieht im Assistenten nicht die strenge Prüfinstanz. Er kann daher die Arbeit am Bildschirm locker und entspannt angehen. Der Assistent führt nach einem vorgeschriebenen Muster Protokoll. Das Verhalten des Probanden wird über die gesamte Messzeit festgehalten. Das Protokoll erlaubt zusätzliche Rückschlüsse auf das Verhalten des Probanden.

Das Testverfahren

Im Test werden einfache geometrische Figuren verwendet. Der Proband soll durch einen Knopfdruck auf die Maus die Zielfigur kennzeichnen. In der ersten Testhälfte wird die Aufmerksamkeit geprüft. Die Zielfigur taucht nur selten auf dem Bildschirm auf. Der Proband empfindet den Vorgang als eintönig und langweilig. Dennoch muss er aufmerksam bleiben, um die Zielfigur nicht zu verpassen. Auslassfehler (Omission Errors) beweisen Unaufmerksamkeit.

In der zweiten Testhälfte erscheint die Zielfigur häufig auf dem Bildschirm. Das führt beim Probanden zu der Erwartung, die Zielfigur ständig zu erblicken. Er muss aber immer wieder durch Selbststeuerung verhindern, die falsche Figur anzuwählen. Eine Falschantwort wird als Überschussfehler (Commission Errors) bewertet. Überdurchschnittlich viele Überschussfehler weisen auf ungenügende Selbststeuerung bzw. auf ungesteuerte Impulsivität hin.

Vier Messwerte werden im Test ermittelt:

1. Reaktionszeit (Response Time)
2. Schwankungen der Reaktionszeit (Variability) = wichtigster Parameter
3. Auslasssfehler (Omission Errors)
4. Überschussfehler (Commission Errors)

Auswertung

Das Programm errechnet aus den einzelnen Messwerten selbstständig den Aufmerksamkeitsindex (Attention-Index). Ein Index unter 0 gilt als ADHS-verdächtig. Personen mit guter Aufmerksamkeit erreichen ADHS-Indices zwischen + 4,0 und + 6,0.

Sämtliche Werte einschließlich des Aufmerksamkeitsindex können graphisch eindrucksvoll dargestellt und ausgedruckt werden. Der Proband kann das Ergebnisblatt mit nach Hause nehmen.

Merke
Der Test ersetzt nicht die allgemeine Diagnostik mit Anamnese, körperlicher, neurologischer, psychologischer und Laboruntersuchung.

Technische Daten

- Bezugsquelle: TOVA-Company, USA, http://www.tovatest.com/
- Preis: ca. 900,- US-Dollar plus 10,- US-Dollar je Test
- Abrechnung: Der Test ist keine Leistung der Gesetzlichen Krankenversicherung (GKV)!
  - Einzeltest GOÄ Nr. 856 (2,5) = 52,60 Euro
  - Test ohne und mit Medikament am selben Tag
    GOÄ Nr. 856 (2,5), 857 (2,5), 1 = 80,22 Euro

U

Übergang ins Erwachsenenalter (Transition)

Zahlen

Rund 60 % der Jugendlichen mit ADHS nehmen ihre Besonderheit ins Erwachsenenalter mit. 5 % der 18- bis 44-Jährigen sind in Deutschland von ADHS betroffen (Rösler 2012).

Hürden

Einem reibungslosen Übergang vom Jugendlichen zum jungen Erwachsenen mit ADHS stehen etliche Hürden im Weg.

Die erste dieser Hürden heißt Unterdiagnostik. Sofern das ADHS nicht bereits im Kindesalter festgestellt worden ist, hat der junge Erwachsene deutlich schlechtere Aussichten auf eine richtige Diagnose und Therapie.

ADHS ist noch nicht »auf dem Bildschirm« aller Ärzte und Psychotherapeuten angekommen.

Die zweite Hürde ist die Schwierigkeit, auf den passenden Arzt zu stoßen. Über viele Jahre hin bestand zwischen dem Kinder- und Jugendarzt und seinem Patienten ein enges Vertrauensverhältnis, das dem Patienten Sicherheit und Zuversicht vermittelte. Es ist nicht leicht, einen Erwachsenenarzt zu finden, zu dem ein ähnliches Vertrauensverhältnis aufgebaut werden kann. Nicht selten kommt es deshalb an der Schnittstelle Volljährigkeit zu Therapieabbrüchen mit schlimmen Folgen für die Ausbildung und die ersten Jahre im Beruf. Nach einer Studie der AOK Hamburg wird im Alter von 18 Jahren nur noch ein knappes Viertel der ADHS-Patienten ausreichend behandelt (Bachmann et al. 2017). Die Lösung des Problems könnte eine gemeinsame Sprechstunde von Kinder- und Jugendarzt und Erwachsenenarzt oder zumindest eine enge Zusammenarbeit der beiden Berufsgruppen sein.

Eine dritte Hürde ist die unterschiedliche Ausprägung des Störungsbildes im Jugend- und Erwachsenenalter. An die Stelle der motorischen Unruhe tritt eine innere Unruhe und ein ständiger innerer Antrieb. Hinzu kommen Aufmerksamkeitsstörung, heftige Gefühlsschwankungen und Desorganisation. Begleiterkrankungen sind im Erwachsenenalter im Gegensatz zum Kindesalter nicht die Ausnahme, sondern die Regel:

- 60 % der jungen Erwachsenen mit ADHS haben eine Abhängigkeitserkrankung,
- 40 % haben eine affektive Störung (Depression),
- 35 % haben eine Persönlichkeitsstörung,
- 20 % haben eine Angststörung (Rösler et al. 2008).

Behandlung

Der Erwachsenenarzt muss häufiger als der Kinder- und Jugendarzt die Begleiterkrankung des ADHS-Patienten in sein multimodales Behandlungskonzept einbeziehen. Bewährt hat sich, zunächst die ADHS-Symptomatik mit kognitiver Verhaltenstherapie, Patientenunterstützung (Coaching) und Neurotransmitterersatz anzugehen. Auch bei Erwachsenen gilt Methylphenidat als Goldstandard der medikamentösen Therapie. Erwachsene mit ADHS benötigen absolut und in Beziehung zum Körpergewicht eine geringere Stimulantiendosis als Kinder und Jugendliche.

Meist können durch eine gute ADHS-Therapie die Beschwerden der Begleiterkrankung abgemildert werden. Die Restsymptomatik wird nach den Leitlinien behandelt, die für das jeweilige Störungsbild gelten.

In der Compas-Studie (Philipsen et al. 2015) wurden erwachsene ADHS-Betroffene placebokontrolliert untersucht. Die Untersuchung hat gezeigt, dass Methylphenidat dem Placebo signifikant überlegen war. Sie hat ferner gezeigt, dass die Behandlung mit Methylphenidat allein bessere Ergebnisse brachte als die Kombination von Methylphenidat und Psychotherapie.

Merke
ADHS wächst sich eher selten aus. Die wirksame Medikamentendosis ist im Erwachsenenalter niedriger als im Kindesalter.

Unfolgsamkeit

Was kann ich tun, wenn mein Kind Anweisungen oder Regeln nicht befolgt?

1. Verhaltensbeobachtung
   Schreiben Sie auf:
   - Wie oft,
   - in welchen Lagen,
   - bei welchem Verhalten,
   - bei welchen Konsequenzen folgt mein Kind nicht?
2. Absprache
   Die Eltern sprechen die Konsequenz untereinander und mit dem Kind vorher ab.
   Beide Eltern handeln dann in gleicher Weise.
3. Durchhalten
   Wird eine bestimmte Konsequenz angekündigt und eingesetzt, dann muss sie bis zum Verschwinden des problematischen Verhaltens durchgehalten werden.

4. Schreiben Sie für sich die verschiedenen Konsequenzen auf, die Sie schon versucht haben.
   Welche haben gewirkt, welche nicht?
5. Strafe
   Überlegen Sie jedes Mal aufs Neue: Ist Strafe wirklich nötig? Fahren Sie nicht vielleicht doch besser mit einer positiven Verstärkung? Die positive Verstärkung ist allemal wirksamer als jede Strafe!
6. Lob
   Loben Sie die *Bemühung*, die Ihr Kind aufbringt.
   Loben Sie aber nicht überschwänglich!
7. Vergessen Sie nie die wichtige Regel:
   Reden ist Kupfer, Handeln ist Gold!
   Handeln Sie rechtzeitig. Sie ersparen sich damit viel Ärger.
8. Diskussion
   Lassen Sie sich in Konfliktsituationen nicht auf eine Diskussion mit Ihrem Kind ein.
   Sie werden verlieren, denn Ihr Kind hat immer ein Argument mehr als Sie auf Lager!
   Bestehen Sie stattdessen mit wenigen, ruhigen, aber bestimmten Worten auf der Einhaltung der früher vereinbarten Regel.

V

Veränderungen

Was muss ich beachten, wenn ich etwas verändern will?

1. Tritt eine Schwierigkeit wiederholt auf, reagieren Sie *keinesfalls* nach dem Muster »*noch mehr!*«, wie zum Beispiel:
   - noch mehr erklären
   - noch mehr reden
   - noch höhere Stimmlage
   - noch höher den Zeigefinger heben
   - noch mehr drohen
   - noch lauter schreien
   - noch mehr Druck ausüben
2. Es gibt vermutlich Lagen, in denen sich Ihr Kind *nicht problematisch* verhält.
   Solche Lagen sind zum Beispiel das Zweiergespräch am Sonntagnachmittag oder die Autofahrt zu zweit.

Versuchen Sie so oft wie möglich solche friedlichen Lagen herzustellen.
3. Bleiben Sie *ruhig*, auch wenn es schwerfällt.
   Wenn Sie die Ruhe bewahren, steigt die Erfolgsaussicht Ihrer Maßnahmen!
4. Geben Sie nicht mehrere Anweisungen gleichzeitig.
   Bleiben Sie bei *einer* Anweisung.
5. Fordern Sie Ihr Kind auf: »Schau mir in die Augen!«
   Schauen Sie aber selbst bei Ihren Anweisungen *knapp am Ohr des Kindes vorbei*. Ihre Miene soll entschlossen, aber nicht bedrohlich wirken!
6. Setzen Sie, wenn nötig, Köperkontakt als Verstärker ein, zum Beispiel den festen Griff an den Schultern.
7. Wenn Sie etwas von Ihrem Kind erwarten, müssen Sie *dranbleiben!*
8. Halten Sie einen klar strukturierten und stets gleichbleibenden Tageslauf ein.
   Beispiel: Hausaufgaben *immer* 30 Minuten nach dem Mittagessen.
9. Planen Sie *Leerstunden* ein. Das Kind darf in dieser Zeit machen, was es will.
10. Verlassen Sie sich nicht auf das Verständnis und die Eigenverantwortung Ihres Kindes. Setzen Sie stattdessen auf *angemessene Vorgaben und Kontrollen*.
11. Führen Sie *einfache Regeln* ein und bestehen Sie auf deren Einhaltung (▶ Regeln einführen)

Verhaltenstherapie

Ausgangslage

Verhaltenstherapie ist eine besondere Form der Psychotherapie. Ihre Grundlage ist die Erfahrungspsychologie. Sie geht davon aus, dass menschliches Verhalten ein ständiges Zusammenspiel von körperlich-emotionalen, gedanklichen und motorischen Vorgängen ist.

- Ein körperlich-emotionaler Ablauf ist zum Beispiel der Anstieg der Herzfrequenz bei Erregung.
- Gedankliche Inhalte sind Einstellungen, Erinnerungen, Vorurteile.
- Motorische Abläufe sind Sprechen, Handeln, Körpersprache.

Vorgeschichte

In einem ersten Schritt wird die individuelle Entwicklung des Menschen nachvollzogen. Dabei wird nach Störungen im Zusammenwirken von Bewegung, Gefühl und Verstand gesucht. Die Schwierigkeiten des Patienten werden herausgearbeitet.

Beispiel: Wann, wie häufig und unter welchen Bedingungen tritt Angst auf?

Aus der Zusammenschau ergeben sich dann Hinweise auf die Ursachen der Störung und auf das Therapieziel.

Verhaltensänderung

Die Behandlung setzt unterschiedliche Methoden der Verhaltensmodifikation ein. Eine gute Mitarbeit des Patienten und seiner Bezugspersonen ist hierbei nötig. Folgende Wege kommen in Frage:

1. Verstärkung – Verhaltensweisen werden gezielt mit angenehmen oder unangenehmen Konsequenzen verstärkt.
2. Pläne
3. Berichtigung von Zerrbildern, z. B. »Keiner mag mich!«
4. Selbstbeobachtung
5. Selbstinstruktion: »Halt, welches ist der nächste Schritt?«
6. Rückmeldung: »Wo stehe ich?« »Wie weit bin ich gekommen?«
7. Motivation

Indikation für Verhaltenstherapie bei ADHS

Verhaltenstherapie bei ADHS ist angezeigt, wenn eine der folgenden Begleitstörungen (Komorbiditäten) vorliegt:

1. depressive Verstimmung
2. aggressiv-oppositionelle Verhaltensstörung
3. dissoziale Entwicklung
4. Angststörung

Verstärkungsfaktoren für ADHS-Symptome

Erworbene, biologische Faktoren

1. Alkoholkonsum der Mutter in der Schwangerschaft
2. Aktiv- oder Passivrauchen der Mutter in der Schwangerschaft
3. Aktiv- oder Passivrauchen des Vaters vor der Zeugung
4. Mangelgeburt
5. Hirnerkrankungen wie Enzephalitis oder schweres Schädel-Hirn-Trauma
6. Kohlenmonoxidvergiftung
7. Zinkmangel
8. Magnesiummangel
9. Phosphatüberschuss
10. chronische Bleivergiftung
11. Hypothyreose
12. Bewegungsmangel
13. Rauchen des Patienten selbst
14. Alkoholmissbrauch des Patienten selbst

Psychosoziale Faktoren

1. instabile Familie
2. anhaltende Partnerkonflikte
3. Scheidung der Eltern
4. psychische Krankheit eines Elternteils oder beider Elternteile
5. Erziehungsmängel
6. anhaltende Ablehnung des Kindes
7. niedriger sozioökonomischer Status
8. Medienmissbrauch

Videospiele

Videospiele und Schulleistungen

Kinder, die sich mit Videospielen beschäftigen, verbringen im Vergleich zu Kindern, die das nicht tun, durchschnittlich 30 % weniger Zeit mit Lesen und 34 % weniger Zeit mit Hausaufgaben und Lernen (Cummings 2007). Mädchen beschäftigen sich deutlich seltener mit Videospielen als Jungen (Roberts et al. 2005). Sie neigen auch weniger als Jungen zu Gewaltspielen. Sie vernachlässigen nur halb so oft wie Jungen ihre Hausaufgaben wegen Videospielen (Gentile et al. 2007). Die Problemgruppe ist also die männliche Jugend. In einer Studie aus dem Jahr 2010 wurden die Schulleistungen von männlichen Grundschülern der Klassen 1–3 ohne und mit Spielkonsole verglichen (Weis und Cerankosky 2010). In der Gruppe ohne Spielkonsole lag die Hausaufgabenzeit bei 32 Minuten, in der Spielergruppe bei 18 Minuten. Die Leistungen der Spielergruppe im Lesen und Schreiben waren signifikant schlechter als in der Gruppe ohne Spielkonsole. Insgesamt hatten die Schüler der Spielergruppe mehr als doppelt so oft Lernprobleme wie die Kontrollgruppe.

Die Zeit, die mit Videospielen zugebracht wird, steht nicht mehr für Lernen und Hausaufgaben zur Verfügung!

Videospiele und Sozialkontakte

Eine Studie in Neuseeland mit 3 043 Schülern im Alter von 14 und 15 Jahren ergab, dass bei Videospielern die Bindung zu den Eltern um 29,5 % geringer war als bei Nichtspielern. Die Bindung zu Gleichaltrigen und Freunden hatte um 28 % abgenommen (Hancox et al. 2005).

Es stimmt also nicht, dass Kinder sozial isoliert werden, wenn sie nur selten Bildschirmkontakt haben. Im Gegenteil: Bildschirmmedien schaden dem Einfühlungsvermögen und den sozialen Fähigkeiten des Kindes und verschlechtern damit seine Sozialbeziehungen!

Videospiele und Gewalt

2009 haben die amerikanischen Psychologen Bushman und Anderson ein Experiment mit 320 College-Studenten durchgeführt. Ziel der Untersuchung war, herauszufinden, wie mediale Gewalt das Verhalten des Menschen beeinflussen kann. Teilnehmer, die kurz zuvor ein Gewaltvideo gespielt hatten, brauchten fünfmal mehr Zeit, um einem Verletzten zu Hilfe zu kommen, als die Studenten, die an einem gewaltfreien Spiel teilgenommen hatten. Einige Videospieler hatten die Schmerzensschreie der Verletzten nicht einmal bemerkt (Bushman und Anderson 2009)! Zahlreiche weitere Studien in aller Welt kommen zu gleichen Ergebnissen.

Gewalt auf dem Bildschirm stumpft die Fähigkeit des Menschen ab, sich in seine Mitmenschen einzufühlen (Gentile et al 2004; Sakamoto 1994). Bei Videospielern nehmen Gewaltbereitschaft und soziale Vereinsamung zu, Bildungs- und Berufserfolg nehmen ab.

Videospiele und Aufmerksamkeit

In der Wissenschaftszeitschrift Nature wurde 2003 eine Studie veröffentlicht, die sich mit den Auswirkungen von Videospielen auf die Aufmerksamkeit befaßt. In den Spielen mussten die Kinder angreifende Ungeheuer aus fremden Welten abschießen (Green und Bavelier 2003). Dabei wurde nachgewiesen, dass Videospieler auf ablenkende Reize besser reagieren als Nichtspieler. Das ist indessen kein Gewinn an Aufmerksamkeit. Das Kind, das auf ablenkende Reize eingeht, kann sie nicht ausfiltern. Es ist also stärker ablenkbar. Die Videospieler reagierten auf Reize, die sehr rasch aufeinander folgten, schneller als die Nichtspieler. Das bedeutet jedoch, dass sie sich auf den einzelnen Reiz schlechter konzentrieren können. Die Videospieler, die Ungeheuer aus dem Weltall abschießen sollen, müssen ihre Aufmerksamkeit pausenlos über den ganzen Bildschirm verteilen. Sie können ihre Aufmerksamkeit daher nicht auf ein einzelnes Ziel bündeln. Wenn visuelle Reize rasch hintereinander angeboten werden, werden sie vom Gehirn von Mal zu Mal schlechter verarbeitet. Dieser Mechanismus schützt den visuellen Kanal vor Überlastung. Beim Videospieler fällt diese Verschlechterung geringer aus. Er kann sich also seinen Schutzmechanismus abtrainieren.

Der Videospieler erreicht auf diese Weise eine Verminderung seiner Aufmerksamkeit und seiner visuellen Selbstkontrolle!

Vitamin D

Biologische Bedeutung

Vitamin D3 (= Cholecalciferol) wird überwiegend in der Haut unter dem Einfluss von UV-B-Strahlen des Sonnenlichts aus einer cholesterinähnlichen Vorstufe gebildet. Die UV-A-Strahlung der Sonnenbank ist nicht zu dieser Leistung fähig! In geringen Mengen wird Vitamin D auch mit der Nahrung aufgenommen. Reich an Vitamin D3 sind Fischleberöl (Lebertran), Lachs, Hering und Sardine. Die meisten anderen Nahrungsmittel sind arm an Vitamin D. Der Vitamin-D-Gehalt in Milch und Butter ist abhängig von der Jahreszeit. Im Winter enthalten Milch und Butter nur wenig Vitamin D.

Vitamin-D-Mangel

Vitamin-D-Mangel verursacht Rachitis und Osteoporose (Knochenerweichung). In den letzten Jahren hat die Wissenschaft herausgefunden, dass Vitamin D auch außerhalb des Skeletts eine große Rolle spielt:

- bei Autoimmunerkrankungen (Multiple Sklerose, rheumatoide Arthritis, Darmentzündungen)
- bei Tumorerkrankungen
- bei Herz-Kreislauf-Erkrankungen (Arteriosklerose, Hypertonie)
- bei Diabetes mellitus Typ I
- bei Übergewicht
- beim metabolischen Syndrom und bei Diabetes mellitus Typ II
- bei Arthrose
- bei atopischer Dermatitis
- bei Depression

- bei anderen psychischen Funktionen (Wachheit, Aufmerksamkeit, Ruhe, Schlaf)
- bei Dysmenorrhoe

Bedarfsempfehlungen

Die Deutsche Gesellschaft für Ernährung (DGE) empfiehlt die tägliche Zufuhr von 10 µg (= 400 IE) Vitamin D für Säuglinge im ersten Lebensjahr, 20 µg für Kinder (> 1 Jahr) und Erwachsene. 1 µg Vitamin D entspricht 40 IE (DGE 2012).

Diese Mengen sind nach neuesten wissenschaftlichen Untersuchungen nicht ausreichend, um den Körper optimal mit Vitamin D zu versorgen.

Besser daher: 2000 IE Vitamin D3 und 15 Minuten Sonnenlichtexposition täglich!

Auch voll gestillte Säuglinge benötigen Vitamin D als Tablette oder Tropfen. Bei 75 % aller gestillten Säuglinge ist ein Vitamin-D-Mangel zu erwarten, wenn sie kein Vitamin D erhalten! (Ziegler 2006)

Sicherheit von Vitamin-D-Gaben

Eine tägliche Zufuhr von 50 µg Vitamin D (= 2000 IE) ist unbedenklich. Auch 100 µg täglich gelten als sicher. Die obere Grenze liegt bei 250 µg tgl. für Erwachsene.

Vitamine und ADHS

Begriffsbestimmung

Vitamine sind organische Kohlenstoffverbindungen, die für den menschlichen Stoffwechsel lebenswichtig sind, vom Körper selbst aber nicht oder nicht ausreichend hergestellt werden können. Vitamine müssen dem Körper also mit der Nahrung zugeführt werden.

Vitaminmangel allgemein

Bei einem Mangel an einem Vitamin oder an mehreren Vitaminen ist immer mit einer Verstärkung der ADHS-Symptome zu rechnen.

Vitamin C

Vitamin C oder Ascorbinsäure wirkt

- antioxidativ
- als Radikalenfänger
- als Co-Faktor bei zahlreichen Stoffwechselvorgängen

In seiner Eigenschaft als Co-Faktor verbessert Vitamin C die Einschleusung von Methylphenidat (MPH), dem Standardmedikament bei ADHS, in den Hirnstoffwechsel. Ferner verbessert Vitamin C die Verträglichkeit von MPH. MPH sollte daher stets zusammen mit Vitamin C eingenommen werden!

Vitamin D

Vitamin-D-Mangel verursacht Rachitis und Osteoporose (Knochenerweichung), Außerdem wirkt sich ein Vitamin-D-Mangel ungünstig auf die Aufmerksamkeit und das Schlafverhalten aus (für weitere Informationen ▶ Vitamin D).

Folsäure

Folsäure, ein Vitamin aus der B-Gruppe (▶ Folsäure),

- verhütet Hirnfehlbildungen und Neuralrohrdefekte (Schwangerschaft)
- senkt das Risiko für Bluthochdruck (Hypertonie)
- vermindert die Gefahr, an einer megaloblastären Anämie, an Magenkrebs oder an Brustkrebs zu erkranken
- bewahrt oder verbessert die Hirnleistung (Gedächtnis, Informationsverarbeitung, Aufmerksamkeit, sensomotorische Funktionen) – offenbar aber nur bei einem erhöhten Homocysteinspiegel (≥ 13 µmol/l)!

Menschen mit Demenz oder Depression haben oft einen hohen Homocysteinspiegel und einen niedrigen Folatspiegel.

Die Verbesserung von Merkfähigkeit und Konzentration durch die Einnahme von Folsäure (400–800 µg/Tag) wird nur erreicht, wenn zuvor ein Folat*mangel* nachgewiesen worden ist!

Eigene Versuche bei Kindern und Jugendlichen mit ADHS und normalen Folsäurespiegeln, durch Folsäuregabe die Konzentration zu verbessern, waren *erfolglos*!

Bei ausgewogener Mischkost (viel Obst und Gemüse, insbesondere frisches Blattgemüse, Vollkornprodukte, Milch, Fleisch, Fisch) ist *nicht* mit einem Folsäuremangel zu rechnen.

W

Wachstum unter Stimulantien

Die Fachinformationen zu den Stimulantien listen eine Reihe von möglichen Nebenwirkungen auf. Eine davon betrifft die Größen- und Gewichtszunahme. Hierzu folgen einige Angaben aus der wissenschaftlichen Literatur der neueren Zeit.

1. Faraone und Kollegen haben die Langzeitwirkzngen der Stimulantien untersucht. Die Ergebnise ihrer Metaanalyse bestätigen die Befunde internationaler Studien, dass die Endgröße der Kinder, die mit Stimulantien (Methylphenidat und DL-Amphetamin) behandelt wurden, nicht beeinflußt wird (Faraone et al. 2008).
2. In einer prospektiven Studie von Joseph Biederman und Kollegen mit 137 Kindern und Jugendlichen fanden die Autoren heraus, dass Stimulantien langfristig das Wachstum der Studienteilnehmer nicht verändert (Biederman et al. 2010).

3. Graham und Kollegen untersuchten gleichfalls die Wirkung der Stimulantien auf Wachstum und Körpergewicht. Sie stellten fest, dass die Kinder in den ersten drei Jahren der Stimulantienbehandlung durchschnittlich 3 kg weniger an Gewicht zunahmen, als nach den Normalwerten zu erwarten gewesen wäre. Auch die Größenzunahme verringerte sich in diesem Zeitraum um 1 cm pro Jahr. Diese Wirkung verschwand indessen im Verlauf der weiteren Behandlung. Die Endgröße, die nach den Perzentilen zu erwarten gewesen wäre, wurde immer erreicht. Auch die Zahl der Kinder unterhalb der Fünf-Prozent-Perzentile erhöhte sich nicht. Unter Atomoxetin waren auch bei einer Behandlung von fünf Jahren und länger keine Auswirkungen auf die Größenzunahme nachweisbar (Graham et al. 2012).

Wender-Utah-Kriterien für Erwachsene (Selbsteinschätzung)

(nach Wender 2002)

Name ______________________

Geburtstag ______________ **Beruf** ______________________

		Ja	Nein
A	1. Konzentrationsschwierigkeiten	☐	☐
	2. Ich kann einem Gespräch nicht immer aufmerksam folgen	☐	☐
	3. Ich verliere öfters Gegenstände wie Schlüssel oder Geldbeutel	☐	☐
B	4. Ich fühle mich innerlich unruhig	☐	☐
	5. Ich kann mich schlecht entspannen	☐	☐
	6. Ich vermeide längeres Stillsitzen oder Stillhalten	☐	☐
C	7. Ich erlebe bei mir von klein auf einen schnellen Wechsel der Gefühle (freudige Erregung – normal – traurig)	☐	☐
	8. Stimmungswechsel aus jeder Lage erklärbar	☐	☐
D	9. Ich habe Schwierigkeiten, Termine und Arbeitsabläufe zu organisieren	☐	☐

W

	10. Wenig zielgerichtete Lösungsstrategien	☐	☐
	11. Ich beginne viele Dinge, bringe aber nicht alles zu Ende	☐	☐
	12. Ich versuche, viele Aufgaben gleichzeitig zu erledigen	☐	☐
E	13. Ich bin leicht reizbar	☐	☐
	14. Ich verkrafte Niederlagen und Rückschläge schlecht	☐	☐
	15. Ich raste leicht aus, zum Beispiel im Straßenverkehr	☐	☐
F	16. Ich rede gerne dazwischen	☐	☐
	17. Ich kann schlecht warten	☐	☐
	18. Ich werde leicht ungeduldig	☐	☐
G	19. Überschießende Reaktionen unter normalen Alltagsbedingungen	☐	☐
	20. Zeitweilig Ängste	☐	☐

Die Kriterien der Gruppen A und B müssen immer erfüllt sein. Von den Gruppen C–G müssen zusätzlich zwei Kriterien erfüllt sein.

Wutanfall

Nicht hilfreiche Verhaltensweisen

1. Schimpfen, Vorhaltungen, Moralappelle
2. Schreien
3. Reden wie: »Bitte mäßige Dich!«
4. Mahnungen wie: »Bitte nimm Dich zusammen!«
5. Bitten wie: »Versprich mir, dass Du das nicht wieder tust!«
6. Ausrasten nicht zur Kenntnis nehmen
7. strenge Strafen
8. körperliche Gewalt
9. höhnisch lachen
10. zynische oder sarkastische Kommentare

Hilfreiche Verhaltensweisen

1. Malen Sie ein Schild.
   Auf dem Schild steht in großen, roten Buchstaben das Wörtchen *halt.* Wenn die Lage zu entgleisen droht, heben Sie das Schild in Augenhöhe des Kindes.
2. Sprechen Sie laut und deutlich mit fester Stimme:
   - »*Halt,* ich will das nicht mehr hören!«
   - »*Halt,* solche Worte möchte ich in unserem Haus nicht hören!«
   - »*Halt,* geh sofort in Dein Zimmer!«
3. Setzen Sie Ich-Botschaften ein:
   - »Halt, *ich* möchte, dass Du das lässt!«
4. Setzen Sie die Dreier-Regel ein: »Halt, ich zähle jetzt bis 3, dann ist Schluss!«
5. Bestehen Sie darauf, dass das Kind bei mangelhafter Beruhigung den Raum verlässt, nicht zur Strafe, sondern zur Beruhigung, zum »*Hirnauslüften*«.
6. Gelingt es Ihnen nicht, das Kind aus dem Zimmer zu schaffen, gehen Sie *selbst* aus dem Zimmer.
7. Bedenken Sie, dass das Kind in seinem Zorn Dampf ablassen muss. Mit seinen wüsten Ausdrücken will es nicht Sie persönlich angreifen. Fühlen Sie sich also auch nicht persönlich angegriffen!
8. Der Wutanfall darf sich für das Kind nicht lohnen. Die Pflichtaufgabe, die den Wutanfall ausgelöst hat, muss später trotzdem erledigt werden, zum Beispiel Sprudel aus dem Keller holen.
9. Karten Sie nicht nach: Das Kind redet, schreit und handelt im Wutanfall ohne Kontrolle des Großhirns. Es weiß meistens nachher nicht mehr, was es gesagt und getan hat.
10. Besprechen Sie aber in einer ruhigen Stunde, wie Sie beim nächsten Wutanfall vorgehen werden.

Z

Zappelliese und Zappelphilipp

Was brauchen Zappelliese und Zappelphilipp unbedingt?

1. *Eine ruhige Bezugsperson,*
   - die sie annimmt, wie sie sind,
   - die sie aber auch immer wieder geduldig in ihre Schranken weist.
2. *Klare, knappe Ansagen*
   - Eltern, Erzieher oder Lehrer schauen dem Kind dabei nicht unmittelbar in die Augen, sondern auf das Ohr.
   - Die Wirkung des Erwachsenenwortes wird verstärkt durch einen festen Griff an die Schultern des Kindes.
3. *Wenige, aber eindeutige Regeln,*
   - deren Einhaltung von den Erwachsenen konsequent überwacht wird.
   - Ein Ja bleibt immer ein Ja, ein Nein bleibt immer ein Nein.
   - Ausnahmen gibt es nicht!

4. *Viel Lob*
   - auch schon für die Bemühung, auch für kleine Erfolge, die bei anderen Kindern selbstverständlich sind.
5. *Einen Tagesablauf,*
   - der übersichtlich und stets gleichbleibend ist.
   - Die Zahl der Freizeitaktivitäten sollte begrenzt sein.
   - Sport (kein Mannschaftssport) sollte immer dabei sein!
6. *Verzicht auf Superreize wie*
   - Fernsehen
   - Videospiele
   - Nintendo
7. *Viel Bewegung*
   - zum Abbau von Spannungen,
   - zur Verbesserung von Körpergefühl und Kraftdosierung

Was brauchen Zappelliese und Zappelphilipp auf keinen Fall?

1. *Ständiges Mahnen und Schimpfen*
2. *Den Stempel »Problemkind«*
   - Zappelliese und Zappelphilipp sind nicht krank oder gestört.
   - Sie haben eine Besonderheit im Hirnstoffwechsel. Daher sind sie anders.
   - Sie können ruppig sein.
   - Sie sind aber auch sehr empfindlich.
   - Sie leiden darunter, wenn sie ausgegrenzt werden.
3. *Nur Toben*
   - Zappelliese und Zappelphilipp brauchen jeden Tag reichlich Bewegung.
   - Sie brauchen aber auch genügend Zeit für eine ruhige Beschäftigung.

Zeitmanagement bei Erwachsenen

Strategien für effektives Arbeiten

Zuspätkommen

- Stehen Sie sofort nach dem Klingeln des Weckers auf. Stellen Sie allenfalls zwei Wecker ein. Stellen Sie den Wecker so weit vom Bett entfernt auf, dass Sie zum Abschalten auf jeden Fall aufstehen müssen!
- Decken Sie den Frühstückstisch schon am Abend zuvor.
- Richten Sie Ihr Vesperbrot am Abend zuvor.
- Legen Sie Ihre Kleidung am Abend zuvor bereit.
- Überlegen Sie Ihr Tagesprogramm am Tag zuvor. Was habe ich alles zu tun? Wie viel Zeit brauche ich?
- Richten Sie Ihre Arbeitsunterlagen und Ihre Tasche schon am Abend zuvor.
- Ermitteln sie genau den Zeitbedarf für
  - Körperpflege in Toilette und Bad,
  - Tageskleidung anziehen
  - Frühstück,
  - Zähneputzen,
  - im Winter Eiskratzen am Wagen,

Zu den einzelnen Zeitabschnitten rechnen Sie 20 % Pufferzeit hinzu. Stellen Sie den Wecker entsprechend früh!

Kleine Pausen

- Legen Sie die Pausendauer vorher fest.
- Stellen Sie einen Wecker oder eine Eieruhr auf diese Zeit ein.
- Beginnen Sie in der Pause keine Tätigkeit, bei der Ihnen das Aufhören schwerfällt, zum Beispiel PC-Spiel, Fernsehen, Buch lesen (Besser: Zeitung lesen mit kurzen Aufsätzen), mit einem Freund oder einer Freundin telefonieren etc.
- Setzen Sie sich selbst Zeitgrenzen und geben Sie diese auch Ihren Mitarbeitern bekannt.

Vor sich herschieben

- Teilen Sie am besten alle, insbesondere aber die unangenehmen Aufgaben, in kleine Einzelstücke auf.
- Listen Sie alle Aufgaben schriftlich auf und arbeiten Sie jede einzelne Aufgabe ab.
- Haken Sie die erledigte Aufgabe genüsslich ab.
- Fassen Sie Teilaufgaben nach Inhalt zusammen.
- Geben Sie Tätigkeiten an Fachleute ab.
- Schreiben Sie einen Erinnerungszettel und bringen diesen gut sichtbar an.
- Führen Sie sich die Wichtigkeit dieser oder jener Arbeit vor Augen. Schaffen Sie sich damit selbst Anreize.
- Nehmen Sie sich nicht zu viel auf einmal vor, planen Sie Pufferzeiten ein.

Nein sagen lernen

- Sagen Sie »Ja, aber ...!« Also: »Ja, aber erst zu der Zeit, in der es mir passt!« oder: »Ja, aber nur, wenn ich meinen eigenen Kram erledigt habe!«
- Legen Sie sich schon vorher eine brauchbare Antwort zurecht.
- Zählen Sie auf, was Sie selbst alles zu tun haben.
- Zeigen Sie Ihren Tagesplan und machen Sie deutlich, dass darin kein Platz mehr vorhanden ist.

Fernsprechgerät, Kinder, Partner, Besuch

- Stellen Sie bei wichtigen Arbeiten den Anrufbeantworter an.
- Schalten Sie bei wichtigen Arbeiten das Mobilfunkgerät auf »Stumm« oder schalten Sie es aus.
- Hängen Sie bei wichtigen Arbeiten das Schild »Bitte nicht stören!« an die Tür
- Vereinbaren Sie mit Ihrem Partner und Ihren Kindern Zeiten, in denen Sie nach Möglichkeit nicht gestört werden wollen.
- Treffen Sie mit Ihren Kindern Vereinbarungen. Führen Sie Regeln ein und bestehen Sie auf deren Einhaltung.
- Kurze Ferngespräche führen Sie knapp hintereinander. Sie werden dann nicht aus einer wichtigen Arbeit herausgerissen.

- Zeigen Sie dem Besucher an, dass Sie keine Zeit haben, indem Sie nicht »Herein!« rufen.
- Geben Sie dem Besucher höflich kund, dass Sie keine Zeit haben, zum Beispiel: »Schade, dass Du gerade jetzt kommst. Jetzt habe ich leider keine Zeit. Kannst Du morgen um 10 Uhr kommen? Dann können wir Dein Anliegen ausführlich besprechen!«
- Bei Zeitmangel vertrösten Sie den Kollegen auf einen späteren Zeitpunkt. Für das Gespräch vereinbaren Sie eine feste Zeit.

Zeitwahrnehmung bei ADHS

Studienergebnisse

Menschen mit ADHS nehmen Zeit anders wahr als die übrige Menschheit (Prior et al. 2012). Eine bestimmte Zeitspanne wird von Menschen mit ADHS als *erheblich länger* empfunden als von anderen Menschen.

31 Personen mit ADHS und 29 Personen ohne ADHS wurde auf einem Bildschirm in unterschiedlich langer Zeitdauer ein Kreis gezeigt. In der anschließenden Befragung gaben die Personen mit ADHS für ein- und dieselbe Zeitspanne meistens eine längere Dauer an als die Personen ohne ADHS. Außerdem fiel es den Personen mit ADHS schwerer als den anderen Personen, sich auf die Veränderung der Zeitspannen *umzustellen* (Prior et al. 2012).

Schlussfolgerung

Für die ADHS-Persönlichkeit ist es zur Bewältigung des Alltags in allen Lebensbereichen von besonderer Bedeutung, eine gute Zeitwahrnehmung und Zeiteinteilung zu erreichen

- durch Strukturierung des Tageslaufs und
- durch Aufgliederung komplexer Aufgaben in Teilaufgaben.

Zerebrale Risikofaktoren

Risikofaktor	Ja	Nein
1. Gebäralter der Mutter (unter 18, über 30 Jahre)	☐	☐
2. Mutter nicht verheiratet	☐	☐
3. Unerwünschte Schwangerschaft	☐	☐
4. Zyklusstörungen, längere Unfruchtbarkeit bei Kinderwunsch	☐	☐
5. Vorangegangene Fehlgeburten	☐	☐
6. Vater raucht	☐	☐
7. Genitale Blutungen	☐	☐
8. Starkes Erbrechen	☐	☐
9. Fieberhafte Erkrankungen	☐	☐
10. Lebendimpfungen	☐	☐
11. Röntgenuntersuchungen	☐	☐
12. Rauchen	☐	☐
13. Bluthochdruck	☐	☐
14. Eiweiß im Urin	☐	☐
15. Diabetes	☐	☐
16. Anämie	☐	☐
17. Strumaentwicklung	☐	☐
18. Alkohol	☐	☐
19. Medikamente	☐	☐
20. Mehrlingsschwangerschaft	☐	☐
21. Dauer der Schwangerschaft unter 38 Wochen	☐	☐
22. Dauer der Schwangerschaft über 21 Wochen	☐	☐
23. Geburtsgewicht unter 2 500 g	☐	☐
24. Geburtsgewicht über 4 500 g	☐	☐
25. Beckenend- oder Deflexionslage	☐	☐
26. Verlängerte Geburt (Eröffnung über 24 h, Austreibung über 2 h)	☐	☐
27. Sturzgeburt	☐	☐
28. Vorzeitiger Blasensprung (Blasensprung mehr als 6 h vor der Geburt)	☐	☐

Risikofaktor	Ja	Nein
29. Grünes Fruchtwasser	☐	☐
30. Kaiserschnitt	☐	☐
31. Andere operative Entbindungen (Zange, Saugglocke)	☐	☐
32. Asphyxie länger als 1 Minute nach der Geburt	☐	☐
33. Erster Apgar-Wert unter 8	☐	☐
34. Trinkschwäche	☐	☐
35. Verstärkte Gelbsucht	☐	☐
36. Krampfanfall	☐	☐
37. Schädel-Hirn-Trauma	☐	☐
38. Hirnhautentzündung	☐	☐
39. Schwerwiegende emotionale Mangelsituation	☐	☐
Gesamt		

Werden 10 oder mehr Fragen mit Ja beantwortet, ist das Risiko für ein ADHS erhöht.

Zink – ein wichtiges Spurenelement

Zinkstoffwechsel

Zink ist ein lebensnotwendiges Metall, das für die Funktion zahlreicher Enzyme und Hormone unentbehrlich ist. Zink stabilisiert die Zellmembran, verbessert die Ausnutzung des Vitamins A und ist Gegenspieler zu den Zellgiften Cadmium, Blei und Quecksilber. Die meisten Organe des menschlichen Körpers brauchen Zink für ihre Arbeit, vor allem Gehirn, Auge, Haut, Muskulatur, Knochen, Zähne, Darm, Bauchspeicheldrüse, Leber, Geschlechtsorgane und Immunsystem.

Zinkmangel kann auslösen:

Organ	Folgen des Zinkmangels
Haut und Zähne	Verzögerte Wundheilung, Hauteiterungen, Ekzem, Akne, Störungen des Nagelwachstums (brüchige Nägel), Haarausfall, Zahnkaries
Nervensystem	Beeinträchtigung von Geruch und Geschmack, Kopfschmerzen, Aufmerksamkeits- und Merkfähigkeitsstörungen, Verlangsamung der Denkabläufe, Verzögerung der Hirnentwicklung
Auge	Nachtblindheit
Magen-Darm-Trakt	Appetitmangel, Bauchschmerzen
Immunsystem	Infektanfälligkeit
Geschlechtsorgane	Reifungsverzögerung, Verminderung der Ei- und Samenzellproduktion
Knochen, Muskulatur	Muskelschmerzen, Wachstumsverzögerung
Schwangerschaft	Braune Flecken auf der Haut der Schwangeren, Frühgeburtsneigung, Reifungsverzögerung des Kindes
Knochenmark	Verzögerte Zellreifung – Anämie

Ursachen für Zinkmangel

1. *Verminderte Zufuhr,* z. B. durch einseitige Ernährung, Langzeiternährung mit Instant-Produkten, phosphatüberladene Lebensmittel.
2. *Erhöhter Verbrauch,* z. B. bei entzündlichen Darmerkrankungen, bei manchen Hautkrankheiten, bei Wachstumsschüben, bei lebhafter körperlicher Tätigkeit.

Zuwendung und Zeit

Positive Zuwendung

Ohne Worte	Mit Worten
• freundlich anschauen • Kopfnicken • lächeln • aufmerksam zuhören	• so geht es auch! • auch gut! • gut so! • gut gemacht!

Ohne Worte	Mit Worten
• streicheln	• du hast dich wirklich angestrengt!
• in den Arm nehmen	• das war lieb von dir!
• auf die Schulter klopfen	• du hast mir sehr geholfen!
• am Oberarm berühren	• sehr freundlich!
• Daumen zeigen	• richtig gut!
• belohnen	• wie hast Du das geschafft?

Praxistipp

- Nicht nur auf das Ergebnis schauen, sondern auf die Bemühung.
- Jeder ernsthafte Versuch verdient Anerkennung.
- Anerkennung nicht übertreiben. Wenige Worte genügen!
- Aufgaben so planen und begrenzen, dass der Erfolg wahrscheinlich ist.

Gemeinsame Zeit

1. Eine nette Bezeichnung finden und beibehalten:
   Mutti-Florian-Zeit
   Papa-Peter-Stunde
2. Gemeinsame Zeit ist *unabhängig* von unerwünschtem oder erwünschtem Verhalten!
3. Gemeinsame Zeit findet *ohne Vorleistung* statt.
4. Zeitraum vorher genau festlegen.
5. Mutter oder Vater schenken dem Kind während der gemeinsamen Zeit ihre *ungeteilte* Aufmerksamkeit!
6. Das Kind übernimmt die Führung.
7. Abbruch nur bei Überdrehen, Ausrasten oder Aggression.
8. Kritik in der gemeinsamen Zeit vermeiden.
9. Positives Verhalten beachten und hervorheben.

Auswirkungen

Positive Zuwendung und gemeinsame Zeit verbessern beim *Kind*:

- Das Selbstbild, Selbstwertgefühl, die Anstrengungsbereitschaft und die Stimmung;

bewirken in der ganzen *Familie*:

- Entspannung und Verbesserung der Familienatmosphäre.

Zwangsstörung – Allgemein

Begriffsbestimmung

Eine *Zwangsvorstellung* ist ein unangemessener Gedanke, der sich beharrlich aufdrängt, ohne eigentlichen Anlass ins Bewusstsein steigt und willentlich nicht unterdrückt werden kann. Der Patient merkt, dass keine wirkliche Gefahr von der Person oder dem Gegenstand ausgeht und dass seine Reaktion unsinnig ist. Er kann sich seine Reaktion nicht erklären. Aber diese Erkenntnis lässt seine Angst nur noch größer werden.

Reicht die gedankliche Vorstellung nicht mehr aus, wird sie in die Tat umgesetzt, die *Zwangshandlung* entsteht.

Formen von Zwangsstörungen

a) Zwangsvorstellungen
Angst vor Schlangen, Spinnen, Insekten, Vögeln.
Angst vor Berührung durch andere Menschen, Berührung von Haaren.
Angst vor Bakterien, vor Schmutz.

b) Zwangshandlungen
Waschzwang (Lady-Macbeth-Reaktion), Zwangsgang, Schlagzwang, Kneifzwang

Häufigkeit

Etwa 2 % aller Kinder und Jugendlichen entwickeln irgendwann einen Zwang, Jungen doppelt so häufig wie Mädchen. ADHS-Persönlichkeiten sind überdurchschnittlich häufig von einer Zwangsstörung betroffen.

Verlauf

Beginn meist in der Pubertät (allgemeine Verunsicherung, Haltsuche, anfangs diffuse Angst- und Schuldgefühle). Selten spontane Ausheilung, meist Ausweitung und Chronifizierung ohne Behandlung. Dauer Jahre bis Jahrzehnte.

Ursachen

- Genetische Veranlagung: Je jünger der Beginn, umso größer ist die Rolle der Vererbung.
- Äußere Umstände: Schwierigkeiten bei der Eingliederung in das gesellschaftliche Gefüge.
- Beta-hämolysierende Streptokokken. Häufigkeit unbekannt.

Begleiterkrankungen

Begleiterkrankungen kommen in 68–100 % der Fälle vor, sind also nicht die Ausnahme, sondern die Regel (ADHS, Depression, Angststörung, Tic-Störung, Persönlichkeitsstörung).

Zwangsstörung – Behandlung

Verhaltenstherapie

1. Einfache Verhaltenstherapie mit Exposition und Reaktionsverhinderung (BT)
2. Kognitive Verhaltenstherapie mit Exposition und Reaktionsverhinderung (CBT)

Die Verhaltenstherapie ist die überlegene Behandlungsform. Sie kann durch eine medikamentöse Behandlung verbessert werden. Die Einbeziehung der Eltern ist nötig. Die Eltern müssen lernen, das Zwangsverhalten ihres Kindes nicht zu unterstützen. Sie dürfen kein ängstliches Verhalten zeigen.

Pharmakotherapie

Mittel der Wahl sind die selektiven Serotonin-Wiederaufnahmehemmer (SSRI). Außerdem ist das Clomipramin (Anafranil®) wirksam. Clomipramin ist jedoch für die Indikation Zwangsstörung nicht zugelassen.

- Als SSRI kommt in Frage: Fluvoxamin, zugelassen ab 8 Jahren.
- Die Dosierung muss höher gewählt werden als bei Depressionen!
- Die Wirkung tritt erst nach 4–10 Wochen ein.
- Der Therapieerfolg sollte erst nach 8–12 Wochen beurteilt werden.
- Die Behandlung muss auf längere Zeit angelegt werden, mindestens 6 Monate. Behandlungsende nicht vor Ablauf von 6 Monaten, ausschleichend.
- Kombination mit MPH ohne weiteres möglich.

Dosierung:

- Beginn mit z. B. Fluvoxamin AL® 50 mg, 1 × ½ Tabl. (25 mg).
- Steigerung alle 7 Tage um 25 mg.
- Wirksame Tagesdosis 100–150 mg.
- Maximale Tagesdosis 200 mg

Zwangsstörung – Kriterien nach ICD 10

Für eine eindeutige Diagnose sollen wenigstens zwei Wochen lang an den meisten Tagen Zwangsgedanken oder -handlungen oder beides nachweisbar sein; sie müssen quälend sein oder die normalen Aktivitäten stören.

Zwangssymptome müssen folgende Merkmale aufweisen:

1. Sie müssen als eigene Gedanken oder Impulse für den Patienten erkennbar sein.
2. Gegen mindestens einen Zwangsgedanken oder eine Zwangshandlung wird Widerstand geleistet, wenn auch erfolglos.
3. Der Gedanke oder die Handlung darf nicht als angenehm empfunden werden. Die einfache Erleichterung von Spannung oder Angst wird nicht als angenehm in diesem Sinne betrachtet.
4. Die Gedanken, Vorstellungen oder Impulse wiederholen sich in unangenehmer Weise.

Literatur

Abehsera A (2001) Osteopathische Medizin. Thema Heft 4

Alfred A, Heuschen KW. Informationen für Jugendliche und junge Erwachsene ADHS, Iserlohn 2000; 10–11

Anderson C, Crete-Nishihata M, Dehghanpoor C, Deibert RJ, McKune S, Ottenheimer D, Scott-Railton J. Are the kids alright? Digital risks to minors from South Korea's smart Sheriff application. Munk School of Global Affairs. University of Toronto, September 20th 2015. https://citizenlab.org/wp-content/uploads/2015/09/digital-risks-smart-sheriff.pdf

Anonymus (2015) University president: Quit smartphone or quit university«. The Asahi Shimbun 08.04.2015. http://ajw.asahi.com/article/behind-news/social-affairs/AJ201504080046

Bachmann C J et al. (2017) Verordnung von Stimulantien, Deutsches Ärzteblatt Jg. 114, 9; 141–148

Bachmann M (2005) Hochbegabt oder ADHS? Pädiatrische Nachrichten 4; 8

Banaschewski T (2008) Ursachen der ADHS – was erklären genetische Faktoren? ADHS REPORT 9: 1

Banaschewski et al. (2008) Langwirksame Medikamente bei HKS, Zeitschrift für Kinder- und Jugendpsychiatrie, 36 (2):81–95

Biederman J et al. (2010) A naturalistic 10-year prospective study of height and weight in children with attention-deficit hyperacrivity disorder grown up: sex and treatment effects. J Pediatr 157: 635–640

Blank T, Adamek K (2010) Singen in der Kindheit. Eine empirische Studie zur Gesundheit und Schulfähigkeit von Kindergartenkindern und das Canto elementar-Konzept. 1st ed. Münster: Waxmann

Bradley C (1937) The Behavior of Children Receiving Benzedrine. Am J Psychiatry 94: 577–81

Broschart J (2017) Was wissen Sie über den Schlaf? GEO 06; 361–362

Bushman BJ und Anderson CA (2009) Comfortably numb: Desensitizing effect of violent media on helping others. Psychological Science 20: 273–277

Charach et al. (2006) Stimulant Treatment Over 5 Years: Effects on Growth, Journal of American Academy of Child and Adolescent Psychiatry, 45:415–421

Cummings HM, Vandewater EA (2007) Relation of adolescent video game play to time spent in other activities. Archives of Pediatrics Adolescent Medicine 161: 684–689

Deutsche Gesellschaft für Ernährung (Hrsg.) (2012) Neue Referenzwerte für Vitamin D. Presseinformation: Presse, DGE aktuell 01/2012

Deutsche Gesellschaft für Ernährung (Hrsg.) (2013) DGE veröffentlicht neue Referenzwerte für Folat. Presseinformation: Presse, DGE aktuell 07/2013

Döpfner M (2006) Alternative Therapien, ADHS-Report 23, 7. Jahrgang, Januar 2006, 1–4

Döpfner M (2007) Methylphenidat und Wachstum, ADHS-Report, Mai 2007 dpa (2014) Die Generation Kopf unten. WAIBLINGER KREISZEITUNG, 10.05.2014

Ebert D, Krause J, Roth-Sackenhelm C (2003): ADHS im Erwachsenenalter – Leitlinien auf der Basis eines Expertenkonsensus mit Unterstützung der DGPPN. Nervenarzt 10:939–946

Ernst E, Komplementärmedizinische Diagnoseverfahren. Dtsch Ärzteblatt, 102;44: 3034–3037

Faraone S V et al. (2008) Effect of Stimulants on Height and Weight: A Review of the Literature. J Am Acad Child Adolesc Psychiatry 47: 9; 994–1008

Frances A (2013) Normal: Gegen die Inflation psychiatrischer Diagnosen, Köln: Dumont, 2, Auflage, S. 265

Frei H et al. (2005) Homeopathic treatment of children with attention deficit hyperactivity disorder: a randomized, double blind, placebo controlled crossover trial. European Journal of Pediatrics 164: 758–767

Gentile et al. (2004) The effects of violent video game habits on adolescent hostility, aggressive behaviours and school performance. Journal of Adolescence 27: 5–22

Gentile et al. (2007) Public policy and the effects of media violence on children. Social Issues and Policy Review 1:15–61

Gerst T (2015) Osteopathie: Ärzte lehnen eigenständigen Beruf ab. Dtsch Ärztebl 112 (8): A-306/B-266/C-262

Gevensleben H, Holl B, Albrecht B. et al. (2010) Neurofeedback training in children with ADHD: 6-month follow-up of a randomised controlled trial. Eur Child Adolesc Psychiatry 19: 715–724

Graham J et al. (2012) European guidlines on manging adverse effects of medication für ADHD. Kinder- und Jugendarzt 43(5)

Green CS und Bavelier D (2003) Action video game modifies visual selective attention. Nature 423: 534–537

Grossmann A (2015) Unruhe, Ungeduld und starke Gefühle, Handelsblatt, Berlin.

Hancox RJ, Milne BJ, Poulton R (2005) Association between child and adolescent television viewing and adult health: A longitudinal birth cohort study. Lancet 364: 257–262

Hart H, Radua J, Nakao T et al. (2013) Meta-analysis of Functional Magnetic Resonance Imaging Studies of Inhibition and Attention in Attention-deficit/Hyperactivity Disorder. Exploring Task-Specific, Stimulant Medication, and Age Effects. JAMA Psychiatry 70(2): 185–198

Häßler F et al. (2008) HKS/ADHS und rechtliche Aspekte, Der Nervenarzt 7; 820–826

Hebebrand J (2007) Neue Erkenntnisse zur Entstehung von ADHS, Pädiatrix 3: 32

Heller KA (2010) Abkehr vom IQ. kinderzeit 2; 21

Herpertz-Dahlmann B (1997) Nebenwirkungen von Methylphenidat, Pädiatrische Praxis 1997, Folge 4

Hill K, Hurtado M (1996) Ache Life History: The Ecology and Demography of a foraging People. New York: Aldine de Gruyter

Hille K, Gust K, Bitz U et al. (2011) Associations between music education, intelligence, and spelling ability in elementary school. Adv Cogn Psychol. 2011; 7: 1–6

Huss M (2016) Einführungsvortrag auf dem Guanfacin-Symposium Berlin, Februar 2016

Jacobs J et al. (2005) Homeopathy for attention-deficit/hyperactivity disorder: a pilot randomized-controlled trial. Journal of Alternative and Complementary Medicine 11: 799–806

Johnen Wilhelm (1999) Muskelentspannung nach Jacobson, Verlag Gräfe und Unzer, Stuttgart, ISBN 3-7742-2325-4

Kajdi T (1999) Volksverdummung und Panikmache, Deutsches Ärzteblatt 96, Heft 7, 19. Februar 1999

Karch D, Groß-Selbeck G, Pietz J, Schlack H G (2001) Sensorische Integrationstherapie nach Jean Ayres. Stellungnahme der Gesellschaft für Neuropädiatrie e. V., Neuropädiatrie: 742–760

Leben und Erziehen (Hrsg.) (1999) Brain-Gym: teuer und nutzlos? Leben und Erziehen, 4/99

Lehrl S (1999) Die Wirkung von Kaugummikauen auf Wachheitsgrad und Lernleistungen in der frontalen Lehrveranstaltung und beim Betrachten von Videos – sechs Studien. http://www.drlehrl.de/media/9cb516c78ee5c73cffff8069ffffff2.pdf, Abruf: 14.07.2017

Lesch KP, Universität Würzburg, Lehrstuhl für Molekulare Psychiatrie, Neurophysiologie und Genetik des Lernens, Vortrag am 15.11.2014 auf einem Seminar von ADHS Deutschland e. V. in Münsingen

Majunke M (2010) Besondere Begabungen erkennen und fördern. kinderzeit 2; 18–20

Mayer K, Wyckoff SN, Strehl U (2012): One Sitze Fits All? Slow Cortical Potentials Neurofeedback: A Review. Journal of Attention Disorders, December 2012: 1–17

Menter M (2012) ADHS-Betroffene und Recht. KINDER- UND JUGENDARZT 43, 5; 7

Moll GH, Hause S, Rüther E, Rothenberger A, Huether G (2004) Early Methylphenidate Administration to Young Rats Causes a Persistent Reduction in the Density of Striatal Dopamine Transporters. Journal of Child and Adolescent Psychopharmacology, Volume 11, Number 1, 15-24

Much T (2013) Der große Bluff. 1. Aufl. Wien: Goldegg

Nakao T, Radua J, Rubia K et al. (2011) Gray Matter Volume Abnormalities in ADHD: Voxel-Based Meta-Analysis Exploring the Effects of Age and Stimulant Medication. Am J Psychiatry 168(11): 1154–1163

Nathan Kline Institute für Psychiatrieforschung, New York (2011) Veröffentlicht in Brain Research, zitiert in Wiener Zeitung, 19.01.2011

Neuy-Bartmann A. (2014) ADHS-Zentrum München, »ADHS ab 40 plus«, am Sonntag, Hamburg, auf dem Symposium von ADHS Deutschland e. V.

Owen AM et al. (2010), Putting brain training to the best, Nature, 465 (7299): 775-8

Parlow G (2003) Zart besaitet, Wien;11

Philipsen A et al. (2008) Aufmerksamkeitsdefizit-Hyperaktivitätsstörung im Erwachsenenalter. Deutsches Ärzteblatt 105, 17

Philipsen M et al. (2015) The Compas-Study. JAMA Psychiatry; 72 (12): 1199–1210

Prior H, Walg M, Oepen J (2012) Adjustment and Time Perception in the Range of Seconds and Milliseconds, in Journal of Attention Disorders, Online-Ausgabe, 10.1177/1087054712454570

Pschyrembel (2012) Klinisches Wörterbuch, Berlin.

Roberts et al. Generation M (2005) Media in the lives of 8 – 18 years old. Kaiser Family Foundation, Washington, DC (www.kff.org)

Rösler M (2012) Fortbildung ADHS-Horizonte. Berlin, Februar 2012. Zitiert in Kinder- und Jugendarzt, 43; 5

Rösler M et al. (2008) Psychotherapie; 13: 175–183

Rothenberger A (2002): Methylphenidat und Parkinson-Syndrom. Eine Spekulation macht ihre Runde und wird als Gerücht entlarvt. Gast-Editorial 9A, 2002, Universität Göttingen. www.gwdg.de/-ukyk

Sakamoto A (1994) Video game use and the development of sociocognitive abilities in children: Three surveys of elementary school children: Journal of Applied Social Psychology 24: 21–42

Schäfer J (2014) Wer hat Angst vor dem Internet? GEO Heft 12; 46

Schindler J (2012) Die Rüpel-Republik, Frankfurt, 96

Skrodzki K (2014) ADHS und Fettsäuren, neue AKZENTE 97, 1; 19

Spitzer M (2011) Nichtstun, Flirten, Küssen: und andere Leistungen des Gehirns (Wissen & Leben). 1. Aufl. Stuttgart: Schattauer

Steffahn H (2000) Albert Schweitzer mit Selbstzeugnissen und Bilddokumenten. 14. Aufl. Hamburg: Rowohlt

Steinhausen HC, Döpfner M (2006) Das Kinder-Diagnostik-System (KIDS): ADHS-Report, Iserlohn, 05/2006; 3

Stollhoff K (2011) ADHS: Keine Wirkung auf das Wachstum, pädiatrie hautnah 23 (2):66–67

Stollhoff K (2005) ADHS, Wandel in der medikamentösen Therapie. pädiatrie hautnah 3: 122–126.

Strehl U, Leins U, Goth G et al. (2006) Self-regulation of slow cortical potentials: a new treatment for children with attention deficit/hyperactivity disorder. Pediatrics 118(5):e1530–1540

Swanson et al. (2007) Secundary Evaluation of MTA 36-Months Ouzcomes: Propensity Score and Growth Mixture Model Analysis. J An Acad Child Adolesc Psychiatry 46:1003–1014

Traute M (2005) Kleine Genies früh erkennen und richtig fördern. jung + gesund 03; 4

Trumble B (2014) Waidmanns Baby, GEO 04; 151

von Cramm D (2002) Ist Frühstücken wirklich so wichtig? Das gesunde Kind 1; 6

Weis R und Cerankosky BC (2010) Effects of video-game ownership on young boys' academic and behavioral functioning: A randomized, controlled study. Psychological Science 21: 463–470

Wender P (2002) Aufmerksamkeits- und Aktivitätsstörungen bei Kindern, Jugendlichen und Erwachsenen. Stuttgart, Kohlhammer

Ziegler EE, Hollis BW, Nelson SE et al. (2006) Vitamin D deficiency in breastfed infants in Iowa. Pediatrics 118(2):603-610

Zhong C-B und DeVoe SE (2010) You are what you eat: Fast food and impatience. Psychological Science 21: 619–622